JN026642

商業論の基礎理論

売買の集中の原理

出家健治【著】
Kenji Deie

東京 **白桃書房** 神田

はしがき

　本書は商業の役割である売買の集中の原理を基底において，商業の基礎的一般的な論理構造と，商業の小売業の具体的形態である小売業の論理構造を明らかにしようと試みた内容である。第1編では商業の形成過程ならびに間接的流通システムにおける商業の役割について論じ，第2編では商業の具体的形態である小売業の業種店，商店街そして主要な小売業態について論じている。

　この特徴は，第1編は基本的に森下二次也の森下理論を下敷きにして展開している。この森下理論では，マルクスの『資本論』の商業資本を基底において，資本主義社会の自由競争段階と独占段階の商業資本の構造的な変容を明らかにすることに主眼がおかれていて，マルクスが論じているということを前提にしていることから，商品から始まって貨幣の登場，さらに貨幣が資本に転化して商業資本が登場するという，商業の形成プロセスは論理的に展開されて，説明されているとはいいがたい。それでその空白を埋めるためにここで論じたものである。それによって商業の形成過程が論理的に展開でき，その説明はすっきりしたものになったと思っている。

　さらに森下二次也は盛んに価値視点を強調したが，数々の誤解を受けてきたように思う。それはこの商業の形成過程を『資本論』に依拠し，それを前提にして十分に論理展開をしてこなかったことと無関係でないように思われる。それで価値論的視点から商業の形成の論理的プロセスに心がけた。そのような展開をとおして商業の役割である売買の集中の原理ならびにその無限性も正しく説明できたと考えている。

　第2編では，論理上では，すでに指摘されているように，商業が具体的に店舗商業で現れることから，売買の集中の原理の無限性という本質的な論理は修正された形で現れてくる。つまり，商業の，とくに小売業では店舗商業であることから売買の集中の制約性（限定性）が生まれ，規模と範囲の制約性から業種店や商店街，主要業態である百貨店業態，スーパー業態，コンビニエンスストア業態が生じていることを明らかにした。そこでは売買の集中の原理から，「集中と分化」，「規模と範囲」の論理を基底に業種店や商店街，

そして主要業態について考察して，その論理構造を明らかにした。ここでは
これまで大変お世話になった石原武政先生と中野安先生の見解を下敷きにし
ている。もしも，誤りがあるとすればひとえに私の理解に問題にあるといえ
る。ここで前もってをお断りしておく。同時に両先生には感謝を申し上げた
い。

　これまで学部で商業論，大学院で商学原理論を担当し，退職後，大学の要
請でシニア教員として継続し，来年で終わる最後の年に，本書を刊行するこ
とができてよかったと思っている。本学の産業経営研究所からあきらめてい
た叢書の許諾をいただき，感謝すると同時に，短期間に書き下ろし作業を強
いられたけれども，40 年以上にわたる講義ノートを基礎になんとか仕上げ
ることができて，安堵している。またコロナ禍でさらに出版事情が厳しい中
を承諾していただいた白桃書房の大矢栄一郎社長に心からお礼を申し上げ
る。

　このような経緯で出版いただいたことから，少しでも研究の一助にもなれ
ば幸いである。

　これが研究領域においてどの程度貢献できるかはいまのところわからな
い。あとは読者に判断をゆだねるしかない。

　最後に，本書は熊本学園大学付属産業経営研究所の出版助成を受けたこと
を記しておく。

「獺祭書屋」より

　　　2022 年 10 月

著者

目　次

第2編　現実の具体的な小売業の理論
―業種から業態への小売業の資本主義化

第10章　「売買の集中の原理」の制約性と業種・業態
―規模と範囲ならびに集中と分化の論理 …………161

第 12 章　自然発生的な所縁型商業集積の保守的性格と消費者ニーズ対応の難しさ …… 197

第 13 章　統一的計画的管理型商業集積である業態の形成 · 213

第 16 章　**主要業態の特徴とその小売経営イノベーション
の差異性**…………………………………………………………… 265

流通・商業を理解するための
予備的概念と諸命題の考察

> この章は流通・商業を理解するための予備的概念と諸命題を考察する。流通・商業が交換概念と関わっていることから，経済ステムを構成する諸契機を構成する交換とその他の要素である生産・分配・消費の関係性を理解する。そして，全体として経済，生産，流通，商業の関係性と流通・商業について整理してみる[1]。

1. 流通と商業を理解するための経済的な予備的諸概念と予備的な命題について

(1) 経済を構成する諸契機と相互関係ならびに交換概念と商業

経済を構成する生産・分配・交換・消費の相互関係

　経済の構成する要素は生産・分配・交換・消費である。これらは経済の諸契機をなし，それぞれが相互関係を形成している。ここでは交換が商業に関係をもっているから，経済の諸契機をなす生産・分配・交換・消費とその相互関係についてみていく。

① 生産と消費の関係─同一性・媒介関係・相互関係

　まず，交換の前提となり，また結果と関連する生産概念と消費概念についてみる。

1　マルクス，K.（1956）『経済学批判』（武田隆夫・遠藤湘吉・大内 力・加藤俊彦訳）岩波文庫，pp.286-364 の内容を流通と商業の視点から整理したものである。なお，茂木六郎（1956）「商業経済研究の一課題─経済構造論を商業経済研究に適用するについての試論」『商経論集』（長崎大学短期大学部）第 7 巻，第 1 号；同（1955）「一国資本主義分析の方法について」『法経論集』（静岡法経短期大学）第 2 号などを参照のこと。

　第1は，両者が同一性をもっている。

　生産は生産に際して個々人が自己の肉体的精神的能力を消費するばかりでなく，生産に必要な道具，機械（いわゆる労働手段），原材料（いわゆる労働対象）などを消費するという点で，直接に消費である。これを「生産的消費」という。

　また消費の側からいえば，衣食住において消費することによって個々人は自らの肉体的精神的能力を再生産する。これを「個人的消費」という。

　このように消費は2種類ある。そして生産は消費であり，消費は生産であるというように両者は「同一性」をもつ。

　第2は，両者が互いに媒介運動を行う。

　生産は消費者に必要な生産物を作り出すという点で両者は媒介関係があり，消費は生産物を消費することで個々人自体の再生産を実現し，生産に必要な労働力としての主体を作り出すという点で両者は「媒介関係」にある。

　その意味で両者は媒介運動として互いにつながっている。

　第3は，生産は消費を，消費は生産を相互に作り出しあう関係にある。

　生産は消費すべき対象たる生産物を生産することによって，消費の様式を作り出す。消費の様式は生産された生産物の制約性をもつ役に立つ性質（使用価値）によって規定され，その役に立つ性質（使用価値）である生産物は消費されることで，消費の側に一層の欲望を作り出し，また消費の文化のあり方を作り出す。

　他方，生産物の消費は，生産された役に立つ性質（使用価値）の生産物が消費されることで最終的に「実現」されることを意味する。その消費によって，生産に対して新たな消費に対する刺激を与えることで生産を促し，生産の側は消費の側の欲望にそった新たな役に立つ性質（使用価値）の商品を作り出す[2]。生産は消費に刺激を与え，消費は生産に刺激を与えるという相互関係がある。

2　この関係は石井淳蔵と石原武政の使用価値論争に関わっている。代表的なものとして論争過程をまとめた石井淳蔵・石原武政編著（1996）『マーケティング・ダイナミズム—生産と欲望の相克』白桃書房；同（1998）『マーケティング・インタフェイス—開発と営業の管理』白桃書房を参照のこと。

　このように生産と消費の関係は直接的に同一性であり，相互が媒介運動を行い，しかも相互に生産しあうという相互関係がある。

　また生産と消費をそれぞれ一つの主体として，個々人の活動としてみるならば，それらはつねに生産が現実の出発点であり，生産が中心になって全過程を動かすという意味で，生産はすべての要素の包括的な契機となる。生産と消費が絶えず繰り返される全過程のなかで現実的な出発点が生産にあり，経済を構成する諸要因の運動を包括的に規定するものが生産である。だから経済を構成する諸契機のなかで生産はつねに重要視され，特別視されてきたのである。

② 生産と分配の関係─同一性・相互作用・媒介関係

　社会が集団で成り立ち，社会の維持・再生産のためには生産が重要な役割を果たす。生産は社会のために，つまり社会的に行われ，その点で社会的性格をもつ。社会の構成員とっては完成された生産物は生存・再生産に必要なものとなるゆえに，社会の構成員と生産物の関係は相互に依存関係をもつ。そこから生産された生産物は社会の構成員に「分配」されなければならない。「分配」されることで社会を構成する構成員が「消費」をして自身の再生産を可能にする。と同時に社会の構成員の維持につながる。生産と，消費に向けて生産された生産物の「分配」という関係が生じる。

　生産が社会的に行われる以上，社会においては生産する主体（生産者）と生産された生産物の関係は，生産物を社会の構成員に「分配」することから，生産物が完成や否や生産主体の生産者個人から離れて，生産物は分配されるものとして「外的」なものになる。こうして生産と分配の関係は「外的な関係」として現れる。

　だが，生産と分配は互いに外部関係として，つまり生産の外に分配が存在するという形式的な分離関係であるだけではない。生産そのもののなかに分配が内在しているのである。分配は生産物の分配である前に，（イ）生産のための生産用具の分配であり，（ロ）種々の種類の生産への社会構成員の分配が生産の生産手段の所有関係によって前もって決まっているのである。

　分配は生産物の分配である前に，生産は生産において必要な生産手段と労働力が必要であるところから，生産において必要な生産手段の分配と，種々

の生産に必要な主体としての構成員の配置，つまり人の分配が生産に先だって行われることになる。つまり生産を行うためには手段と人の「分配」が生産を始める準備段階として内部的に必要なのである。その意味で生産と分配は「内的な関係」にあるといえるのである。それは生産と消費の場合と同様に，生産と分配も直接に「同一性」をあわせもつのである。

　また生産された生産物の外部的な社会構成員への分配はこのような生産内部の生産手段の分配ならびにその所有関係に規定された結果によるものである。生産内部の生産手段の分配されたものの内容や所有のあり方によって生産された生産物の帰属は社会の誰に帰属するかという分配の形式が決まるのである。

　生産における生産手段の所有が社会の構成員全体による共有という分配形式だった場合は，生産された生産物は社会の構成員全体に帰属し，それによって生産物は社会全体に平等で公平に分配される。私的な商品生産が登場すると，生産における生産手段の所有が私的な占有という分配形式によって，生産手段をもつ私的所有者に生産物が占有されて，その所有者に帰属する。生産手段の所有関係によって生産物がその所有者に帰属することから，その有無によって不平等な分配形式が生じて，その分配形式による格差がそれぞれの社会体制ごとに不均等発展として現れ，階級的格差的不平等として固定されて現れるのである。社会における支配と非支配の関係はこの生産手段の所有と非所有という分配関係によって生じるのである。

　生産内部の分配の関係に見る所有の有り様は生産の仕組み＝生産様式を規定すると同時に完成した生産物の帰属が決まり，生産物の外的な分配はこのような貧富の格差を結果として生み出すのである。つまり前資本主義的な生産様式や資本主義的生産様式の有り様が規定され，社会全体のシステムの支配と非支配の有り様が規定されることになる。

　かくして，生産と消費の関係と同様に，生産と分配の関係も直接的に「同一性」や相互の「媒介運動」，そこでの「相互作用」という関係性が見られる。

③　生産と交換の関係─同一性・相互関係・媒介関係

　交換が，生産ならびに分配と消費の間を媒介する契機として機能するかぎりにおいては，たんに生産・分配・交換・消費という順列的な位置関係の「交

換」だけでなく，生産の契機として生産のうちに含まれる交換が存在する。交換も生産の契機として生産の内に含まれる。

第1に，生産の内部の諸活動の交換は直接的生産の分野に属する。

第2に，生産物の交換のときでも，直接的消費に予定された完成生産物のための生産手段であるかぎり，この交換も生産に属する。

第3に，商人間の交換も何らかの意味で生産に規定されている。当該生産様式のあり方が商人間の交換や制度様式を，つまり等価交換や不等価交換，生産との絶対的自立性や相対的自立性の関係といった交換や制度様式のあり方を規定するのである。

第4に，生産物が消費のために交換されるとき生産と無関係のように見えるが，生産に規定されている。（イ）分業（生産における分業）がなければ交換もない。（ロ）私的交換（剰余生産物の交換）は私的生産を前提とする。（ハ）交換の密度，交換の範囲，交換の仕方は生産の発展と仕組みによる。

とくに市場が拡大すれば，交換の範囲や交換の量が拡大し，そのことに規定されて，生産も生産規模を拡大させる必要が生じ，生産のやり方やその組織的なあり方，さらには市場への対応のあり方などを変えていくことになる。その意味で市場の大きさは生産の制約条件になるのである[3]。

以上から，ここでも生産と交換の関係も直接的に「同一性」であり，相互に「媒介運動」を行い，しかも「相互作用」によって生産を行ったり，促すという関係性の存在が読み取れるのである。

④　生産・分配・交換・消費の全体の関係─相互作用と規定的関係

それぞれの間に交互作用があることはいかなる有機体についてもつねに起こることであるが，ここで述べたことは，生産・分配・交換・消費の諸契機が同一性をもつことにとどまるだけでなく，それらがすべて経済という一個の総体の肢節を，一つの統一の内部における区別をなしているということである。そしてこれらの相互の交互作用による新しい過程はつねに生産から始

3　有田辰男は「一定の資本蓄積を前提にしても新しい生産方法は単にそれだけでは現実化せず，その新しい生産方法にふさわしい市場の形成をまって現実のものになる」という。有田辰男（1982）『中小企業問題の基礎理論』日本評論社，pp.82-85。

まるということである。一定の生産は一定の消費・分配・交換を、これら様々な諸契機の相互間の一定の諸関係を規定するということである。

　だが、相互作用を否定するということではない。相互作用がある以上は生産の当然ながら他の諸契機によって規定を受ける場合がある。たとえば、市場が拡大すると、すなわち交換が拡大すると生産はその規模を増大し、その内部は一層深く分割されるのであって、この場合、分配の変化とともに生産が影響を受けるということであり、また消費のあり方によって生産の仕方が影響を受けるというように、である。

　流通においても原則的に流通の諸形態や消費のあり方はそれにふさわしい市場の出現を待って初めて実現し、またそれにあわせて生産のあり方もふさわしいものに変わっていく。生産に見合った市場の発展の重要性とそれにあった生産や流通の適合プロセスは市場経済や消費構造からの相互作用による適応のプロセスであるといえる。しかし、同時に、そのようななかでも究極は生産が軸となって適応させるか否かがカギであることがわかる。なぜならば、流通は不生産的な機関であり、唯一、生産のみが生産的な機関であるからである。もちろん、流通が生産を包摂するような事態が起きていてもその関係は変わらないといえる。経済を構成する諸要因間の相互作用と反作用があるなかで、それらが絶えず並列的な交互的媒介作用というだけではなく、生産が流通に適合させ、流通によって包摂されつつあるとしても、全体の統一的な軸として、全体を動かす基底的な契機として、生産がその基底的な役割を果たすということをやはり押さえておく必要があり、その意味で結局のところ、経済を問題にするときに真っ先に生産の議論が優先されるのはそのような理由からであると理解する必要がある。

⑤　交換概念と商業—商品生産と流通・商業

　商業は生産物の交換に関係をもっている。しかし生産物の交換は生産および分配を前提とし、消費を究極の目的ないしは結果とする。

　最も単純な経済、つまり自給自足の経済においては、自分たちのための生産であり、自分たちが作って自分たちが消費するということであるから、生産は交換を経ずに消費に直結している。そこにおいては生産物の「生産」、さらに生産された生産物の構成員への「分配」、そして構成員による生産物

の「消費」という，生産・分配・消費の要素が存在するだけで，交換は存在しない。

　人間はその歴史上において孤立した個人として生活したことはなく，つねに集団，すなわち社会を構成してきたし，現在においても社会を構成している。そこからこの生産と消費の間には社会的に生産された生産物の社会構成員に向けての分配が介在する。したがって，いかなる社会の経済においてもこの生産・分配・消費は経済を構成する必要な要素である。

　しかし，交換はそれに反していかなる経済において必要不可欠な要素ではない。ここに交換概念の歴史性がある。そのことは，交換が商業に関係を有するということから，自給自足経済，自給自足的生産の支配的な社会においては交換の不在によって商業は存在しないということでもある。商業の存在は少なくとも自給自足経済，自給自足的生産以外の生産において現れる。ゆえに歴史的なものであることに注意する必要がある。

　他人めあての生産である商品生産が確立することによって交換は恒常化する。商品生産は生産領域と消費領域を分離させ，その分離された流通領域を交換がつなぐからである。その交換は商業によって担われることになる。そこから経済の構成要因は生産・分配・交換・消費となり，交換が経済の構成要因として加わることになる。

(2) 生産を構成する 3 つの要素と 2 つの側面―生産諸力と生産関係

経済の中心である生産とはなにか

　経済と生産の区別は明確ではない。経済は生産・分配・交換・消費という諸契機によって構成されている。生産はこのような経済の構成要因の一肢節である。

　ただし，生産は経済の一肢節ではあるが，経済の有り様を決定する基底的要因であるから，ときとして経済と生産は同列水準の表現が行われるのである[4]。その点から，使用の内容に即して見ることが重要である。

生産の 3 要素―労働力・労働対象・労働手段

　さて，一般に生産とは生産物もしくは商品を作ることである。その生産には 3 つの要素が必要である。それは，①人間の労働力（労働に関する諸能力），

②労働対象（原材料），③労働対象（道具・機械）の 3 つである[5]。

　①労働力とは，人間のもつ肉体的精神的な能力の総体[6]をいう。人間のもつ「目に見えない」能力で，人間と切り離されない能力である。

　人間の労働力が生産の主体である。これらの生産の諸要素がそろっていても，それらがそのままおかれている状況では生産はできず，これらの要素のうち人間が労働力を発揮して労働を行ってこそ生産は可能となる。労働力をもつ人間が生産の「主体」であるといわれる理由である。

　労働は一つの目的にそった人間の活動である。この活動過程で人間は労働手段を用いて労働対象に働きかけ，自然の形を変えて，人間に役に立つ（諸欲望を満たす使用価値）ような生産物を作り出す。その意味で生産，あるいは生産物は労働によってのみ作り出され，人間の労働なくして生産はあり得ない。労働は生産の基礎であり，労働力は物質的生産において決定的な役割を示し，今日でもその意義を失っていない。

　その意味で労働は重要であり，生産と労働は切り離せない概念となっていく。商品の価値は古くは古典派経済学が労働価値説を論じてきた。商品の交換価値，つまり価値を論じるにおいて労働価値説をもちだすのはここに論拠がある。

　人間のもつ労働力を発揮させるのが労働であり，労働は状態を表し，「目に見えない」ものであるから，その状態を計る時間が適用され，「労働時間」が労働の量的な大いさとして表現される[7]。

　②労働対象は原材料のことで，自然のそのもの（たとえば海，山，川など）か，もしくは自然から加工されて取り出されたもの（たとえば石油や鉄鋼，

4　序章の流通・商業の理解のための予備的考察を参照のこと。さらに拙稿を参照のこと。出家健治（2020）「流通・商業の論理的な関係性を理解するための考察（1）―とくに商業を経済論的視角から論理的に理解するために」『熊本学園商学論集』（熊本学園大学）第 24 巻，第 1 号；同（2002）『零細小売業研究―理論と構造』ミネルヴァ書房を参照のこと。

5　マルクス，K.（1948）『資本論 2』（エンゲルス編，向坂逸郎訳）第 1 巻，第 2 分冊，岩波文庫，pp.65-79。

6　マルクス，K.（1948），p.46。

7　労働時間については資本主義からとくに重視された。角山 栄（1984）『時計の社会史』中公新書；同（1998）『時間革命』新書館を参照のこと。

綿糸など）である。この原材料も生産物の主要内容を形成するか，あるいはたんに生産物に部分的に付与されるかによって，主要原材料と補助的な原材料に分けられる。原材料は生産される商品の主たる内容を示し，補助的材料は部分的な内容を示す。

　③労働手段は道具や機械のことで，その延長線上で道路や運河などもこの範疇にはいる。労働手段は労働力と労働対象の間にあって，労働対象に人間の力を伝達するもの，あるいは労働対象の形を変えるものである。なお，この労働手段は歴史の発展段階を刻印するという特徴がある[8]。

　そして労働対象と労働手段は生産物に対して手段となることから，これらをあわせて生産手段とよぶ。生産の要素のなかの労働力が生産の「主体」であるのに対して，労働対象や労働手段は「主体」たる労働力が働きかける対象や用いる手段という関係から「客体」という。これは「人間」（主体）と「自然」（客体）との位置関係に置き換えた関係として説明できる。人間は自然の一部であるけれども，これらは同時に互いに独立していて，人間の意識主体から独立して存在する下界の一部の客体として捉えられ，人間は自然に対峙し，人間は自然に働きかけてのみ生きることができるという関係として，労働力と労働対象や労働手段が主体と客体の関係として位置づけられる。

生産に関する生産力と生産関係―「ヒトとモノの関係」と「ヒトとヒトの関係」

　この生産に必要な諸要素を使って生産された成果の生産量を「生産力」とよぶ。生産力は「量的な関係」を示す。生産力の高低は単位時間内に生産された同質の生産物の量によって計量する。生産量の多寡によって生産力が高い，低いという。生産力は労働力をもつ「ヒト」と労働対象，労働手段という「モノ」の組み合わせによって発生することから，生産力は「ヒト」と「モノ」の関係である。

　生産を行うためには一人で行われる場合もあるが，多数の人間による協働関係によって行われる場合もある。生産における「ヒト」と「ヒト」の関係

8　マルクスは「少なくとも先史時代は，……，道具および武器の材料にとって石器時代，青銅器時代，および鉄器時代に区分される」（マルクス，K.（1948），p.70）という。流通の小売業において同じ意味あいをもつのが「業態」である（中野　安（1979）「低成長経済と巨大スーパーの動向」『季刊経済研究』（大阪市立大学）第2巻，第3号を参照のこと）。

を「生産関係」という。生産力と異なり，生産関係は「質的な関係」である。

　その意味は生産関係が社会経済の質的構造を決定する要因となるからである。生産関係の性格は生産手段が誰の所有になっているかによって決まる。生産関係の性質（状態）はその社会の成員の間に生産手段がどのように分配されるかによって区別される。それは人々の生産した生産物がどのように分配されるかという結果にもつながる。

　生産手段の共有は生産物の帰属が社会全体のものになるので，その分配は平等になる。逆に生産手段の私的所有は生産物の帰属が私的なものとなり，所有者によって分配されることになり，富の偏在が生じて貧富の格差が生じる。生産手段の所有・非所有は社会の支配と被支配の生産関係を形づくる。

　人類の歴史の時代区分を経済的に区分するとすれば，当該社会を特徴づける基本的な生産関係によって，原始共同体社会，奴隷制社会，封建制社会，資本制社会，社会主義社会に大きく分かれる。人類の社会の経済の発展は上記の順序にそって発展してきた。なお最後の社会主義社会は 1917 年のロシア革命によって地球上に現れたが，1991 年のソビエト連邦の崩壊とともにその社会的な使命を終えて消失した。

(3) 生産と流通，流通と商業（商業の形成過程と存立要件）

商品生産と分業と貨幣の登場と流通の形成

　流通とは貨幣を媒介としたある一つの契機として現れる交換か，交換の連鎖の総体として現れる交換である。そこから，流通は交換の恒常的連続的規則性から，生産は他人めあての商品生産が確立していなければならない。経済は商品経済（単純商品経済と資本主義的商品経済）においてのみ交換は問題となる。

　流通や商業の形成は自給自足経済やその生産システムにおいては生じない。自給自足経済が生産・分配・消費の関係から成り立ち，生産された生産物は社会の構成員に分配されて，それが社会で消費される。分配はあっても交換は形成されないから，自給自足経済では流通なる概念・領域は全く問題となり得ない。

　最も古い交換は，分配された生産物の余剰生産物同士の交換が物々交換と

いう形で現れる。余剰生産物の交換は生産物の商品化（使用価値から交換価値への転換）が生じて，商品と商品の交換という形式をとる。物々交換は商品所有者の消費を目的とした交換で，基本的には1回の交換で成立し，商品所有者と商品所有者がその場で販売と購買が一斉に行われ，場所的，時間的，空間的な瞬時の交換である。そこでは生産と消費領域が瞬時に行われ，生産と消費の隔たり，つまり生産領域でもなければ消費領域でもない独自の空間領域である流通は形成されない。またこの交換は余剰生産物の交換であるから個別的，臨時的，閉鎖的な交換であり，流通としての交換とはいえない。

　流通や商業の形成は生産と消費の隔たりという空間の形成が存在要件となる。その空間の領域形成は，性別による自然的分業から，生産における専門化・分業という第2の「社会的分業」が形成され，さらに一定の役に立つ性質の個別的な商品の生産が，つまり「商品生産」が登場し，確立することである。他人のための商品生産で，生産された商品の交換が恒常化することから，交換をスムーズにさせる「貨幣」の形成と，商品と貨幣の交換によって，恒常的・連続的・必然的な交換が形成されることである。

　その結果，生産と消費が分離し，貨幣を媒介とした交換によって，直接的流通システムが形成されることになる。

直接的流通システムの問題と商業の役割である売買の集中の原理と間接的流通システム

　だが，直接的流通システムは販売と購買の分離による流通時間と流通費用の問題が生じて，流通がスムーズに機能しなく，流通全体の非効率性の問題が生じる。

　この問題は販売危険の回避のために貨幣の蓄蔵欲が増大し，貨幣の蓄蔵を目的とした資本が登場し，最初の資本である商業が登場することで，解消する主役が形成される。

　商業のもつ売買の集中機能が働き，貨幣を媒介とした交換から商業を媒介とした交換に変わることで，流通時間を短縮し，流通費用を節約することにより生産と消費の間の流通全体の交換はスムーズになる。このようにして商業を媒介とした交換である間接的流通システムが定着することになる。

　貨幣を出発として，その貨幣でもって生産者から商品を購入し，その商品を消費者へ販売することによって貨幣を手に入れ，貨幣を増やすことを目的とした商人の活動はその目的により流通における生産と消費をつなぐ役割を果たしている。流通が生産のメダルの裏側としての役割，生産の販売の代行という第3の分業の形成（生産と販売の役割分担）を果たすことで流通全体がスムーズになるということから，流通において商業は生まれるべくして生まれたといえる。

序章　参考引用文献

有田辰男（1982）『中小企業問題の基礎理論』日本評論社。

石井淳蔵・石原武政編著（1996）『マーケティング・ダイナミズム―生産と欲望の相克』白桃書房。

同（1998）『マーケティング・インタフェイス―開発と営業の管理』白桃書房。

角山　栄（1984）『時計の社会史』中公新書。

同（1998）『時間革命』新書館。

出家健治（2002）『零細小売業研究―理論と構造』ミネルヴァ書房。

同（2020）「流通・商業の論理的な関係性を理解するための考察（1）―とくに商業を経済論的視角から論理的に理解するために」『熊本学園商学論集』（熊本学園大学）第24巻，第1号。

中野　安（1979）「低成長経済と巨大スーパーの動向」『季刊経済研究』（大阪市立大学）第2巻，第3号。

マルクス，K.（1948）『資本論2』（エンゲルス編，向坂逸郎訳）第1巻，第2分冊，岩波文庫。

同（1956）『経済学批判』（武田隆夫・遠藤湘吉・大内　力・加藤俊彦訳）岩波文庫。

茂木六郎（1955）「一国資本主義分析の方法について」『法経論集』（静岡法経短期大学）第2号。

同（1956）「商業経済研究の一課題―経済構造論を商業経済研究に適用するについての試論」『商経論集』（長崎大学短期大学部）第7巻，第1号。

第1編

商業の基礎理論——売買の集中の理論

商品生産と流通・商業について
―商業の対象領域

この章では流通と商業の関係について両者の関係が十分なものではなく[1]，またいまや流通の時代であるから，両者の関係を押さえておく必要があるので，流通における商業の位置関係を明らかにするために，ここで流通と商業について論じる。

流通は生産のあり方の関わりをもっている。その生産は大きく分けて自給自足的生産と商品生産である。この商品生産はさらに単純商品生産と資本主義的な商品生産に分かれる。流通はこの商品生産と関係がある。これらのあり方が流通に影響を与える。

1. 商品生産と流通・商業―自給自足的生産と商品生産

(1) 自給自足的生産と流通・商業の不在

自給自足的生産―自己完結的経済と分配

　自給自足的生産は生産手段が共有されている社会的な共同・協働の生産である。それは「自分たちのための生産」である。「自分たちが作って，自分

1　かつては「流通領域」の売買活動をすべて「商業」が担っていたことから，「流通」という表現は使用されなかった。「流通領域」＝「商業」で代表されて，また現実的具体的には商業の現象として現れていたから，「流通」は「商業」ですべてが置き換えられていた。

　しかし，資本主義の高次の独占段階になると「流通領域」に生産者や消費者が介入し，「売買活動」をするようになり，「流通領域」を「商業」ですべてを説明することができなくなった。その結果，「流通領域」の部分領域を占めるのが「商業」で，「流通領域」は「生産者」「消費者」「商業者」の３者によって担われることになり，「流通」と「商業」が概念的に明確に区別されるようになった。

たちが消費するための生産」といいかえてもよい。自給自足生産による自給自足経済は自己完結の経済である。

　流通や商業を考えるときに注目する点は，すでに見てきた経済を構成する諸契機の一つである「交換」概念が存在するか否かである。

　自給自足的生産の生産と消費の関係は「自分たちが作る」，つまり「自分たちが生産者」であり，「自分たちが消費する」，すなわち「自分たちが消費者」でもある。だから自給自足的生産は生産者と消費者が同一であり，両者は未分離状態にある。だから，自給自足経済は「自分たち」で生産し，生産された生産物が「自分たち」の手で分配され，分配された生産物を「自分たち」が消費するという，すべてが「自分たち」で行われる「自己生産・自己消費」の自己完結経済である。

　そこから自給自足経済は生産，分配，消費の3つの構成要素からなり，この経済のなかには「分配」はあっても「交換」という構成要素が存在しない。分配と交換のちがいは，分配が一方的な行為であるのに対して，交換は双方向の行為である。そこから自給自足経済は主として共同体社会であり，生産物は共有で構成員に分配されて交換は形成されない。

自給自足的経済における交換と流通の不在

　交換は，生産手段の私有による，生産物の私的所有が根底にある。生産物が私的所有でないと，自由に処分できない。私的所有であるからこそ自己所有物により自由に処分ができ，交換が可能になる。その意味で，自給自足的生産は，生産手段の共有による，生産物の共有が根底にあり，すべてがみんなのものであると同時に自分のものでもあるという関係にある。そこから，自分が生産して，その生産物を自分が消費するということは自分自身が生産者であると同時に消費者であるという同一性の関係が見られ，交換の必要性はなく，分配で十分であるから，自給自足的生産の自給自足経済においては交換が存在せず，流通も存在しないのである[2]。

2　近年，贈与・返礼の問題も一つひとつを見れば分配と同じく片務的な一方向の行為にすぎない。贈与と返礼の交換は文字どおり「社会的な交換」とみなしていて，「経済的な交換」ではない。この議論は多く行われているが，ここでは評価できる今村仁司（2000）『交易する人間（ホモ・コムニカンス）─贈与と交換の人間学』講談社選書メチエを参照のこと。

(2) 商品生産と隔たりをつなぐ交換・流通・商業

商品生産と「生産と消費の分離」と交換

　自給自足的生産と異なり，商品生産は，「他人のための生産」であり，「自分たち」が生産して，生産された生産物は「自分以外の他人」によって消費される生産である。そこから，「生産するヒト」と「消費するヒト」が別で，商品生産では生産者と消費者が分離している。

　生産と消費の分離（空間的隔たり）は社会的な再生産のためにこれらはつながなくてはならない。この生産と消費の分離をつなぐものが「交換」という経済の構成要素である。したがって，商品生産では生産と消費の分離を交換がつなぐことで社会の再生産構造が維持される。

商品生産と流通

　商品経済の構成要素が生産・分配・交換・消費という4つの構成要素からなり，生産と消費の分離をとりあえず「交換」という行為でつなぐ領域を「流通」とよぶ。

　交換や流通は商品経済，商品生産の状況下で形成する概念であり，自給自足経済，自給自足的生産のもとでは生じない。そこから交換や流通はどのような社会においても現れるという歴史的共通な一般的な概念ではなく，商品生産という特定の歴史的な状況下で現れる特殊で固有の概念である。

　商品生産は生産と消費が分離しており，生産領域と流通領域の間に隔たりが生じる。その分離の空間領域が「流通」で，それをつなぐのが「交換」であり，商品流通では貨幣が交換を媒介し，後に人間である「商業」が媒介する。

　商品生産が支配的な社会では，生産と消費の隔たりを流通が不可欠な存在領域として形成され，基本的には生産と消費を媒介する商業が売買の集中機能を果たすことで流通を担うのである。その意味で商品生産と流通・商業は密接な関係にある。

2. 生産と消費の隔たりとそれをつなぐ流通の役割と機能

(1) 生産と消費の間の3つの隔たり

　商品生産は生産と消費の分離構造から隔たりが形成されることを見てきた。この「隔たり」が「流通」という「空間領域」で，この「隔たり」をつなぐのが「流通」の役割であり，機能である。

　生産と消費の間の「隔たり」の内容は，基本的には3種類ある。①人的な隔たり，②場所的な隔たり，③時間的な隔たりの3つである。

① 人的な隔たり（所有権の隔たり）

　人的な隔たりは生産物の所有権の隔たりである。生産された生産物の所有権は生産者にある。しかし，商品生産である以上，その生産物は生産者の手を離れて，消費者の手元にまでいかなければならない。生産された生産物は消費者の手元までに移転することで，生産物の役割は終える。そこから，生産者の生産物の所有権は消費者の所有権に移らなければならない。生産物の生産者の所有権と消費者の所有権の隔たりをどのようにつなぐかという問題が横たわる。

② 場所的な隔たり

　場所的な隔たりとは，生産される場所と消費する場所の相違による隔たりである。基本的に生産地と消費地は離れており，生産地域と消費地域の場所的な空間的な隔たりがある。

　したがって，生産された生産物の場所とその生産された生産物の消費場所が距離的に離れている状態をいかにつなぐかという問題が横たわる。

③ 時間的な隔たり

　時間的な隔たりとは，生産する時期と，それを消費する時期の相違による隔たりである。生産の側では，年中，コンスタントに生産する生産物もあるが，生産物によっては生産される時期が限定されている場合がある。また消費の側でも，年中，生産物を消費する場合もあれば，季節限定的に消費する場合もある。そこから生産する時期と消費する時期のギャップは避けがたく，生産と消費の間に時間的（時期的）な隔たりが生まれる。

　したがって，生産された時期と消費される時期の隔たりをいかにつなぐか

という問題が横たわる。

(2) 生産と消費の隔たりをつなぐ流通と機能について

　生産と消費の隔たりの空間をつなぐのが「流通」である。その「流通」は理論的には大きくは2つに分けられる。それは「商的流通」（商流）と「物的流通」（物流）[3] である。

生産と消費の「人的な隔たり」をつなぐ商的流通（商流）─売買活動

　生産と消費の「人的な隔たり」をつなぐのが「商的流通」である。それが「商的」というのは，生産物の生産者とその生産物を消費する消費者の，いわば双方の人的な隔たりをつなぐ行為（所有権の隔たり）を「売買」活動という商的な「取引」行為でつなぐからである。

　商品生産による生産物の所有を前提としているから，隔たりをつなぐためには「交換」という行為が前提とされ，その交換は商品と貨幣の交換であり，売買という商取引の「交換」行為を軸として，生産物の所有権が生産者から消費者に移転されていくのである。

　その意味で商的流通は売買という交換という行為を通して「所有権の移転機能」が行われる。

　商的流通は，生産と消費の人的な隔たりを「所有権移転」という行為によって，「貨幣と商品」による交換や商業を媒介とした「売買活動」による交換，あるいは商的な「取引行為」による交換という形で表現される[4]。

　そして，いうまでもなく売買活動は，かつては商業によって担われていたから，商的流通は商業機能で担われているといわれた。しかし，現在ではこの商的な流通空間は独占段階に入ると必ずしも商業のみで担われるのではな

3　物的流通は大きくは，①有形財の流通と②無形財の流通に分かれる。前者の有形財の流通は①商品の場所的移転機能を果たす輸送運送，②商品の時間的移転機能を果たす保管倉庫在庫，③荷役，④包装，⑤流通加工である。後者は「目に見えない」情報伝達で，情報，サービス，エネルギーなどである。

4　この機能から「商業とは何か」という根本の定義に関する議論において「交換説」「取引機能・取引企業説」「商人説」などが出てくることになる。詳しくは森下二次也（1967）「商業論の体系」森下二次也編『商業概論』有斐閣双書, pp.9–17；同（1959）「商業経済論の対象と体系」森下二次也編『商業経済論体系』文人書房, pp.1–6 を参照のこと。

く，生産者や消費者を含めたものも担うようになった。そこから「商業」ではなく「売買業者」という表現に変わった。もちろん，そのように変わっても商的流通では基本において商業が担っていることにまちがいはない。

生産と消費の「場所的な隔たり」をつなぐ物的流通—「輸送・運送・交通」

　　生産と消費の場所的な隔たりは，生産者の場所から消費者の場所まで異なる地点間の生産物を移転・移動させることで隔たりをつなぐ。その機能は輸送・運送機能によって担われる。このような「もの」の移動・輸送から「物的」流通という。これはなにも生産物だけでなく人の移動も含まれることから，輸送・交通もこの場所的な移動をつなぐ機能として扱われる。

　　したがって，生産と消費の場所的な隔たりは「ひと」や「もの」の場所的移転機能によってつながり，この「人や物の移動」から「物的流通」とよばれ，具体的には運送・輸送・交通機能が担う。

　　この物流も，最近はたんに生産物を場所的に移動させるだけでなく，生産から消費までの間の時間的なリード短縮が要請され，時間指定配送（ジャストインタイム）が主流となり，その実現のために情報流通や在庫調整のあり方と連動するようになってきている[5]。

生産と消費の「時間的な隔たり」をつなぐ物的流通—「保管」「倉庫」

　　生産と消費の「時間的な隔たり」は，生産者の生産物の作られる時期と消費者のその生産物を消費する時期の時間的な隔たりを「調整する機能」である。生産物の時間的な流通が生産や消費の不安定性や安定性という双方の局面に対して「需給調整機能」を果たす必要性から生じた機能である。

　　それは「もの」の時間的な流れを制御調整する機能であり，商品の流れを一時的に制御する「プール調節機能」でもある。このような「もの」の時間的隔たりをつなぐ機能ゆえに，これも「物的流通」といわれる。その役割を果たすのが「保管」「倉庫」「在庫」機能である。

　　この機能は近年とても重視されるようになる[6]。消費の多様化・個性化が進むにつれて品揃え機能が拡大し，在庫機能が調整機能であればあるほど膨らむことになり，在庫機能が非効率となり在庫量が増えてコストの悪化をす

5　矢作敏行（1994）『コンビニエンスストア・システムの革新性』日本経済新聞社を参
　　照のこと。

るようになった。この問題を解消するために情報システムを軸に物流・在庫システムと連動させることで，生産と消費の隔たりを短縮化させ，流通の時間的な長さを「短リード」化させて，「調整在庫」機能から「通過在庫」[7]機能へと変えることに成功した。

　つまり，在庫機能は調整在庫から「システム在庫」へと変質していった[8]。その結果，「調整在庫」はながらく商業，そのなかの卸売業によって担われていたが，「通過在庫」になると流通経路全体が「在庫」機能を果たすようになった。つまり，商業者の在庫から流通経路全体の在庫へと変質していった。その結果，現代では，これまでのような一時的な生産物の滞留という「調整機能」の役割を果たしていた保管・倉庫機能は大きく様変わりしたのである[9]。

（3）新たな2つの隔たりの追加による4つの流通─商的流通・物的流通・情報流通・価値的流通[10]

　2つの商的流通と物的流通の説明はあらたに2つ追加され，4つの流通として説明されるようになった[11]。追加されたのは情報流通と価値的流通である。

　1970年代半ばから情報化の進展がみられ，とくに2000年代前後からコミュニケーションツールとしての情報化が進展するにつれて情報の重要性は格段と高くなった。その結果，これまで物的流通の無形財として位置づけられてその範疇の中におかれていた情報流通は物的流通機能から独立して扱われるようになった。これまで流通は商的流通と物的流通の2つの説明であっ

6　石原武政（1996）「生産と販売─新たな分業関係の模索」石原武政・石井淳蔵編『現代企業研究　製販統合─変わる日本の商システム』日本経済新聞社を参照のこと。

7　「通過在庫は在庫されることに意味があるのではなく，消費の世界から吸引をまつ間の瞬間在庫としての意味をもつ」（石原武政（1996），p.318）。

8　石原武政（1996），pp.322-325。

9　石原武政（1996），pp.316-325。

10　田村正紀（1980）「商業部門の形成と変動」鈴木安昭・田村正紀『商業論』有斐閣新書，p.44。

11　なお，多くの説明においては，ここで論じている価値的流通まで行われていなく，商的流通，物的流通，情報流通の3つにとどまっているのが多い。

たが，物的流通から独立して，情報流通が加わり，流通機能は3つになった。

　情報流通は「目に見えない無形財の情報の隔たり」をつなぐ機能で，主に商品情報だけでなく，商品需要と供給に関する情報の伝達を行う。その点について，①「各生産点が，その生産する財の需要がいつ，どこに，どれだけあるかを知」ること，②「各消費点が，どのような種類の財が入手可能かを知り，また一つの財について，代替的な生産者間の価格の差異を知る場合」が考えられ，情報流通はこの種の内容の情報を伝達することで，情報の隔たりがつながるという[12]。

　もう一つは，生産者の価格と消費者価格の価値的な隔たりの問題が横たわり，それを価格や費用の効率性の観点から価値論の「資本の論理」でつなぐという価値的な流通である[13]。

　これは商品の「使用価値」と「交換価値」（価値）の視点から流通機能を捉え直す考え方であり，価格・費用・利潤という資本の問題を流通機能のなかに落とし込んで見る考え方である。流通の機能はこの「価格・費用・利潤」という「資本の論理」の最適な意思決定によって流通は機能するのであり，とりわけ流通においてこれらは避けることができず，とくに利潤に大きな影響を与える流通コストの効率化を軸に流通機能全体が動いていくというわけである。その意味で，価値的な流通は流通機能の全体を規定する質的な役割を果たすという点で重要であるといえる。

　その結果，以上から，流通機能は，商的流通，輸送・運送と保管・倉庫・在庫という2つの物的流通，さらに情報流通と価値的流通という4つの流通機能が今日では論じられ，所有，空間，時間という隔たりは「要素的隔たり」で，情報と価値という隔たりは「システム的隔たり」であるという[14]。

（4）商的流通と物的流通（情報流通やサービス）の質的ちがいについて

　さて流通における商的流通や物的流通（さらに同じ範疇に入っていた情報

12　田村正紀（1980），pp.44-45。
13　この指摘をして，田村正紀は流通機能のなかに価値的な流通を強調した。田村正紀（1980）を参照のこと。
14　田村正紀（1980），p.44。

流通やサービス）は，流通における諸活動であるからといって同一視すべきではない。物的流通は「流通過程にまで入り込んだ生産」で，「目に見えない有用的効果」[15] の生産活動であり [16]，売買を中心とする商的流通は生産活動ではないので，両者は質的に異なり，質的な区別が必要である。

　たとえば，物的流通を考えた場合，輸送の生産の 3 要素は生産手段がトラックや燃料と運ぶ商品であり，労働力は運転手である。この生産要素を利用して A 地点から B 地点まで人やものを運ぶという生産活動を流通過程のなかで行う。そこで生産される有用的効果は，たとえばこれらを利用しなかった場合 A 地点から B 地点まで 10 時間かかり，輸送を利用した場合には 3 時間であったならば，そこに差の余分に自由に使える 7 時間を生み出したということになる。この自由になる 7 時間を生み出したのが有用的効果の生産であり，ビジネスにおいて新たに生み出された余分の自由時間ということになる。

　保管・倉庫の場合も，生産に必要な 3 要素として生産手段は倉庫と維持コストと保存する商品であり，労働力で倉庫管理を行う。商品の質的な保持のために一定期間継続的保存という生産活動を流通過程で行うのである。そこで生産される有用効果とは，たとえば，A 商品の価値を 10 日間，自然のまま「野ざらし」で置き去りにしていたときに商品価値 10 のものが 7 に商品価値が低下するのに対して，そうではなく倉庫保管をした場合には商品価値 10 のものがそのまま価値維持されたと仮定する。そうするとそこでの倉庫保管の効果は，しなければマイナス 3 の価値低下であるのに対して，す

15　もはや今日においてはあまり散見されないが，かつてはサービスによる「有用的な効果」の生産をめぐってサービス論争が長く行われた。そしてまだその決着がついている気配はない。ここでは「目に見えない有用的効果」＝「使用価値」として理解している。妥当だと思われる見解についてのみ指摘しておく。茂木六郎（1957）「保管費用と運輸費用に関する一考察―使用価値に関説する（1）」『経営と経済』（長崎大学）第 37 巻，第 3 号；同（1958）「保管費用と運輸費用に関する一考察―使用価値に関説する（2）」『経営と経済』（長崎大学）第 38 巻，第 2 号；同（1960）「保管費用と運輸費用に関する一考察―使用価値に関説する（3）」『経営と経済』（長崎大学）第 39 巻，第 4 号を参照のこと。

16　マルクス，K.（1950）『資本論 5』（エンゲルス編，向坂逸郎訳）第 2 巻，第 5 分冊，岩波文庫，pp.209-233；森下二次也（1974）『現代の流通機構』世界思想社，pp.3-5 を参照。

れば価値の低下を免れ，10 の価値のままということになり，価値低下を避けたことになる。それは，マイナス 3 の低下になるものを倉庫保管でマイナス 3 になることを避けたということであり，別の言い方をすれば，倉庫保管が商品価値を 10 のまま保持をすることによって，倉庫保管が逆にプラス 3 生み出す有用的効果の生産だったということになる。在庫や保管の目的は，「生産物の，使用価値そのものの保存によってのみ保存され得る価値保存」[17] という効果であり，減少を抑えることであり，そのことが現状維持の点からプラス評価という意義がある。

　商的流通が売買活動という商品価値の移転であるのに対して物的流通は「目に見えない有用的効果の生産」という点で，同じ流通過程に属するけれども価値の移転か，価値の生産かという点で両者は質的な違いがあり，両者は区別され，そこから同一視すべきでないという理由が生じるのはここにある。そのような質的なちがいから，物的流通は商業の研究「対象」から外され，物的流通は「物流論」という独立の研究領域を形成することになる。

(5) 商業の研究対象─商的流通

　商業の研究対象は基本的に商的流通である[18]。それに対して流通論はこれまでみてきたように流通を対象にするのであるから，商的流通，物的流通，情報流通のすべてが研究対象である。このように理解すれば流通と商業の研究対象の違いが理解できる。

　だからといって，商業の研究は情報流通や物的流通を研究対象から切り離して扱うべきだというのではない。商的流通である商業を説明するにあたって，必要なかぎりにおいてこれらを説明することまでも否定するのではない。むしろ，必要なことであると考えれば，その領域に踏み込んで研究対象にすることは可能である。商的流通をより具体的に説明を可能にするからである。

17　マルクス, K. (1950), p.214。
18　最近，商業は効率性の観点から情報流通や物的流通が重要視されて，これらの流通なくして商的流通はなりたたなくなったという現状があり，商業論ではなく，かつてのこれらを含んだ「商学」という視点から捉え直すべきという新しい動きが生じている。石原武政・忽那憲治編 (2013)『商学への招待』有斐閣を参照のこと。その背景については石原武政 (1996) を参照のこと。

だから，その点には注意をする必要がある。しかし，逆に商業論を流通論に拡大することは商業論の独自性固有性を失うことになる可能性が生じることも考慮する必要があろう[19]。

　商業論や流通論はいずれにしても価値的な流通視点は重要である。商業も流通も社会的なあり方の質を決定する主要因となるからである。ここではとくに資本の論理でもって商業や流通は変遷しているので，商業や流通の本質，さらに歴史的構造的な動態を考察することにした。

　商的流通には①直接的流通と②間接的流通がある。直接的流通は生産と消費がつながり，商業が無媒介の流通である。間接的流通は生産と消費を商業が介在して両者をつなぐ流通である。後者は商業が収集機能，仲継機能，分散機能を担う多段階の卸売業と末端の小売業からなる場合もあれば，その流通経路を担う商業が短縮化して，仲継機能，分散機能の卸売業と小売業，あるいは小売業のみといった売買する商業にちがいがあるものの，ともあれ商業によって担われている流通である。商業論の研究対象はこの商的流通である。

（補論）サービスの基本的な特徴と現状の動き

　こんにちサービス経済といわれて，流通・商業とならんでサービスが重視され，研究も進んでいる。流通におけるサービスは流通過程や消費過程において併存して見られるために，流通・商業とサービスの区別が曖昧に捉えられている。サービスの基本的な特徴を最後に見ておくことしよう。

　サービスは有形財と異なり，基本的に「目に見えない無形財」であるから，その財の特徴からサービスのあり方とその特質が規定に現れてくる。そしてサービスが人間による提供活動であるから，「感情労働」であると指摘されている[20]。

　サービスは「目に見えないもの」であるから，当たり前であるが，①物理的実体がない。そこから触ったり見たりすることができないゆえに，「不可

19　森下二次也（1960），pp.15–16。
20　感情労働については鈴木和雄（2012）『接客サービスの労働過論』御茶の水書房；同（2001）『労働過程の展開』学文社を参照のこと。

触性｜「触知不能」という特徴がある。またサービスは②生産活動であり，流通や消費過程まで踏み込まれた生産で，「目に見えない有用的な（役に立つ）効果の生産」をする[21]。その有用的な効果とは「楽しい・すっきりした・きれいになった」などの消費者にとって心理的感情的に役に立つ有意義な有用的な効果の生産である。そのサービスの生産はその場その場の瞬間的な存在であるゆえに，一過性であり，瞬時に消えてしまうから，消滅性という特質を持ち，非貯蔵性であり，物的な形態のような在庫をもてない（必要としない）。またサービスは③生産と消費が同時進行で行われる。つまり，サービスは生産と消費の同時性，不可分性にある。また瞬間に消えてしまうことから，不可逆性をともなう。さらにサービスは④個々の人間によって行われる「感情労働」で，当然ながら，「目に見えないもの」を提供する人間の「感情労働」サービスであるから，個々による人的な能力要因によって提供するその内容に格差があり，絶えず均等かつ統一的画一的な提供は困難がともなう。それによって提供するサービスの格差は避けられず，同一的，同質的，均一的，画一的なサービスは望めない。もちろん，その格差はマニュアルや標準的な作業技術によって平準化の努力で埋めることは可能であるが，しかしその努力によっても完全な同一的，同質的，均一的，画一的なサービスは困難である。サービスが個々人の能力的な要素によって提供されるということから，そのような提供は根本的に無理となる。

　したがって，サービスには変動性・異質性・非均一性・多様性・多義性は避けられない[22]。このようなサービスの特徴からいえることは，買い手の側にはサービスの質の当たりはずれが避けられないということである。だから事前学習が不可欠となるし，多くのサービスの経験をして失敗を繰り返しながら最適なサービスを選択するという努力が必要となる。売り手の側も目に見えないもので臨場感があり，瞬間的なものという性質のサービスの提供で

21　マルクス，K.（1950），p.213。有用的効果の議論は茂木六郎（1957）；同（1958）；同（1960）を参照のこと。

22　森下二次也（1986）「サービスについて―マーケティング論的アプローチ」『大阪学院大学 通信』（大阪学院大学）第 17 巻，第 2 号，pp.11-12，また同（1988）「サービス・マーケティングの特殊性・続論」『商学論集』（大阪学院大学）第 14 巻，第 1 号を参照のこと。

あるがゆえに，事前説明・ガイダンスなどで理解してもらう必要があり，体験学習などの経験学習を事前に提供する必要性がある。

　よくいわれるたとえに「プリンの味は説明するのがむつかしく，食べてみないとわからない」というフレーズがあるが，まさにその通りで目に見えないものをいくら説明してもわかりにくい。自らが経験することですべてが理解できるように，サービスを買う消費者にとっては，とりあえず試してみるという経験主義がサービス購入の際に必要であるという理由がここにある。

　最後にサービスの流通・マーケティング的特質を説明して終わることにする[23]。

　その特質は①サービス商品には流通機構がない，②サービス商品には消費立地が必要である，③サービス商品の売買には売手と買手の協働が必要であり，これは生産へ顧客参加を意味する，④サービスの提供の非同一性・不均一性からサービス価格の多様性が見られる。またそのことは消費者にとっても価格認識が困難である。そして最後に⑤サービスが「モノ」と融合化して「見える化」状態へと進化している。なかにはその延長線上でサービスの工場生産化さえ見られる。

　サービスは「モノ」と融合化し，人と人に依存した方法から，機械化と情報化に依存した技術革新による方法へと進化している。その事例として次の5つが挙げられている。①医療サービスでは触診から機械計数診断への変化，②旅館サービスでは旅館の人的なサービスからホテルの機械サービスへ（AIやロボットの導入），③娯楽サービスは大道芸やコンサートからTVやCD（最近ではYouTubeなど音楽などの情報配信），④飲食サービスは高級料亭からファーストサービスへ，⑤教育サービスは家庭教師からマスプロ・インターネット教育へというように，である。

　これらは「目に見えないサービス」を「モノ」と融合させることで可視化させようという動きの一環であると読みとれる。基本的にサービスはライブ感が強く，一瞬で消えてしまう一過性のものであるだけに，それを可視化し，物の形に転化させて持続させることで，瞬間性や一過性の問題を解決する方

23　阿部真也（2006）『いま流通消費都市の時代―福岡モデルでみた大都市の未来』中央経済社, p.254。

向に進んでいる。それゆえに，経験による成り行き主義的な方向による判断に頼らざるを得なかったいろいろなサービスが，可視化による数量的客観的な方向へ進むことで瞬間的一過性的で判断の難しい問題を克服する方向に進んでいる。

　ただ，これらが万能でないのはそのサービスの成果がすべて現在のものであり，これらを可視化によって切り取ったものはすべて過去の事象であるという点である。その意味で過去・現在は読み取ることはできても未来は過去の延長による予測でしか読み取れないということである。データはつねにそのような性質のものであることを押さえておく必要があろう。もちろん，今日ではその未来予測がコンピュータや AI によって精度が高められていることを考えればまんざら意味のないものではない。しかし，だからといってその精度の高い予測がつねに現実化するという保証はないのである。

　さらに近年では，情報システムの高度化によって，これまでサービスの世界は労働集約型の人間による感情労働で支えられていると思われ，人間労働が行う最後の砦のように思われていたが，AI やロボットでもって置き換えられる状況が生じてきたことも押さえておく必要があろう。そのことは過剰人口のはけ口の受け皿としての最後の砦が AI やロボットに置き換わることで，そこから奪われ，追い出された労働者の行き場はなくなってきて，社会不安が拡大していく可能性を秘めているということも想定される。

第 1 章　参考引用文献

阿部真也（2006）『いま流通消費都市の時代—福岡モデルでみた大都市の未来』中央経済社。

石原武政（1996）「生産と販売—新たな分業関係の模索」石原武政・石井淳蔵編『現代企業研究　製販統合—変わる日本の商システム』日本経済新聞社。

石原武政・忽那憲治編（2013）『商学への招待』有斐閣。

今村仁司（2000）『交易する人間（ホモ・コムニカンス）—贈与と交換の人間学』講談社選書メチエ。

鈴木和雄（2001）『労働過程の展開』学文社。

同（2012）『接客サービスの労働過程論』御茶の水書房。

田村正紀（1980）「商業部門の形成と変動」鈴木安昭・田村正紀『商業論』有斐閣新書。

マルクス，K.（1950）『資本論5』（エンゲルス編，向坂逸郎訳）第 2 巻，第 5 分冊，岩波文庫。

茂木六郎（1957）「保管費用と運輸費用に関する一考察―使用価値に関説する（1）」『経営と経済』（長崎大学）第37巻, 第3号。

同（1958）「保管費用と運輸費用に関する一考察―使用価値に関説する（2）」『経営と経済』（長崎大学）第38巻, 第2号。

同（1960）「保管費用と運輸費用に関する一考察―使用価値に関説する（3）」『経営と経済』（長崎大学）第39巻, 第4号。

森下二次也（1959）「商業経済論の対象と体系」森下二次也編『商業経済論体系』文人書房。

同（1960）『現代商業経済論』（旧版）有斐閣。

同（1967）「商業論の体系」森下二次也編『商業概論』有斐閣。

同（1974）『現代の流通機構』世界思想社。

同（1986）「サービスについて―マーケティング論的アプローチ」『大阪学院大学 通信』（大阪学院大学）第17巻, 第2号。

同（1988）「サービス・マーケティングの特殊性・続論」『商学論集』（大阪学院大学）第14巻, 第1号。

矢作敏行（1994）『コンビニエンスストア・システムの革新性』日本経済新聞社。

商品とは何か？
―流通・商業の問題の根底にある商品の2要因

この章では私たちの身の回りにある「商品とは何か」について考える。それは資本主義社会が膨大な商品の集積から成り立ち[1]，資本主義社会では生産された生産物が商品として現れるだけでなく，自然そのものも水や土地など，さらに人間のもつ労働力や生命さえまでも商品化され，資本主義社会ではあらゆるものが商品化されている。そのような意味から資本主義の経済的な細胞として，原基的形態としての商品から分析の出発点にする[2]。

流通・商業の視点から，流通における商業の論理展開において商品の分析が基底的意味をもつと同時に，流通・商業における売買の根本的な問題が商品に内在しているという理由から，商品の分析を出発点にする理由がある。

1. 商品の価値とはどのような意味をもつか？
―2つの内容をもつ「使用価値」と「交換価値」

(1) 商品の2要因である使用価値と交換価値

商品に価値がある，ない，商品の価値が高い，低いについて

　私たちの生活に関わっている衣食だけをみても膨大な種類と商品があふれ

1　マルクス，K. (1947)『資本論1』（エンゲルス編，向坂逸郎訳）第1巻，第1分冊，岩波文庫，p.71。
2　「ブルジョア的社会にとっては，労働生産物の商品形態または商品の価値形態は経済的細胞形態である」（マルクス，K. (1947)，第1版の序文，p.14）。

ている。衣料においては商品種類だけでなく，大きさ，色，柄，デザインなど多様である。なぜこのように商品は膨大になって市場にあふれているのか。

　そこでまず商品とは何かについて考える。一般に商品について「価値」が「ある」，あるいは「ない」といわれ，商品の「価値」が「高い」あるいは「低い」といわれるが，その意味を考える。

商品の価値が「ある」「ない」について―商品の「使用価値」の質的な概念

　まず商品の価値が「ある」ではなく，「ない」ということを考えてみる。商品の価値が「ない」ということは，原則的に商品が腐ったり，壊れたり，傷がついたりすることで，商品として「役に立たない」「有用でない」ということである。そこから商品の価値が「ない」といわれた。

　もちろん，今日では環境問題から商品を消費したあとに廃棄された無価値の廃棄物がリサイクル商品として有価値に変わり，「役に立ち」「有用である」ことになる[3]ということを考えれば，商品としての価値が「ない」とされたものも「ある」ものと見なされる。その意味で，何をもって商品の価値が「ある」か，「ない」かということは難しく，「役に立つ」と思えば価値の「ない」ものも，価値が「ある」に変わる。これは，後に論じる，「役に立つ」という性質が「もの」でなく，ものに付随する「属性」から生じる。

　さてその裏返しの商品には価値が「ある」，「役に立つ」「有用である」という性質がある。本来，商品は必ず役に立ち，有用であるところに商品としての存在意義があり，役に立たず，有用でないものは商品の価値がなく，商品とはいわない。

　商品には「役に立つ」「有用である」（物の有用性）という性質があり，この性質を商品の「使用価値」[4]とよぶ。これは，人間の欲望に対応する商品の素材的な内容[5]を指し，商品の「質的」な内容を示す概念である[6]。

3　環境問題とリサイクル流通については出家健治（2008）『商店街活性化と環境ネットワーク論―環境問題と流通（リサイクル）の視点から考える』晃洋書房を参照のこと。

4　「一つの物の有用性（すなわち，いかなる人間の欲望を充足させる物の属性……（略））は，この物を使用価値にする」（マルクス，K.（1947），p.73）。

5　「特別の欲望を充足させる使用価値」（マルクス，K.（1947），p.83）。

6　マルクス，K.（1947），p.73。

商品の価値が「高い」「低い」について─商品の交換価値の量的な概念

　次に商品の価値が「高い」「低い」についてである。これは価値が「高い」「低い」という，商品の「量的な大いさ」の大小の関係をいう。

　商品生産は「他人のための生産」であるから，「自分たちが作って自分以外の他人が消費する」ために生産する。だから，生産された商品は必ず交換に出される。生産者は「自分以外の他人」，つまり消費者と交換する。「交換」の際には，片務的な一方向の「分配」とちがって，双方向による行為の交換が行われるから，必ずそこに「いくつずつと交換するか」という「量的」な問題が横たわる。

　そこでは損得なく交換（等価交換）をするという前提から，交換の際に「いくつずつ」と互いに交換するかという，双方の「量的」な「等量」の交換比率・交換割合の問題が生じる。交換の際には，まずは自分自身がもっている商品の価値の量的な大いさを知る必要が生じ，自分の商品の量的な大いさの表現（価値表現）が問題になる。自身のもつ商品の価値の量的な大いさを知らないと，交換する際に相手との交換量が損か，得かの判断ができないからである。と同時に交換する相手の商品の価値の量的な大いさも問題になる。

　このように商品の交換は商品の価値の大いさの確定と，相互の「いくつずつ」という量的な交換においてそれぞれの商品の量的な価値の大いさの表現（価値表現）が「比較」する上で必要になる。かくして商品自体には質的な使用価値と同時に量的な大いさの価値が存在している[7]。商品の量的な価値が存在しないと，交換は無量なので，商品の価値に量的なものが「ない」とみなされ，交換は成立せず，分配になる。

　商品の交換の際に必要とする商品の「量的」な大いさを「交換価値」とよび[8]，交換の際には必ず現れる一定の交換割合・比率を交換価値という。いわゆる「比の数」という「関係概念」である。交換の際の商品自体の価値の量

---

[7]　商品は使用価値である前に交換価値をもっていなければならず，交換価値である前に使用価値でなければならないという（マルクス，K. (1947), pp.164-165）。また「使用価値は同時に─交換価値の素材的内容をなす」（マルクス，K. (1947), p.73）という点でもそうである。

[8]　「交換価値は，まず第一に量的な関係として，すなわち，ある種類の使用価値が他の種類の使用価値と交換される比率」（マルクス，K. (1947), p.74）として現れるという。

的な大いさが多いと「価値が高い」といい, 少ないと「価値が低い」という。

　現実の商品の価値の量的な大いさである交換価値は貨幣の価格で表示され, 商品の価値の量的な大いさの表示が一目でわかる。貨幣の価格表示は商品の価値の量的な大いさを貨幣量という価格の表現で示し, その価格表示でもって商品の交換の際の価値の量的な大いさを知ることができる。商品の価格表示が高いと商品価値が「高い」といい, 商品の価格表示が「低い」と商品の価値が「低い」というように, である。

商品を構成する2要因─使用価値と交換価値

　したがって, 商品には, ①商品の価値の「ある」「ない」という, 「役に立つ性質」の有・無を表現するものがあり, この商品の質的な側面を「使用価値」とよんだ。また, ②商品の価値の「高い」「低い」という, 商品の量的な大いさを表現するものがあり, この商品の量的な側面を「交換価値」とよんだ。

　そこから, 商品には, 欲望に対応した素材としての質的な「使用価値」と, 交換の際に必要な量的な大いさの価値量を示す「交換価値」が存在し, この2つの要因が内在することによってのみ「商品」という概念が成立する[9]。この2つの要因のいずれかが欠けるようになると「商品」しての内容を形成しないので, 「商品」とはいわない。

(2) 生産物が商品になることの意味について

生産の種類と生産物の商品への転化

　だが, 生産された生産物がすべて商品として現れない。世の中には生産された生産物が「商品」といわないものもある。それは「たんなる生産物」とよばれて「商品」と区別される。

　生産物と商品の区別は生産のあり方に関係する。すでに述べたように, 生産には自給自足的生産と商品生産の2種類があり, 自給自足的生産によって生産された生産物は商品とはいわない。自給自足的生産は「自分たちのための生産」であり, 自分たちが作って, 自分たちが消費するという自己完結

9　マルクス, K. (1947), p.71。

の生産で，そこで生産された生産物は自家消費に向けられ，交換には出されないからである。交換に出されないということは交換割合・比率が形成されないということで，交換価値が発生しないから商品とはいわない。

　自給自足的生産によって生産された生産物は，何らかの役に立つ性質という使用価値のみで，商品を構成する2要因の一つである交換価値が存在しないから，自給自足的生産の生産物は「商品」とはいわず，「たんなる生産物」という。

　自給自足的に生産された生産物が，自己の所有物となり，その余剰生産物が自己所有物として他者と交換めあてに交換されたときに，使用価値に加えて交換価値が発生することになり，初めてこの生産物は「商品」となる[10]。その最も古い交換が物々交換，つまり商品と商品の交換である。

　だが，商品生産は「他人めあての生産」で交換が必ず形成されたときに，そこで生産された生産物は「生まれながら」にして商品となる。だから，生産物が「商品」なるためには，生産物の私的所有関係による「交換」と，「自給自足的生産」ではなく「他人めあて」の生産である「商品生産」の確立のいずれかが基本的な条件である。

（3）商品を構成する2要因の一つである使用価値の内容について
―制約性（拘束性）と属性という商品の使用価値
使用価値の制約性（拘束性）

　商品の「使用価値」は「物の有用性」，わかりやすくいえば「役に立つ性質」であるが，いかなる場合においてもすべて役に立つというのではない。商品の使用価値は「一定の範囲内」でのみ役に立つ。商品の使用価値は「制約性」があり，「拘束性」がある。

　使用価値の制約性（拘束性）は，私たちの周りにある商品を眺めてみると，服は服としてしか役に立たないし，靴は靴としてしか役に立たない。生産されたすべての商品の使用価値はこのように一定の範囲しか役に立たない。「すべてのあらゆる範囲において役に立つ」という商品がもしも世の中にあると

10　マルクスも直接的な生産物の交換の形態は，「交換前には，この場合まだ商品でなくして，交換によって初めて商品となる」（マルクス，K.（1947），p.168）という。

すれば，この商品一つで充分であるということになる。

　世の中において多くの商品が市場にあふれるのは，商品の使用価値が一定の範囲しか役に立たないという「制約性（拘束性）」から生じ，その対応として制約性をカバーするような多くの商品が生まれてくるのである。一見して「万能」という，なんでも役に立つようにみえる商品も，実はそれぞれの制約のある使用価値の一定の範囲内の組み合わせであり，結局，その組み合わせの総体も全体としては部分的な範囲内での量的な集計の制約性による商品にすぎない。

　この生産された商品の使用価値は「一定の範囲内で役に立つ」という「制約性」「拘束性」をもつことで流通や商業における売買の困難性の根本的な要因の大きな要素となる。

使用価値の物質的形態と使用価値の属性について—市場に多くの商品があふれる理由

　この商品の使用価値の制約性によって基本的な多くの商品が市場にあふれることがわかった。しかし，それだけではない。商品の使用価値は物質的な素材に関わる内容であり，商品が有形財という物質的な形態から成り立っているので，その物質的な素材の用途や量的規模的な点においてさらに使用価値の制約性（拘束性）が生じて，同じような商品のなかでもより多くの使用価値の商品がさらに生まれる。

　たとえば，コップという使用価値の商品を用途の点から考えてみる。ガラスのコップという商品は温度の低い液体を汲む，飲むというために役に立つ使用価値の商品である。しかし，液体が熱いものであれば「ガラス」という物質的素材は「役に立たない」。そこからガラス以外の別の物質的素材のコップという商品が必要となる。陶器であったり，木製であったり，金属であったり，持ち運びよいプラスティックや紙のように，適材適所で役に立つという制約性を克服する形で多くの商品が生まれてくる。

　これにさらに「容器」の大きさの問題も加わる。なんでも大きすぎればよいというものではない。超特大，大，中，小，極小というように，消費者の量的制約性が生じたときにそれぞれの量的規模的な側面において「役に立つ」「役に立たない」という問題が起きる。その結果，それに適合するよう

な量的規模的な制約性による使用価値の商品が多く登場する。

　このようにコップとしての共通する基本的な使用価値の制約性を基礎にして，さらに物質的形態や用途・量的規模的大きさの制約性の問題が加わることによってさらに適合，不適合の「役に立つ」「役に立たない」という細分的な問題が起き，その細分的な部分的な範囲内でさらに適合的な「役に立つ使用価値」の多様な商品が生まれる。こうしてさらに使用価値の多様な商品が生まれる。商品開発はこのような領域においてもこれらを考慮しながら行われる。このようにコップという「基本的な使用価値」のケースからさらに多様な商品が生まれることを押えておく必要がある。

　また，コップという本来の「基本的な使用価値」の商品が消費者の発想による「役に立つ」使い方で基本的な使用価値が変更されて別の使用価値が生まれることも押さえておく必要があろう。使用価値という役に立つ性質の使い方の「ルール」が後からやってくる[11]という指摘は生産者が規定した基本的な商品の使用価値を消費者がその商品の使用価値の制約性の範囲内で独自的な発想によって変更した「役に立つ性質」の使用価値の使い方も可能である。またそのような発想から商品開発が生じることも押さえておく必要があろう[12]。

　これらのことは商品の使用価値が「物」ではなく，「物の属性」から生じる問題であり，「商品の形体的属性は，本来，ただそれ自身を有用にするかぎりにおいて，したがって，使用価値にするかぎりにおいてのみ問題になる」[13]。このような論理的な内容から，市場には多くの商品があふれるのである。

11　石井淳蔵は「使用価値の恣意性」や「偶有性」について論じている。石井淳蔵（1998）「ルールは遅れてやってくる」石井淳蔵・石原武政編著『マーケティング・インタフェイス―開発と営業の管理』白桃書房，pp.3-22；同（2012）『マーケティング志向の可能性』岩波書店，序章，第3章；同（2004）『マーケティングの神話』岩波書店（1993年に日本経済新聞社より刊行）を参照のこと。これに関して石井淳蔵・石原武政の論争が展開された。石井淳蔵・石原武政編著（1996）『マーケティング・ダイナミズム―生産と欲望の相克』白桃書房；同（1998）を参照のこと。
12　佐藤ナオキ（2018）『コップってなんだっけ？』ダイヤモンド社を参照のこと。
13　マルクス, K.（1947），p.76。

2. 商品を構成する2要因の一つである交換価値と価値について─現象形態と実体の関係

（1）交換価値とは？─現象における関係概念としての「比としての数」

交換価値の交換割合・交換比率とは─個々の対峙した現象形態の「関係概念」

　ここでは交換価値と価値を考える。まずここでは商品の交換価値である「いくつずつと交換するか」という量的な交換割合・比率から考える。これは実際に交換される際の交換割合・比率であるから，交換価値は現象において現れる「比の数」という関係概念である。

　たとえば，商品と商品の交換である物々交換を想定した場合，自分のもっている商品の服1着が相手のもっている商品の靴2足と交換されたとき，服1着に対して靴2足と交換され，交換割合・比率は1対2の割合になる。これが「比としての数」という関係概念である。

　これは同時に，実際に市場で社会的に交換されたという事実から，服1着の商品価値が靴2足分の商品価値と等しいことを，逆に靴1足の商品価値は服の商品価値の2分の1と等しいことを意味する。

　このように交換価値という「量的な大いさ」という商品の価値表現はこのような意味合いをもっている。また，後に詳しく論じるが，この服と靴の間で成立した1対2という交換比率・交換割合は服と靴の間の個別的な関係においてのみ成立する交換比率・交換割合である。当然ながら，多くの商品と交換が行われれば，その商品の数だけ交換比率・交換割合は生じる。

（2）すべての商品の共通な価値を表現する実体としての「価値」
　　─共通な基準としての労働概念

実体としての価値とは何か─交換価値の交換割合・比率を決める共通な基準

　交換価値である交換割合・比率が交換という行為の結果による現象的な「比の数」という「関係概念」であった。ここではその「比の数」が決まる背後の共通な基準である「実体」に迫ることにする。この「実体」は，交換価値が対峙する交換相手の間のみの個別的な関係性による交換の背後にある，すべてに共通する量的な関係を示すものである[14]。交換価値と価値の関

係，現象における「比としての数」とその背後に実体としての「共通する量的な数」の意味内容を見ていく。

さて服と靴の交換によって服1着が靴2足という，1対2の交換割合・比率が生まれ，服1着の価値は靴2足の価値で表現されたことをみてきた。ここでの問題は服と靴という全くちがった使用価値の商品が，なぜ1対2という交換割合・比率で交換されたかを考える。

なぜ，全くちがった使用価値の商品が1対2という割合・比率で比較することが可能であったかということはそこに共通な基準がないと比較できないことになる。身長と体重という異質なもので比較ができないように，比較可能であるためには，服と靴は全くちがった使用価値の商品の背後に別の何らかの比較可能な共通のものがあるといえる。

ではその背後にはどのような共通なものがあるのであろうか。服と靴という全く異なる商品の使用価値の双方に共通するのものはいずれもこれらが人間の労働によって生産された生産物であるから，そこに「労働」概念が共通なものである[15]。服や靴という使用価値の商品はともに生産における一定の労働量が体化・凝縮しているものである。

そこから労働量が服と靴の異なった使用価値の共通な比較基準となった。この基準はすべての商品が生産における労働によって作り出されることから，またそれを作り出す労働の尊さから，すべての商品の交換価値の割合・比率を決める「共通な基準」になった。これを交換価値と区別する意味であ

14　マルクスは商品の「交換価値」の説明で，「交換価値」で終わることなく，さらに「実体」としての「価値」についてこだわり，その説明をした（マルクス，K.（1947），p.71，pp.78-79）。それは交換価値を現象形態として捉え，その交換割合・比率としての「交換価値」と，交換価値の割合・比率の共通な基準となる本質的形態の「実体」としての「価値」を，両者は同じだけれどもその意味あいが根本的に異なり，商品の価値を決める共通基準としては交換価値よりも価値のほうが重要であることを強調したかったからである。質的な内容において両者を区別するために「実体」という表現を用いた。ここでは「比としての数」である「関係概念として量的な数」と「量としての数」である「実体概念としての量的な数」のちがいを用いて説明をしたのである。

15　「商品体の使用価値を無視するとすれば，商品体にのこる属性は，ただ一つ，労働生産物という属性だけである」（マルクス，K.（1947），p.77）。「労働の異なった具体的形態も消失する」といって，具体的有用労働から抽象化させた「同一なる人間労働，抽象的に人間的な労働」へと整約していくのである（マルクス，K.（1947），p.77）。

えて実体概念としての「価値」とよんだ。商品の価値が労働価値説といわれた論拠はここにある。

　交換価値と価値は同じものであるが，そのちがいの説明のために関係概念と実体概念を使って区別して説明してきた。またそれは現象形態と本質的形態という関係からも同時に説明した。また商品の価値はその意味で目に見えない「幽霊のような」ものとして表現され，それは使用価値という商品の具体的な素材としての形態を通して現れるものであるから，その意味で商品の使用価値と価値は切り離されることなく一体であることに注意をする必要があろう。

(3)　「価値」の実体を表す労働時間の労働そのものの内実について―具体的有用労働と抽象的人間労働

具体的有用労働と価値基準の労働概念の問題

　こうしてあらゆる商品の交換価値に内在する共通の価値の大いさは「価値」とよばれ，労働量，労働時間で計られ，その労働時間の量的な比較によって，あらゆる商品の価値の大いさが比較可能になり，交換価値の量的な割合・比率として価値表現された。

　しかし問題は共通な基準である価値たる実体としての「労働」が果たして共通なものと考えてよいかという問題が生じた。たとえば，これまで説明してきた服と靴を考えてみると，服と靴に共通なのはたしかに「労働」であるが，その「労働」は，服は「服を作る労働」であり，靴は「靴を作る労働」というような具体的有用労働で内容は異なるから共通な基準にならないという疑問であった。

　つまり生産の目的，作業方法，対象，手段，および成果によって規定される[16]労働が具体的な有用労働だからである。

抽象的人間労働と価値基準の労働概念

　このような単純な労働価値説による「労働量・労働時間」という概念だけでは不十分であった。そこから比較基準となる「労働」そのものの内容が問

16　マルクス, K. (1947), p.82。

題になり，「共通な労働」についての模索が始まった。

　つまり，これらの「具体的な有用労働」に共通な労働は何かという視点から，共通な労働概念探しが始まった。「具体的な労働」をさらに抽象して共通な労働を引き出せば何が残るかという方向で議論され，行き着いた先がどちらも人間の脳や精神や手足などの筋力を使って生産のために支出した「人間の労働」[17] をしているという，人間の生理学的な意味での「抽象的な人間労働」概念であった。それを双方の共通な価値基準たる労働概念に定めたのである。

　かくして商品の価値の大いさの価値基準は「人間の頭脳，筋肉，神経，手等々の生産的支出」[18] たる「人間の労働」である「抽象的な人間労働」による労働時間量であり，これでもって商品の価値が測定されることになった。そこから商品の価値実体は「抽象的な人間労働」による労働時間量になった[19]。いわゆる「人間労働」は，人間労働の支出量が基準となる[20]。

商品の2重性と労働の2重性の関係性

　ここから図2-1のような商品の2重性とつながる労働の2重性が生まれることになる。つまり，商品には質的な「使用価値」と量的な「交換価値」という2要因がある[21]。後者の「交換価値」は現象において現れる交換割合・比率とその背後には価値基準としての「価値」実体が存在する。

図2-1：商品の2要因と労働の2重性の関係

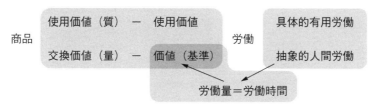

出所：筆者作成。

17　マルクス，K. (1947), pp.87–89。
18　マルクス，K. (1947), pp.87–89。
19　マルクス，K. (1947), pp.87–88。
20　マルクス，K. (1947), p.88。
21　マルクス，K. (1947), p.90。

　さきほどの労働は「具体的な有用労働」と「抽象的な人間労働」の2つからなる。「具体的な有用労働」によって商品の「使用価値」が作り出される。たとえば，服を作る具体的な有用労働から服という商品ができ，服という使用価値の商品が生まれ，靴を作る具体的な有用労働から靴という商品ができ，靴という使用価値の商品が生まれるように，「使用価値―具体的有用労働」という関係性が生じる。

　他方，「抽象的な人間労働」はあらゆる商品の共通な「価値」実体として，あらゆる商品を作る共通な労働の基準を意味していた。そこから商品の「交換価値―価値―抽象的な人間労働」という関係性が生じる。

　このようにして商品を構成する2要因である使用価値と交換価値（価値）は労働の2要因である具体的有用労働と抽象的人間労働がそれぞれつながるのである。

(4) 価値の実体の内容―市場における社会的平均的労働時間量
商品の価値の主観的な価値から客観的な価値決定へ―価値の評価を客観化し信頼を与える

　さてそのような抽象的な人間労働による商品価値は労働時間，労働量の積み上げ数によって決まる。これは，労働時間，労働量が長くなればなるほど商品価値の大いさは高まっていくということになる。そうであれば，商品を生産するのにゆっくりと時間をかけて作れば作るほど労働量や労働時間は長くなるから，商品価値は高まり，商品価値は交換の際に高く評価され，逆に生産において速くスムーズに短時間で作れば作るほど，労働量や労働時間は短くなり，商品価値は低くなり，商品価値は交換の際に低く評価される。このように商品の価値の大いさがこのような個々の主観的意図的な，単純な労働量や労働時間の積み上げの評価でよいかという問題が生じてくる。この問題は客観的な信頼性をどのように形成するかである。

　これらの問題を解決するのが市場とそこでの機能である。市場において交換相手のような同じ商品を生産する人たちが多く存在していることが重要なのである。その存在によって，交換相手と同じような他の商品を生産する商品所有者の労働量，労働時間と比較ができるからである。その比較によって

個々の個人的主観的な価値である労働量や労働時間は比較されて，そのまま
の価値として認められるかどうかが決まる。

　たとえば，A の服をもっている商品所有者がその生産に 10 時間の労働量
がかかり，自分の服の商品価値を 10 時間の価値と価値表現したとき，交換
をする相手の B の靴をもっている商品所有者は，市場において A と同じよ
うな服を生産する商品所有者がどのくらいの時間と労働量を費やしているか
を調べる。たとえば，A とは別の同じような服を作る商品生産者がいて，
A1 は 9 時間，A2 は 8 時間，A3 も 8 時間，A4 も 8 時間，A5 は 7 時間，
A6 は 9 時間，A7 は 6 時間，A8 は 9 時間というように多様でばらつきがあ
る場合，判断基準として平均的な時間をもとに，B の交換の対象とする A
の 10 時間と比べて，平均時間が 8 時間であるとすれば，A の 10 時間とい
う価値評価は遥かに高いことがわかる。そうすると，B は A に市場の平均
的な時間である 8 時間であれば交換するが，A が 10 時間を固執すれば交換
しないというように，市場で形成された同一の社会的な平均的労働時間を基
準にして商品の価値の大いさを交渉手段にするのである。A は 10 時間では
なく，市場において形成される平均的労働量，労働時間たる 8 時間を認めて，
8 時間の価値として交換するか否かを迫られ，いずれかの選択の決断を迫ら
れることになる。

　このように，個々の生産者の所有する商品の価値の大いさは，個々が主張
する主観的な労働量，労働時間ではなく，同一の市場の社会的平均的労働時
間によってその評価基準が形成され，その基準のよって主観的な価値の大い
さが是正されて，客観的で信頼できる価値基準になる。そこから，商品の価
値実体は抽象的人間労働による労働量，すなわち労働時間量であるが，その
労働時間量は個別具体的主観的な労働時間量ではなく，市場における同一的
同質的商品生産者の「社会的平均的労働時間量」がその内容なのである[22]。

価値の内実に決定的な意味をもつ市場の役割―商品価値の客観化と信頼性

　この価値実体の社会的な客観化，その信頼性は市場の役割なくしては定ま
らない。それは裏を返せば個々の生産者自身の商品価値は主観的な価値判断

22　マルクス, K. (1947), p.79。

ができないということでもある。

　個別的主観的な価値は，市場における同一的同質的な多くの生産者の社会的な平均的な労働時間が基準となって，その基準によって左右され，かつ是正される。

　その意味でその基準で交換された場合の交換割合・比率は客観的な基準として評価され，商品価値自体の社会的な信頼性が与えられるのである。市場はそのような意義と効果がある。このように考えると市場は経済活動における商品価値を客観的に定め，その価値の信頼性を与える場所であることがわかる。

市場における競争原理と商品価値の低下傾向の進展

　それだけではない。市場はそこで形成された平均的な労働時間が社会的な基準になるから，その平均的な労働時間以上で生産した場合は平均値によって是正されたために価値評価の損失が発生し，逆の平均的な労働時間以下で生産した場合は平均値として評価されるから余剰の利得になる。

　そこから市場では生産の労働時間が平均値以上の場合は，平均値もしくは以下になるようにして損失を軽減するためにその労働時間を速めるように努力し，逆に生産の労働時間が平均値以下の場合には利得をより増加するために労働時間をここでも速めるように努める。この動きは市場全体が生産による労働時間の短縮の方向に動くことから，このような競争原理は平均的な労働時間の短縮により，社会的な平均的な労働時間の低落化傾向が進展し，商品価値の低落化が進展するのである。市場における生産に関われるイノベーションの展開と生産者の間の競争激化がそれを促すことになる。

3. 流通・商業における根本的問題—商品の使用価値と交換価値の対立と統一の矛盾

(1) 売買における商品の2要因による対立と統一の矛盾の問題

流通・商業における交換・売買の問題—売手の販売と買手の購買の関係

　基本的に売買は買手である貨幣をもった消費者の方から働きかける。買手の側の商品購入は買手の欲望から出発し，自分とって欲望を満たすような「役

に立つ」（使用価値）の商品を購買し，消費することで欲望を充足させる[23]。だから，買手の側の購買は何でもよいからという「無差別的購入」は原則的にしない。むしろ，欲望を満足させるような「役に立つ」（使用価値）の商品を購買する。しかし，商品の使用価値が一定の範囲内しか役に立たないから，欲望に沿うような使用価値の商品を「選択的購入」する。買手の消費目的の交換（購買）はこのような意味を持つ。

商品の使用価値レベルの売買の一致の偶然性

　売手の側は自分たちの作った商品を販売する。だが，その商品は商品生産による生産の分業化によって特定の制約された一定の使用価値の商品のみを生産する。商品ゆえに交換価値（価値）をもち，現在ではその具体的な価値表現である価格で販売をするが，問題はこの商品に内在する使用価値の制約性の問題が影を落とす。

　いま多くの売手がそれぞれ服，靴，野菜，魚，肉，酒など生産して販売すると想定する。そこで買手はその欲望が服を欲しいと想定する。そのように売手と買手を設定したときに，述べたように，売買は買手から行動が起きる。この買手の欲望が服を欲しいと思った瞬間，売手の側の商品のうち服を販売している生産者以外の商品は売れない。なぜならば，商品の使用価値の制約性（拘束性）から，服以外の商品所有者の商品は欲望の対応に「役立たない」からである。どんなによい使用価値の商品であっても，使用価値の制約性から「役に立たない」のである。

　このように販売を行う売手の商品は買手の多様な欲望に対して商品は使用価値の制約性（拘束性）から部分的にのみ機能する。それゆえに買手の側の欲望にそうような商品の使用価値探索や商品選択は難しく，売手の側の商品の使用価値との一致は極めて「偶然的」であり，売買の成立は困難であることがわかる。それを乗り越えたところで商品の使用価値レベルで売買が成立

---

[23]　石原武政は，人間の欲望は漠然とした「抽象的な欲望」と具体的な商品をみて形成される「具体的な欲望」からなるという。石原武政（1982）『マーケティング競争の構造』千倉書房，第3章，pp.39-70；同（1996）「消費者需要とマーケティング―競争的使用価値概念の提唱」石井淳蔵・石原武政編著『マーケティング・ダイナミズム―生産と欲望の相克』白桃書房，pp.121-150；同（2008）「流通とは」石原武政・竹田正明編『1からの流通論』（旧版）碩学舎，pp.4-5。

する。

商品の交換価値レベルの売買の一致の偶然性

　しかし，この使用価値レベルの一致によって売買が成立するわけではない。次は双方がいくつずつと交換するかという交換価値レベルの問題が横たわる。つまり買手の差し出す交換価値を示す貨幣量と，売手の商品の価値の大いさを価値表現する交換価値としての価格の間の問題である。

　その決定権は買手にある。売手の商品の交換価値表示たる価格に対して，商品を購買しようとする買手の側の商品価格に対する判断が売買の決め手になる。買手が売手の商品の交換価値表示の価格を，商品の価値相当であると判断したら，売買は成立する。逆にそれが商品価値相当の価格ではないと判断すれば，売買は成立しない。その双方の一致も偶然的であり，交換価値レベルでスムーズに行われない。結果，売買たる交換は難しく，その成立は極めて偶然的であることがわかる。

商品と貨幣の売買における一致の偶然性・不安定性の根源─商品に内在する2要因と販売の偶然性

　商品を販売する側と貨幣で商品を購買する側の間で売買たる交換の困難性は商品に内在する使用価値レベルと交換価値レベルの一致の問題であり，その一致が偶然的で不安定なことから生じていることがわかる。商品所有者と貨幣所有者の交換という双方の売買たる交換は，商品に内在する使用価値と交換価値の2要因の闘争的な対立とその統一，その偶然性とその不安定性という極めて根源的なところに問題の所在がある。この要因による偶然性とその不安定性が交換を初めとした売買全体を，もっといえば流通全体を覆っているところに問題の根源がある。そこから流通・商業における売買の困難な問題の根源はこのような商品の2要因に原因があり，根本的な問題はこの2要因に帰着する。

　さらにそれをさらに深く考えると，突き詰めれば，交換や売買の第一段階の出発点たる障害が「商品の使用価値の制約性」そのものによる「販売の困難性」に最大の問題があるといってよい。買手の側も本来ならば貨幣をもっているのであるから，一方的な意思でスムーズに交換できるはずなのに，その制約性によって商品選択を迫られ，欲望とその使用価値の一致する商品を

商品探索し，そこに時間と費用の問題を引き起こしてスムーズに交換できないのもそれが要因であるということができる。

　使用価値の制約性による販売の困難性は，売手の側に販売時間の延長と販売費用の増加をもたらし，買手の側にも述べたように購買時間の延長と購買費用の増加をもたらすことで売手と買手の双方に不利益をもたらし，この問題は流通全体の売買においても妥当する内容であるといえる。商品の使用価値に制約性がなければこのような問題は起きないし，またそのような商品は存在しないゆえに，商品の販売に内在する「命がけの飛躍」[24]というその呪縛から逃れられないのである。

第 2 章　参考引用文献

石井淳蔵（1998）「ルールは遅れてやってくる」石井淳蔵・石原武政編著『マーケティング・インタフェイス―開発と営業の管理』白桃書房。

同（2004）『マーケティングの神話』岩波書店（1993 年に日本経済新聞社より刊行）。

同（2012）『マーケティング志向の可能性』岩波書店。

石井淳蔵・石原武政編著（1996）『マーケティングダイナミズム―生産と欲望の相克』白桃書房。

石原武政（1982）『マーケティング競争の構造』千倉書房。

同（1996）「消費者需要とマーケティング―競争的使用価値概念の提唱」石井淳蔵・石原武政編著『マーケティング・ダイナミズム―生産と欲望の相克』白桃書房。

同（2008）「流通とは」石原武政・竹田正明編『1 からの流通論』（旧版）碩学舎。

佐藤ナオキ（2018）『コップってなんだっけ？』ダイヤモンド社。

出家健治（2008）『商店街活性化と環境ネットワーク論―環境問題と流通（リサイクル）の視点から考える』晃洋書房。

マルクス, K.（1947）『資本論 1』（エンゲルス編, 向坂逸郎訳）第 1 巻, 第 1 分冊, 岩波文庫。

24　マルクス, K.（1947）, p.202。

商品と商品の交換
―最も古い交換（物々交換）とその問題点

> この章は最も古い「生産物と生産物の交換」である「物々交換」を商品
> の2要因である使用価値の制約性と交換価値の関係から考察する。物々
> 交換が商品と商品の交換であるという視点が重要であり，その視点から
> 物々交換がなぜ定着しなかったかを見ていく。物々交換の問題は貨幣の
> 登場へつながっていく。

1. 交換とは？―交換のもつ意味と生産物の質と量の一致の問題

（1）交換とは何か？―自分にとって使用価値のないものを使用価値の あるものと交換

交換という行為―不要なものを出し，必要なものを手に入れる行為

　交換の行為と背景について考える。交換は生産物を自由に処分できなけれ
ばならない。そこから交換の背景には生産物の私的所有関係がなければなら
ない。

　交換は自分にとって「役に立たない」，すなわち「使用価値」でない生産
物を交換に出し，自分にとって役に立つ，つまり「使用価値」のある生産物
と交換することである[1]。それは自分のもっている生産物が不要である，「非

1　「彼の商品は，彼にとってはなんら直接の使用価値ではない。……。商品は他人に対す
　る使用価値をもっているのである。彼にとっては，商品は交換価値の担い手であり，し
　たがって交換手段であるという使用価値をもっているだけである」（マルクス, K.
　(1947)『資本論1』（エンゲルス編, 向坂逸郎訳）第1巻, 第1分冊, 岩波文庫, p.164）。

使用価値」であるということが前提である。つまり，「すべての商品は，その所有者に対しては非使用価値であり，その非所有者に対しては使用価値である」[2]。だから商品は「持ち手を交換」しなければならない。この持ち手変更が「交換」をなすのである[3]。自分にとって必要な生産物であるならば交換に出さないからである。

交換の目的─欲望充足のための消費目的の交換

　交換の目的は何かを考えてみる。生産物は本来消費するために生産される。生産された生産物は，本来，消費目的である。それが社会の構成員による協働で生産された生産物は個々の構成員に分配され，消費される。生産物をすべて分配され，残らず消費されることで構成員の欲望が満足する自給自足経済であれば，交換は生じない。

　しかし，分配された生産物をすべて消費に向けるのではなく将来のために備蓄することが起こる。あるいは生産力の拡大で消費以上の分配が行われることが生じ，個々の構成員において生産物の蓄蔵が生じる。共同体の生産力が高まれば，構成員への分配の量は多くなる。

　最も古い物々交換の多くはそのような形で蓄蔵された「余剰生産物」である。

　商品所有者の生産物の交換は「余剰生産物」の交換であり，互いの生産物所有者の欲望充足が交換の動機になって活発な交換が内部で行われる。交換が欲望充足のための「消費目的」であるから，欲望が満足すればするほど，その動機によって交換は活発になる。

(2) 交換の第一義的本質的な意味─商品の使用価値的側面
消費目的による使用価値の質的な交換

　さて，交換は自分が所有する「非使用価値」の生産物を相手の所有する「使用価値」の生産物と交換する行為である。その交換は同質の使用価値の生産物の交換ではなく，異質の使用価値の生産物の交換である。交換は，相手の

2　マルクス, K. (1947), p.164。
3　交換をなすことで後の説明である「価値の問題」が生ずる。交換が商品を価値として
　相互に関係させるのである（マルクス, K. (1947), p.164）。

所有者の生産物の使用価値が自身の欲望を充足するものであるかということが交換の際の目的を理解するカギになる。

　使用価値の生産物を異質の使用価値のある生産物と交換するということは，交換する生産物もしくはその使用価値が，交換する側の欲望を充足するために役に立つかということが交換の主たる動機になる。そこでは，交換の際の最も重要で，第一義的で，根本的な視点はこの使用価値視点である。もちろん，生産物の使用価値の「制約性」が交換の困難性を引き起こし，交換の難しさとなっていく。

(3) 交換の二義的だけれども重要な意味—商品の交換価値的側面
交換における等価の量的な交換価値

　交換の際のもう一つはいくつずつと交換するかという量的な問題である。交換の際の交換割合・比率という交換価値の問題である。

　本来，交換は相手にただで与える（無量）ことはない。ただで与える（無量）ことは交換とはいわない。ただで与えることは一方向のみの行為だから，贈与であり「分配」である。交換は双方向の行為であり，そこにおいて「いくつずつ」交換するかという量的な問題が生じる。贈与や分配と交換の違いはここにある[4]。

　交換のその際に「いくつずつ」と交換するかという量的な割合が，すなわち，交換価値の問題が交換の使用価値の問題が成立したあとに生じてくる。いくつでもよいという量的なこだわりがない場合は，量的な交換は比較的スムーズに行われる。つまり，互いに相互の交換する生産物の所有者が量的割合・比率にこだわりをもたないからである。

　しかし，生産物の所有者自身が生産をして，その生産の際に一定の労働量，そこでの労働のしんどさを行っている以上は，いくつでもよいと交換をするわけにはいかない。生産において自身が投じた労働量，その労働のしんどさ

4　贈与や返礼という議論が盛んに行われているが，ここでは交換との区別を明らかにした。今村仁司（2000）『交易する人間（ホモ・コムニカンス）—贈与と交換の人間学』講談社選書メチエを参照のこと。なお，モース，マルセル（2009）『贈与論』筑摩文庫など参照のこと。

を基準にして，自己の所有する生産物を価値重視し，その労働量相当のものと交換するという「等価」意識が形成される。そこから，生産物所有者の量的な相互交換は原則としてこのような労働量の「等価交換」を前提として対等な労働の量的な交換が行われる。

2. 最も古い交換—物々交換（商品と商品の交換）

（1）最も古い交換—双方の対等な意思の一致

物々交換は厳密には生産物と生産物の交換—商品と商品の交換という意味

　最も古い交換は物々交換である。この物々交換は生産物と生産物の交換であるが，商品と商品の交換でもある。しかし，一般に「商品」という表現には商品生産が確立した際の生産物をいうのであるから，ここでは「商品」という場合に少し注意を要する[5]。

　だが，生産物といえども「交換にだされた生産物は，はじめから交換を目的として，商品として，生産されたものでなはく，交換にだされることによってはじめて商品になった」[6]ということである。

　物々交換は商品生産が未発達な状況下の交換であり，余剰生産物の交換であって，物々交換は生産物所有者の気まぐれな欲望の発生によって行われ，交換の領域は共同体の構成員によって分配された余剰の生産物の量と範囲によって決まる。そこから，物々交換は，「偶然的，臨時的，個別的」交換であり[7]，商品生産に見られる交換のような恒常的，連続的，必然的な交換では

5　森下二次也は厳密な意味で「生産物と生産物の直接の交換，すなわち物々交換」といって厳密な意味で物々交換を「商品と商品の交換」とはいっていない。森下二次也（1960）『現代商業経済論』（旧版）有斐閣，p.2。たしかにマルクスも直接的な生産物の交換の形態は，「交換前には，この場合まだ商品でなくして，交換によって初めて商品となる」（マルクス，K.（1947），p.168）と指摘している。

6　森下二次也（1960），p.2。

7　森下二次也によれば，商品生産は背後に交換の全面的恒常的な交換がないと商品生産は成り立たないとみている。だから商品生産と商品流通がセットとして捉えられ，貨幣を媒介とした直接的流通が商品生産と重ねられて表現されているのである（森下二次也（1960），p.3）。

ないのである。

　厳密な意味の商品は商品生産の確立が前提であり，そうでない状況下では厳密な意味で商品とはいわない。物々交換をここであえて「商品と商品の交換」というのは上記のような意味であり，極めて限定条件付きの表現であることを押さえておく必要がある。

　にもかかわらず，ここで物々交換を商品と商品の交換とあえていうのは，①生産物が商品になる，②物々交換を生産物と生産物の交換と同時に商品と商品の交換とみなす，③物々交換の交換の困難さを解消するために商品から貨幣が生まれる，④商品と貨幣の交換が生まれ，貨幣を媒介とした交換が生まれる，⑤貨幣を媒介とした交換において販売の困難が生じる，⑥販売の困難性を解消するために，貨幣から資本が生まれ，最初の資本である商業資本が登場する，⑦売買の集中の原理を果たす商業を媒介とした交換によって，流通の問題が解消するという論理的な展開の流れから，商品と商品の交換とすることが後の論理的展開において望ましいことを付け加えておく[8]。

（2）物々交換の難しさ ― 商品の使用価値と交換価値の一致の偶然性

　ここでは商品に内在する 2 要因,つまり使用価値と交換価値が問題になり，その問題にされる順序は使用価値から交換価値へという流れ[9]が物々交換において生じる問題となるのである。

商品と商品の交換（物々交換）の原理① ― 第一の条件である「外的」な使用価値レベルの問題

　商品と商品の交換において個々の所有者は自己の商品を交換に出すのであ

8　商品交換の発生についてマルクスは次のように説明している。「商品交換は，共同体の終わるところに，すなわち，共同体が他の共同体または他の共同体の成員と接触する点に始まる。……，物は一たび共同体の対外生活において商品となるとただちに，また反作用を及ぼして共同体内部生活においても商品となる。」（マルクス，K.（1947），pp.168–169）。ここでの内容説明はマルクス，K.（1947），第 2 章の「交換過程」のところを参照のこと。

9　森下二次也はいう。「交換される生産物は互いに相手方にとっての使用価値として特定されたものでなければならない」（森下二次也（1960），p.2）といい，つづけて「ある生産物は現実にそれと交換される他の特定の一生産物との関係においてしか価値表現を与えられ」（森下二次也（1960），p.2）ないと。

るが，その際，交換の目的が自己の欲望を満たすための「個人的消費」（自己の再生産）が目的であるから，交換の対象となる相手の商品に対して何でもよいから交換をするという「無差別交換」はあり得ない。「無差別交換」であれば交換は商品の制約性をもつ使用価値を問題にしないから，交換はスムーズに行われる[10]。

　交換は自分にとって欲望を満たすもの，それに役に立つもの，つまり「使用価値」のあるものとの交換であるから，商品の使用価値の制約性により「選択的交換」となる。

　たとえば具体的な例でいえば，商品所有者Aが服という商品をもち，商品所有者Bが靴という商品をもって，双方が交換をすると仮定する。服をもっている商品所有者Aは，自分のもっている服が役に立たない（自分にとって「使用価値」がない）から，交換に出す。商品所有者Aは靴が欲しいという欲望から，服を交換の材料にして靴をもっている商品所有者Bに対して交換を求める。靴をもっている商品所有者Bも同様に，自分のもっている靴が役に立たない（自分にとって「使用価値」がない）から，交換に出そうとしている。この交換の成立は商品所有者BがAの所有する服を欲しいという欲望をもっているかどうかで決まる。このように，交換の成立はまず双方の商品所有者の欲望の一致を，そのためには使用価値の一致を前提とするからである。

　以上から，物々交換というのは，あらゆる商品所有者が自己の商品を欲望を充足させる使用価値をもつ他の商品に対してのみ交換をする[11]。その意味で商品は，厳密には一般に商品として対峙するのではなく，商品の一定の制約性をもつ使用価値と対峙する[12]。使用価値を問題にするのは，商品の使用価値が一定の制約性をもっていて，一定の範囲しか役に立たず，商品所有者の欲望に対して部分的にのみ対応するからである。

　商品と商品の交換は商品所有者間の相互の商品の使用価値を見て，互いに

10　「わらしべ長者」は日本のおとぎ話で（『今昔物語』『宇治拾遺物語』に原話がある），わらしべ→アブが結びついたわらしべ→蜜柑→反物→馬→屋敷という交換プロセスであるが，この事例は無差別交換の繰り返しの意味あいが強く，物々交換とはいいがたい。

11　マルクス，K.（1947），p.165。

12　マルクス，K.（1947），p.166。

相手商品が欲しいという「双方の意思の一致」があって初めて成立する。ま
さに恋愛関係における相思相愛の関係と類似している[13]。物々交換は交換の
際に相互の商品所有者の何が欲しいかという欲望がまず前提であり，欲望と
連動する商品相互の使用価値レベルの，いわばその双方の欲望の一致が物々
交換の成立の第一条件である。商品に「内在」する使用価値が交換において
は「外的」に現れ，その一致を必要とする。だから「商品は，それが価値と
して実現され得る前に，使用価値であることを立証しなければならない」[14]
のである。これが物々交換の第一関門なのである。

　商品所有者における商品交換の双方の一致は，商品の使用価値そのものが
制約性をもつことで，使用価値そのものが人間の欲望に対してすべて対応す
るものではないだけに，簡単には一致しない。その一致は極めて偶然的であ
るゆえに，その交換はスムーズにいかなく，難しいのである。この一致の偶
然性，不安定性が物々交換のもつ交換そのものに横たわり，物々交換の難し
さがそこにあるのである。

商品と商品の交換（物々交換）の原理②─第二の条件である「外的」な交換価値の一致

　しかし，偶然的であれ，交換における使用価値レベルで一致が見られても，
それで交換が成立するものではない。すでに論じてきたように，この一致に
ひき続いて交換する商品をいくつずつと交換するかという「量」の問題，交
換価値の問題が生じる。

　商品は使用価値と交換価値の2要因によって成り立っているのであるが，
「商品はそれが使用価値として実現され得るまえに価値として実現していな
ければならない」[15]のである。いくら使用価値があっても商品の価値，つま
り交換価値のない商品は，商品として意味をもたないからである。その意味
で商品の価値も重要で，その価値を交換によって実現することも重要となる。
そこでは商品の価値通りに交換できるかということが問題となる。

13　「したがって，ある一人は，他人の同意をもってのみ，したがって各人は，ただ両者
　　に共通な意志行為によってのみ，自身の商品を譲渡して他人の商品を取得する」（マル
　　クス, K. (1947), p.162）。
14　マルクス, K. (1947), p.165。
15　マルクス, K. (1947), p.164。

　この商品の価値通りの交換の問題は個々が主観的に提示した商品価値通りに単純に交換が行われるのではないのである。商品の価値の大いさは個々の個人的な評価によるものではなく，市場における社会的平均的な労働量，労働時間によって決まるということであった。

　だから，個々の主観的な判断の商品価値は市場におけるその商品の社会的平均的な価値との相互関係によって合意形成が図られるのである。

　商品所有者自身の商品価値の大いさは実際にその商品の生産に要した労働量，労働時間に基づいて提示される。それはある意味で個人的，主観的な価値評価判断で相手に提示される。だがその提示される商品価値の大いさは，交換相手にとってみれば，商品の価値の大きさを決める個々の労働量，労働時間が過去のもので，目に見えないものであり，その価値表現も極めて「個人的」であり，等価交換による損得勘定から，それが客観的に信頼のあるものと「妥当な」価値評価である判断がこの関係性ではわからない。極めて個別的主観的だからである[16]。

　その結果，量的な交換は市場の同様な生産者の労働量，労働時間の平均値を客観的な価値評価と判断して，その社会的な平均的な商品価値の大いさを基準として相手の商品の価値評価を比較しながら，相互の交渉によって量的な割合が詰められ，双方の合意をもって最終的に決まる。つまり，量的交換は，結果的に市場という商品価値の社会的評価が信頼性と客観性をもつことによって基準となり，社会的な交換比率を規定する。

　したがって，商品所有者の個別的主観的な商品価値基準がそのまま通用するわけでもなく，主観的な商品価値判断基準と市場における社会的な商品価値基準の摺り合わせのなかで双方の交換価値の量的な割合の合意形成が行われ，そこにおいては相互の等価交換を軸とした損得勘定が働く。その一致は偶然的であり，その合意形成がなされない場合は量的な交換は成立しないのである。そこにおいては交換自体の量的な等価性，平等性の問題が働き，量的な交換の一致の偶然性，不安定性が生じて，双方の一致は難しいのである。

　商品価値が労働量や労働時間で決まるといっても，その場合，それが「目

16　この過程が「すべての商品所有者に対してもっぱら個人的であって，同時にまたもっぱら一般的に社会的」（マルクス，K. (1947), pp.165-166）と，マルクスは指摘する。

に見えないもの」であり，しかも生産のあとの労働量や労働時間という「過去のもの」であるだけに，また極めて個々の主観的判断に左右されるだけに，商品価値の大いさの客観性，信頼性をどう評価するかという，交換する人間の評価問題につながるだけに容易でないことがよくわかる。互いに損得なく量的に交換をするという「等価交換」が相互に繰り返されることで，社会的な市場における客観的で信頼ある価値評価を軸とする基準が暗黙のルールとして定着したとみてよいであろう。当初の量的な交換比率はまったく偶然的なものであるが，その反復が次第に規則的になり，固定化していくのである[17]。

　個々の主観的な商品価値評価と市場の商品価値評価の間を基準として，商品所有者相互の商品価値量の「評価」「値踏み」を基礎とした交換比率，交換割合の妥協・合意形成を通して一致が図られるのである。その合意形成による一致は容易でないことがわかり，成立は偶然性が作用することも理解できる。商品に内在する交換価値の外的な対立の一致の困難性がここにある。

3. 物々交換の偶然性と交換の複雑さによる困難性

(1) 物々交換がたった 1 回で成立する場合―まれなケース

　いま，商品所有者 A が服という商品 (W_1) をもっていて，この商品を交換の材料にして，この所有者が欲しいとする靴を手に入れたいと望んでいることを想定する。この商品所有者 A は靴をもっている商品 (W_2) の所有者 B に自分の所有する服と交換を要請する。その場合，商品所有者 B が商品所有者 A の服を欲しいと願っているならば，物々交換の第一段階である使用価値の側面で合意形成を得ることになる。

　次に，いくつずつ交換するかという量的な交換価値の問題に移り，双方が量的な割合において合意形成すれば，この物々交換はたった 1 回で成立することになる。

17　マルクス, K. (1947), p.169。

　これは双方の商品所有者の欲望と，双方の所有する商品が一致することによって成立するわけであるが，物々交換がたった1回で成立するということは，偶然性に委ねることになり，確実に交換の成立という保証がされるわけではないのである。

(2) 物々交換が多数の交換を繰り返して成立する場合—一般的なケース

　この物々交換の成立の偶然性は一般的には多数の交換を繰り返しながら目的を実現するという構図となる。

　先ほどの事例でいえば，いま，商品所有者Aが服という商品（W_1）を所有して，欲しいと思う靴という商品（W_2）と交換したい場合，交換相手の商品所有者Bが商品所有者Aの服ではなく，野菜を欲しているのであれば，双方の商品の使用価値の制約性のちがいによって交換は難しく，物々交換の第一段階である使用価値の側面で合意形成ができない。

　だが，商品所有者Aは商品所有者Bの靴を手に入れたいと望んでいるのであるから，諦めるわけにはいかず，商品所有者Aは商品所有者Bが野菜という商品（W_3）を欲しいと願っているならば，商品所有者Aは服という商品（W_1）を野菜という商品（W_3）に切り替えれば靴と交換が可能になる。そこで服をもっている商品（W_1）の所有者Aは野菜をもっている商品（W_3）の所有者Cと交換を試みることになる。もしもこの交換が量的な割合にも合意し，成立すれば，商品所有者Aは服（W_1）から野菜（W_2）に商品の使用価値が変わり，靴をもっている商品（W_2）の所有者Bと交換が可能で，全体として2回ですむ。もちろんその一致は偶然性が左右し，確実に起こりうることではない。

　もしもCの野菜所有者が商品所有者Aの服という商品（W_1）を欲しくないとするならば，交換をあきらめるわけにはいかないので，商品所有者Aは商品所有者Cが欲しいという酒という商品（W_4）をもつ商品所有者Dと服との交換を試みる。そこで双方の一致が生じたら酒という商品（W_4）を手に入れることで，さらに商品所有者Cの野菜という商品（W_3）と交換し，商品所有者Bの欲している野菜という商品（W_3）とさらに交換することで，商品所有者Bの靴という商品（W_2）と交換ができる。そうすれば物々交換

は全体で 3 回の交換ですむ。

　もしも，酒の商品（W_4）である商品所有者 C が商品所有者 A の服という商品（W_1）を欲しくないならば交換はまた振り出しに戻る。商品所有者 A は商品所有者 C の欲しいと思われる商品所有者を探して商品所有者 A のもつ服と交換をしてもらうように働きかけることを繰り返す交換が物々交換では生じる（図 3-1）。

　このように今回の上の事例は，このプロセスが最終目的の完結までに商品所有者 A の服という商品（W_1）は，商品所有者 D の酒という商品（W_4）から始まって，商品所有者 C の野菜という商品（W_3）へと商品の使用価値を転々と変えることで，最終目的の商品所有者 B の靴という商品（W_2）と交換というように，商品所有者は商品の持ち手の使用価値の交換を何度も繰り返しながら行うことであった。これが物々交換の具体的な交換の姿であり，そこには商品に内在する使用価値の制約性と交換の際の量的な交換価値の問題が物々交換の困難性に大きく作用していることが読み取れる。

　またこのことはまた，1 回で交換が成立しない場合，それぞれの交換は互いに瞬時に行われるけれども，商品所有者の欲しい商品を探して交換の合意形成をするまでは，時間がかかることになる。そして最終目的の商品所有者のところまでたどり着いてその所有者の欲しいという商品を提示しても，す

図 3-1：物々交換にみる交換の困難性（まれな 1 回のケースと一般的なケース）

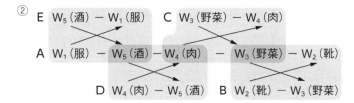

出所：筆者作成。

でに時間が経過したことでその所有者の欲望が変わる場合もありうるし，あるいはすでに手に入れて欲望が満たされたという場合も起こり，交換が不成立ということも起こる。そこにおいてはそれぞれの交換に「時間がかかりすぎる」という問題が横たわる。

このように商品と商品の交換である物々交換において「交換」の偶然性が作用し，困難さをともない，スムーズに交換が行われないことがよくわかる。物々交換が持続せず，定着しなかった理由はここにある。

4. 商品と商品の交換（物々交換）の原理の根本的問題所在

（1）物々交換を商品と商品の交換とした理由—根源が商品に内在する 2 要因

かくして，物々交換は「生産物と生産物の交換」であるが，「生産物」という視点でみるかぎりは物々交換の問題性をみいだすことができないことがわかる。物々交換の問題性は「商品」に内在する問題が「根源」にあり，それが交換という行為においてその 2 要因が相互に使用価値と交換価値のそれぞれの問題として外的に現れ，その双方の一致によって物々交換が成立することを見てきた。その意味で物々交換が生産物と生産物の交換であると同時に商品と商品の交換であることを強調した理由がここにある。

（2）物々交換の困難性の根源—商品に内在する使用価値と交換価値の外的対立とその一致の偶然性

商品所有者の欲望による商品の使用価値と交換価値の双方の一致，その一致の偶然性が物々交換の原理的な困難性として存在するのであり，それはその根源がすべて商品に内在する使用価値と交換価値の内在的な闘争的な対立・矛盾によるところに原因があることから，物々交換を「商品と商品の交換」で見ないとその問題性の本質を見ることができないのである。

ここでは物々交換の困難性が商品に内在する使用価値と交換価値の対立による双方の一致の問題に根源を発し，商品の 2 要因が商品と商品の対峙した外的な交換において，内在する使用価値と交換価値が外的に両者の対峙関

係として現れ，そこでの双方の一致なくしては交換が実現できず，その一致は偶然性を帯びて不安定で，交換全体がうまくいかないということである。このような理由から物々交換は定着しなかったのである。

　そこから，物々交換たる商品と商品の交換は，商品生産の確立と貨幣の登場によって，「個別的な交換」から「社会的な交換」へと大きく転回していくことになる。

第3章　参考引用文献

今村仁司（2000）『交易する人間（ホモ・コムニカンス）―贈与と交換の人間学』講談社選書メチエ。

モース，マルセル（2009）『贈与論』筑摩文庫。

マルクス，K.（1947）『資本論1』（エンゲルス編，向坂逸郎訳）第1巻，第1分冊，岩波文庫。

森下二次也（1960）『現代商業経済論』（旧版）有斐閣。

貨幣の登場と市場における貨幣権力の形成
―商品の貨幣への転化へ

ここでは商品から貨幣がどのような過程を経て，いつでも，どこでも，何とでも交換できる貨幣へ形成していく過程を考察する。

生まれてくる貨幣は商品の2要因のなかの交換価値の実体である価値と関係をもっている。ここでは商品の価値がどのくらいの量的な価値であるかを「価値表現」するかということが問題である。その延長線上で貨幣が形成され，貨幣の価格で商品の価値の大いさが価値表現される。その過程をこの章で考察する。

1. 貨幣の登場と市場での貨幣のもつ意味

(1) 貨幣とは何か？―貨幣の交換の優位性
市場権力としての貨幣の登場

　物々交換（商品と商品の交換）の問題は商品所有者の「双方の交換意思の一致」であった。それはそれぞれの商品所有者による相互の使用価値と交換価値の一致であり，その双方の一致は極めて偶然性によってのみ成立することから，交換成立に時間がかかり，交換全体の不安定性があった。

　その交換における双方の一致という不安定な交換関係から，「一方的な意思」による安定的な交換関係に大きく変えたのが「貨幣」である。貨幣は商品と異なり，貨幣の性格から何とでも交換できるものとして市場に現れてくる。

　貨幣の市場への登場はこれまで見られた交換の「対等な関係」から「一方的な関係」に変化させ，交換の力関係を大きく変えるものとして現れ，市場

における貨幣は絶対的な圧倒的に強い関係として振る舞い，いわば「市場における権力」として現れる。

何とでも交換できる貨幣—交換の優位性

　商品は一定の制約性（拘束性）をもつ使用価値をもつがゆえに，何とでも役に立つわけではないから，その商品が交換相手の欲望の充足を満たすのに役に立つ使用価値の商品であることによってのみ，交換の対象となる。そこには商品の使用価値の制約性は交換相手の欲望の一致が部分的であり，限定性が見られ，商品はいつでもどこでも交換されるということではない。そこから商品の交換は商品所有者の間で対等な関係が形成し，その交換は商品の使用価値と交換価値の一致という，双方の意思の合意をもって成立し，その成立は偶然的で不安定であった。

　逆に貨幣は，商品と異なり，何とでも交換できるという特徴をもつ。交換の際に部分性・限定性はなく，一般的全体的に交換可能である。まさにその特徴から，貨幣をもちさえすれば，誰でも一方的な意思で交換をすることが可能となり，貨幣は商品とちがって，原則的には何とでも交換でき，どのような商品でもいつでもどこでもスムーズに交換されるということから交換の際の優位性をもつのである。

　ここではこのような貨幣のもつ内容の解明が目的である。

2. 商品の交換価値と価値表現としての貨幣

(1) 商品の交換価値の延長線上にある貨幣

交換価値と価値と貨幣の関係性

　貨幣は商品の2要因の一つである交換価値とその実体である価値と関わりをもっている。その関係性は，現代において商品が貨幣による価格表示で示され，価格が商品の価値の大きさを表現していることを考えれば，商品をいくつずつと交換するかという交換価値たる量的な交換割合・交換比率を貨幣が，あるいは貨幣の価格が表示しているといえる。

　そこから貨幣は商品の交換価値や価値と関わりをもち，商品の価値の大い

さを量的に価値表現するものであると捉えることが重要で，また貨幣が商品
の交換価値の延長線上で生まれ，商品から貨幣へと転化して外的に独立して
現れたものであることを押さえるのが貨幣の根本的な本質理解に重要である
といえる。

　その点で，貨幣とは何かという貨幣の本質を考えるときに，商品の価値の
大いさを示す交換価値をいかなる形で表現するかという価値表現に関わる部
分であることを押さえて，貨幣の形成の論理的プロセスを以下で見ることに
する。

(2) 貨幣形成の論理的プロセス
商品の「価値表現」に見る商品の交換価値から貨幣への展開過程

　商品の価値の大いさは，すでに見てきたように，本質的には抽象的人間労
働の労働量，労働時間で測定され，その価値基準は社会的平均的な労働量，
労働時間で価値表現された[1]。しかし，その労働量，労働時間は過去の生産の
時点のもので完成した商品においてはそれは「見えない」ものであるから，
交換の際の価値表現においてはあまりに抽象的で，具体的かつ現象的でない
ことからわかりにくいことがわかる。

　そこから，商品の価値の大いさであるこのような「価値表現」を目に見え
る形で行う方向へ展開することになる。それは交換を通して等価となる相手
の商品と一定の量的な割合で交換されたときに，「交換された事実」によって，
交換相手の商品の使用価値による交換割合・比率を「社会的に認められたも
の」として，自身の商品の価値表現とみなすようになる。

　この動きを受けて交換の拡大は商品の価値表現が多様な使用価値の交換割
合・比率で行われ，交換自体の割合・比率が多様かつ複雑になり，非効率と
なってくる。そこから多様な使用価値の交換割合・比率商品のなかからたっ
た一つの商品の使用価値の価値表現のものが選ばれ，それがすべての商品の

1　「諸商品が同一の社会的等一性である人間労働の表現である限りでのみ，価値対象性」
　をもち，そこに商品と商品の関係は「社会的関係」が内在する。交換価値はこのような
　背景を背後にもつ現象形態である（マルクス，K. (1947)『資本論 1』（エンゲルス編，
　向坂逸郎訳）第 1 巻，第 1 分冊，岩波文庫，pp.94–95）。

価値の大いさを表現する基準となってくる。これが貨幣の成立の過程である。

物品貨幣から金属貨幣へ，さらに金商品の貨幣形態

　選ばれた一つの使用価値の価値表現たる商品は，当初は稲や絹などの商品でもって価値表現されたところから「物品貨幣」とよばれた。その後，貴金属に収斂することで「金属貨幣」が登場し，そして最終的にはその金属が唯一の「金商品」に落ちついたときに「貨幣形態」が完成することになる。

　貨幣の登場の論理展開過程を説明する際に以下では商品を W（ドイツ語の商品 Wäre），貨幣を G（ドイツ語の貨幣，Geld）という記号を使うことにする。

3. 貨幣の形成過程（価値形態論）と貨幣形態 ─一般的等価形態としての貨幣

(1) 単純な価値表現としての価値形態─相対的価値形態と等価形態

交換価値と価値表現の問題

　まずここで論じる価値の対象性が「商品と商品の交換」においてのみ現れるから[2]，この関係性を出発にして議論を進めていく。その際に，交換価値を問題にするので商品所有者間の使用価値レベルの一致を前提として考える。

　ここでは等価交換を理論の前提にするから，交換の際に，自身の商品価値がどれくらいであるかを知る必要があり，同時に相手の商品価値もどれくらいであるかも知る必要がある。これは双方ともにそうであるから，交換価値たる交換割合・比率を決めるために商品所有者自身の商品の価値の大いさを表現する「量的」な「価値表現」が問題となる[3]。

交換における「等価な交換」の基本的な価値形態─「相対的価値形態」と「等価形態」[4]

　さて，いくつずつと交換するかという量的な商品価値の交換価値，つまり

2　マルクス，K.（1947），p.94。
3　マルクス，K.（1947），p.106。
4　マルクス，K.（1947），pp.96–122。

交換割合・比率について考えてみる，わかりやすい事例として，商品所有者
A の服という商品と商品所者 B の靴との交換を考える。

　交換する際にまず自分自身のもつ商品の価値の大きさがどれくらいである
か価値表現する必要がある。それは価値実体概念が労働量・労働時間である
から，商品生産の際の商品所有者 A の服が 1 着 8 時間で生産されたとすれば，
服 1 着は 8 時間分の価値であると価値表現できる。しかしその 8 時間の価
値がほんとうにその通りに評価してもらえるかどうかは別問題である。極め
て個人的主観的なものだからである。交換において 8 時間以下で交換され
るか，それ以上であるかもわからない。その意味で，自分自身のもつ商品価
値は自分自身がもっている限りではわからないからである。自分自身のもつ
商品価値は自分以外の相手を通して，つまり実際に交換に出されて，成立し
たときに初めて知ることになる。社会的な交換を通して個人的主観的な商品
価値の大いさは客観的な信頼の得られる評価になる。

　そのためには，自分自身のもつ商品の価値の量を「等価」なものとして価
値表現する，「価値鏡」[5] としての交換相手の商品が必要なのである。量的な
等価を説明するのに必要な価値表現たる「材料」となる商品である[6]。ここで
は交換相手の商品所有者の靴がその役割を果たす。私たちが何も手段がなけ
れば自分自身の姿を見ることはできなく，鏡を通してそこに写っている姿を
みることで，自分自身の姿を確認することと同様の意味である。

　商品所有者の A の商品価値 8 時間分の価値量は，実際に商品所有者 B の
靴と交換して，服 1 着の商品価値である 8 時間分の価値が，靴の 1 足の商
品価値である 4 時間分の 2 倍分と評価されて交換されたときに，つまり 1
対 2 で交換されたとき，初めて商品所有者 A 自身の服 1 着の商品価値は 8
時間分の価値であるものとして社会的にその価値の大きさが認められたこと
になる。実体概念である労働量・労働時間が，関係比概念である現象として
の交換価値によって価値の表現が変わっていく瞬間でもある。価値の本質た
る実体概念は交換価値という交換割合・比率として「現象」で現れてくる。

　そこから，この交換の意味する内容は，商品所有者 A の服の価値の大い

5　マルクス, K. (1947), p.114。
6　マルクス, K. (1947), p.97。

図 4-1：単純な価値形態の関係形式―価値表現の基本形態

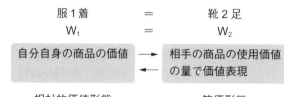

＊自分自身の価値の大きさは相手を通してのみわかる（価値鏡）

出所：筆者作成。

さである 8 時間分は，間違いなく商品所有者 B の靴である 4 時間分の 2 倍分と「等価」であり，この商品所有者 B の靴の商品価値は商品所有者 A の服の商品価値に対して等価形態であることから，商品所有者 A の服の商品価値に対して商品所有者 B の靴の商品価値は「等価形態」の位置にあるという[7]。

逆に，服 1 着の商品価値は「等価形態」によって価値表現されるという受け身の立場にあることから，「相対的な価値（表現）形態」の位置にあるという。その関係を表示したものが図 4-1 である。このようにして服という商品価値は相手の商品価値によってその価値の大きさが決まる。ここに「相対的な価値形態」と「等価形態」という基本的な価値関係が成立する。これが「単純な価値形態」である。これは以降の論理展開における内容の基本的な関係である。その点で重要な意味あいをもっている。

ここから次のようにいうことができる。服が靴と交換された事実によって，服 1 着価値である 8 時間労働量＝靴 1 足の価値である 4 時間労働量の 2 倍分という，服と靴の間の労働時間量による「目に見えない」価値表現は，新たに具体的に目に見える服 1 着と靴 2 足分の価値であるという価値表現が新たに加わることになる。服という商品価値は靴という商品価値の肉体である使用価値によって表現される[8]。それは図 4-2 のように示される。

7　マルクスは商品 A が B なる商品に対して等価の形態を押しつけることでもあるという（マルクス，K.（1947），p.104）。

8　マルクス，K.（1947），p.104。

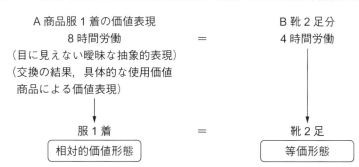

図 4-2：労働時間量から具体的な使用価値の商品による具体的な価値表現

出所：筆者作成。

　服 1 着の商品価値表現は相手の使用価値である靴 2 足分の価値として，具体的に「目に見える」わかりやすい等価の価値表現となった。そのことは等価の位置にある靴という商品は「他の商品に対する直接的交換の可能性」[9] の形態を意味する。等価形態の位置につくということは，服がそうであったように，他の商品もそれは「靴がいくらで表現されるか」というように，交換の際の価値表現の評価基準となる。

(2) 交換の拡大による「総体的な拡大された価値形態」─多様な異質の価値表現の増大
交換の拡大にともなう総体的な価値表現─多様な価値表現による多様で総体的な等価形態

　しかし，価値の形態は価値一般という実体を表現するだけでなく，交換価値としての量的に規定された価値または価値の大きさをも表現しなければならない[10]。商品交換が増えれば増えるだけ，量的な表現は増えるのである。だから，交換相手の商品が異なれば等価形態の位置にある商品は多様になる。前でみた服 1 着の商品価値が「絶対的な一つの等価なものの表現」ではなく「相対的な価値（表現）形態」と表現されるのは，交換の種類が多様になるにつれて靴という使用価値で価値表現された等価形態の「材料」が複数で

9　マルクス, K. (1947), p.100。
10　マルクス, K. (1947), p.105。

図 4-3：拡大された価値形態の具体的な商品群の事例

服1着	=	靴2足（W_2）
服1着	=	米 1/10 升（W_3）
服1着	=	酒 1/5 本（W_4）
W_1	=	W_5
W_1	=	W_6
W_1	=	W_7

相対的価値形態	等価形態
服の価値を相対的に表現	服の価値を等しいものとして表現してくれるもの

出所：筆者作成。

多様な商品になり，多くの等価形態の価値表現が増えて，商品の価値表現が多様になってくるからである。

　たとえば，商品所有者Aは絶えず商品所有者Bのもつ靴とばかり交換するわけではない。欲望の充足はさらに別の欲望を生み出し，その欲望を充足する多くの商品と交換を望むようになる。商品所有者Aが米を欲しくて，服と米の交換が行われ，服10着分の価値が米1升が等価であるということになって，服1着と米 1/10 升という交換割合・比率が成立する。さらに服1着が酒5本と等価で交換されれば，服1着の価値は酒 1/5 本の価値として価値表現されることになる。

　その結果，図 4-3 のような等価の関係形式が成立することがわかる。服1着の商品価値が等価形態にある靴をはじめ，米，酒などの多様な使用価値の商品で価値表現されることを意味する。そこから服という商品の価値は，最初の靴による価値表現のみに固定されないことがわかり，たった一つの「絶対的」な商品の交換割合・比率による価値表現ではなく，多様な商品種類の交換割合・比率による「相対的」な価値表現で示されることがわかる。

　これらを，まとめれば図 4-4 のような関係形式になり，多様な交換によって商品の数だけ価値表現が現れる。これを「総体的な拡大された価値形態」[11]

11　マルクス, K. (1947), p.100。

図 4-4：拡大された価値形態の関係形式

$$W1（服）= \begin{cases} W_2 \\ W_3 \\ W_4 \\ W_5 \\ W_6 \\ W_7 \\ W_8 \\ \vdots \\ W_n \end{cases}$$

出所：筆者作成。

という。

総体的な拡大された価値形態の問題点―逆転の発想へ

　この拡大された価値形態は，商品の価値表現が価値実体の労働時間量という「目に見えない」商品の価値表現から，交換価値という関係比概念に移行することで，「目に見える」商品の価値表現に代わり，より具体的に表現することで，豊かになったことがわかる。それが一つの利点でもあった。それは，雑多な商品種類の価値表現の色とりどりの「寄せ木細工」[12] であり，等価形態にあるすべての商品が「反対鏡」[13] となって現れることで，「無限の価値表現の序列」[14] であった。

　しかし，そのことが問題になってくる。これは一つの商品価値が多様な商品の交換価値による割合・比率であり，交換する商品の数だけ個別的な交換割合・比率が発生し，交換の際にとても面倒であるという問題が生じてくる。たとえば，服という商品が靴と交換するときは靴との交換割合・比率のみ通用するのであり，すべての商品との交換に通用はしないのである。その意味でこの拡大された価値形態は個別的部分的であることがわかる。拡大された価値形態の図 4-4 からわかるように，一つの商品の価値表現に対して多く

12　マルクス, K. (1947) p.125。
13　マルクス, K. (1947), p.123。
14　マルクス, K. (1947), p.125。

の使用価値の商品が「等価形態」に位置しているところからもわかる。等価形態にある商品はすべての商品をたった一つの等価で表現するものではない。

　そこから，逆転の発想が生まれてくる。つまり，たった一つの商品ですべて商品を等価で価値表現できないかということ，つまり，一つの商品が多様な使用価値の商品で個々別々に等価に価値表現するのではなく，等価形態にある多くのこの使用価値の価値表現をたった一つにまとめるという議論である。そうすればすべての商品がたった一つで表現され，すべての商品価値が一度に表現されることになる。

(3) 交換の価値表現を統一する一般的な価値形態―物品貨幣のもつ意味
多様な等価形態の商品から一本化の動き―一般的な等価形態と物品貨幣[15]

　図4-4の関係形式を逆転させて，等価形態に位置している多様な使用価値の商品を一本化する，つまりたった一つの等価形態の商品で全体の価値表現の行うということである。一切のものを等しいものとして対峙するという「一般的等価形態」の位置が形成されるのである。

　たとえば，等価形態のすべての商品は，服であったり，靴であったり，米であったり，酒であったりしたが，これらのいずれかの中から，たった一つの使用価値の商品を取り出して，それでもってすべての商品の価値を表現を

　図4-5：一般的等価形態の具体的事例（米）

$$W_1 （服） = W_3 （米） 1/10 升$$
$$W_2 （靴） = W_3 （米） 1/20 升$$
$$W_4 （酒） = W_3 （米） 1/2 升$$
$$W_5 \quad\quad = W_3 （米）$$
$$\vdots$$
$$W_n \quad\quad = W_3 （米）$$

たった一つの米の商品で価値表現
→すべての商品が一つのものです
　べて価値表現できる

　出所：筆者作成。

15　マルクス, K. (1947), pp.126-134。

するという方向で動く。それが米であるとすれば図 4-5 になる。この関係
形式からわかるように，あらゆる商品の価値をたった一つの米という使用価
値の商品でもって価値表現をし，その結果，すべての商品価値はこのたった
一つの米ですべての商品の価値表現をしていることがわかる。そうなると
「米」は米としての「使用価値」ではなく，あらゆる商品の価値を等価に表
現する唯一の共通な「交換価値」として現れ，「社会的に共通な価値」表現
をするものになり，米としての使用価値は後方に追いやられるのである。「物
品貨幣」は特定の商品がこの位置についたものをいう[16]。

　よって，価値表現はスムーズになり，量的な交換の割合・比率の価値評価
において，単純化され，共通化されることで，容易にすべての商品の秤量比
較が可能となるのである。ある意味ですべての商品の価値がこの米による基
準でわかるということである。

　こうしてたった一つの商品の使用価値があらゆる商品の等価形態を代表す
ることによって，この位置につく商品を「一般的等価形態」とよぶ。

一般的等価形態の関係形式──一般的等価物の形成[17]

　かくして一般的等価形態は拡大された価値形態を逆にひっくり返したもの
であることがわかる。総体的な拡大された価値形態にみる多種類の交換価値
で表現された等価形態の商品は，誰もがその位置につきたいという衝動が起
きることからその位置につく商品が定まるのは容易ではなく，歴史的な共同
作業という経緯をへて，これらのなかからたった一つの商品に収斂されてい
く。その商品が一般的等価形態の位置につくことで，一般的・統一的・社会
的な共同の価値基準が成立するのである。図 4-6 が一般的等価形態の関係
形式である[18]。

16　古代エジプトでは「貝」が使用され，さらに「石」などがその機能を代用したといわ
　れ，また日本でも「稲米」や「布」（絹布）などがその機能を果たした。これらを「物品
　貨幣」という。稲の場合は束または把（わ）で計量された。1 束は 10 把で計算され，1
　束からつき米 2 升とれた。そこから升，斗などの単位が作られ，さらに布の場合では長
　さ 5 丈 1 尺（尺は鯨尺，丈は尺の 1/10），幅 2 尺 1 寸（寸は 10 尺）をもって 1 匹（ぴ
　き，2 反）として計量され，これが単位になって価値尺度機能を果たした。
17　マルクス, K. (1947), pp.126-134。
18　マルクス, K. (1947), pp.126-127。

図4-6：一般的等価形態の関係形式と物品貨幣

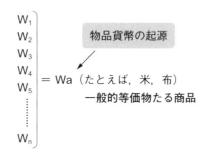

$$\left. \begin{matrix} W_1 \\ W_2 \\ W_3 \\ W_4 \\ W_5 \\ \vdots \\ W_n \end{matrix} \right\} = Wa \;(\text{たとえば，米，布})$$

物品貨幣の起源

一般的等価物たる商品

出所：筆者作成。

一般的等価形態の貨幣形態への移行─貨幣機能の適合と社会的な合意形成

　しかし，多くの多様な使用価値の商品の中からたった一つを選び出すということは単純ではなかったといわれている。なぜならば，選ばれることですべての商品の等価交換の統括的な地位に立つことを意味し，選ばれない使用価値の商品は無価値と化してしまうからである。だから，すべての商品所有者はその一般的な等価形態の位置につきたいと思うことになる。それはその位置につくことによってその商品をもちさえすれば何とでも交換できるという，交換の際の圧倒的強い力をもつことが可能になるからである。

　だがその位置へ着くための移行プロスは明らかでない。物品貨幣が早期に消えていったのは取引に影響のないような要素，つまり①等質性の維持，②保存性，③分割性，④運搬性といった要素が備えていないという点であったと推定できる。そのような要素を備えていない商品は取引に支障が生じるために必然的に消去されていったといえる。

　またこれらの選定による一般的な等価物の商品の定着は，経済圏における社会的な了解やそこでの信用による合意形成なくしては社会的に通用しないといえるであろう。なぜならば一般的等価物の位置に立つ商品はすべての商品価値を共通に価値表現するものであるから，個別的部分的性格ではなく，社会的性格であるがゆえに，社会的合意形成（社会的信頼・信用）がなければ一般的等価形態として機能しないからである。その意味で，経済圏における社会的合意と一般的等価物の選出は重要な要因であったといえる。そこか

ら生産者による「共同事業」[19] として，物品貨幣から金属貨幣へと移行することになる。

(4) 貨幣形態―貴金属の金商品

貨幣形態と金商品―一般的等価形態から貨幣への移行

　一般的等価形態の位置にこの特殊なる商品が金属で価値表現するようになって，さらにその商品が金商品に落ち着くことによって貨幣商品となり，一般的等価形態は貨幣形態へ移行するようになる。

　この物品貨幣は一般的等価形態の一般的等価物として位置づけられるから「貨幣」としての機能を果たすけれども，この物品貨幣は「貨幣」とはいわない。むしろ，歴史的にも，この位置の一般的等価物が貴金属に落ち着いて，金商品に落ち着いたとき，この金商品を貨幣とよび，図4-7のような貨幣形態の関係形式が生まれる[20]。

商品の貨幣への転化の意味―貨幣は商品の交換価値・価値の転化したもの

　貨幣は金商品によって置き換えられることから，貨幣は商品の転化したものとして理解され，商品と貨幣のつながりで，もっといえば商品から貨幣が生まれると理解できる。

　貨幣は商品の交換の際の価値表現の延長線上に登場したものであり，商品

図4-7：貨幣形態の関係形式―金商品による一般等価形態（貨幣は一般的等価物）

出所：筆者作成。

19　マルクス, K. (1947), pp.131-134。
20　マルクス, K. (1947), p.135。

の価値表現が価値実体である目に見えない労働時間量に始まり，交換を通して成立した交換割合・比率による相手商品の使用価値表現へと展開し，多くの多様な商品と交換を行うことで等価な価値表現が多様な使用価値で表現されて交換割合・比率が煩雑になり，その結果，等価な価値表現を一つのものに収斂して，貴金属のうちの金商品に落ち着いたのが貨幣であった。その意味で貨幣は商品の交換価値，あるいは実体としての価値の生まれ変わりなのである。価値実体である労働時間から，交換価値という関係比へと移行し，貨幣という新たな価値実体が商品の価値表現として生まれてくるのである。

　この過程を経て商品に内在した交換価値や価値は外的に貨幣という形で現れ，商品と対峙し，貨幣が商品の価値を表現するものになる。

貨幣がなぜ何とでも交換できるかという理由――一般的等価物としての全能の力をもつ貨幣

　あらゆる商品の価値がたった一つの金商品によって価値表現されるようになって，あらゆる商品の間の価値表現がわかりやすくなった。かつて，すべての商品の価値を表現する共通な価値実体であった労働時間量は，いまや金商品という統一的で共通な一般的等価物によって置き代われることになった。目に見えないものから金商品という目に見えるものに価値実体の「化身」として具体的な姿で現れることになった。

　等価形態にあるたった一つの金商品がすべての商品の価値表現を行うことで，すべての商品価値が一律に，つまり統一的で共通的な表現として機能することにより，すべての商品のそれぞれの間の価値表現による交換割合・比率が一目瞭然となったのである。

　たとえば具体的な事例でいえば，関係形式図4-8が成り立つ。この関係形式からすべての商品が金商品のmg量で表現され，そのことは逆にその金商品を一定量提示すればいつでも何とでも交換できることが一目瞭然でわかる。貨幣が何とでも交換される理由はここにある。

　貨幣の登場によって，交換割合・比率が便利になり，交換がスムーズになるということ以上に，モンスターのような巨大な効果が生まれてくる。金という商品が一般的等価形態につくことで，あらゆる商品の価値を等価で表現することができ，いつでも，どこでも，何とでも交換できるという神の全能

図 4-8：金商品の一般的等価形態（貨幣形態）による
すべての商品の価値表現形式

W_1（服 1 着）＝ 金商品 1500mg
W_2（靴 1 足）＝ 金商品 750mg
W_3（米 1 升）＝ 金商品 15000mg
W_4（酒 1 本）＝ 金商品 7500mg
$\vdots$
W_n　　　　　＝ 金商品○○mg

出所：筆者作成。

に相当する力をもつことになる。これこそが，貨幣が万能の力をもつ理由である。

貨幣の物神性─商品からの独立と貨幣蓄蔵欲の形成

　そこから，自分たちが商品の生産過程で役に立つという使用価値として作り出した金商品が，一般的な等価物としての位置につくことで，商品の使用価値以上の何とでも交換できるという貨幣という価値物になり，人間自らが作った物が逆に神のごとく敬い拝み，さらに支配されていくという，貨幣の物神性が生まれる。

　この貨幣の物神性はこのような論理的プロセスで生まれ，当然ながら，商品ではなく貨幣をもちたいという貨幣欲望，さらに貨幣蓄蔵欲，貨幣蓄積，そして「富」の土台が形成される。そして社会の富は貨幣量，貨幣蓄積量に換算され，「世の中はカネ，もしくはカネしだい」というように貨幣経済が社会や市場を支配していくようになる。

商品と貨幣の一体化と独立による貨幣の自立化の過程─商品の貨幣への転化

　「金商品は生まれながらにして貨幣ではないが，貨幣は生まれながらにして金商品である」[21] ということの意味は，貨幣の出自をうまく表現したものである。

　もともと金は普通の商品であり，金箔，飾り，宝飾品などの使用価値としての性格をもっていた。それが一般的等価形態の位置に着いた途端，すべて

21　マルクス, K. (1947), p.171。

の商品の価値表現する共同の統一的な一般的等価形態の位置に着き，一般的等価物になることで，あらゆる商品の唯一の統一的な価値尺度としての機能をもつようになり，金商品は貨幣とよばれ，使用価値としての金商品とは異なる機能をあわせもつことになる。つまり，金商品は本来的な使用価値だけでなく，一般的な等価物としてのあらゆる商品の価値尺度をもつという，極めて特殊な商品として，二重性をもつのである[22]。

　このように金商品と貨幣としての機能は一体化するものの，「金という商品」が使用価値という制約性から生じる「部分的な機能」と，「貨幣としての金」としての価値尺度機能が金商品のもつ使用価値の制約性を突破して現れる「全面的圧倒的な機能」とは決定的な差がある。金商品としての貨幣は，商品に内在する使用価値の制約性から解放され，何とでも役に立つという等価物という使用価値の無限的な性質が加わることで，後者の機能が優位となってくる。金商品は「商品」よりも「貨幣」の方に優位性が生まれ，「商品」ではなく「貨幣」として独立して一人歩きをしていく理由がここにあるのである。貨幣の商品からの独立である。金という商品から生まれたにもかかわらず，「商品」としての痕跡を全く残さない形で貨幣は独立した。

　商品から生まれた貨幣が，その痕跡を断ち切り，何とでも交換できるという絶対的な強さを交換の際に発揮することにより，貨幣を崇めるという貨幣の物神性が形成される。同時に，その商品とその交換価値のつながりという貨幣の一体的な媒介関係が消滅し，痕跡を残さないことで[23]，商品と貨幣は別物として並んで存立・対峙するものとなる。商品に内在する交換価値が外的に独立して現れ，商品の貨幣への転化が完成する。商品から貨幣が生まれて，貨幣が貨幣として登場するのである。

(5) 貨幣と価格
貨幣による商品の価値表現としての価格と貨幣量の大いさを決める
度量衡の形成

　そこから「商品価値＝貨幣価値」だったものが，貨幣の一人歩きで「貨幣

22　マルクス, K. (1947), p.172。
23　マルクス, K. (1947), p.178。

図4-9：貨幣形態（金商品）から価格へ

$$W_1 \text{（服1着）} = \text{金商品} \quad 1500\text{mg} = 2 \text{円}$$
$$W_2 \text{（靴1足）} = \text{金商品} \quad 750\text{mg} = 1 \text{円}$$
$$W_3 \text{（米1升）} = \text{金商品} \quad 15000\text{mg} = 20 \text{円}$$
$$W_4 \text{（酒1本）} = \text{金商品} \quad 7500\text{mg} = 10 \text{円}$$
$$\vdots$$
$$W_n \qquad\qquad = \text{金商品} \quad \bigcirc\bigcirc\text{mg} = \bigcirc\bigcirc\text{価格}$$

出所：筆者作成。

価値＝商品」というように「貨幣がいくらの商品」という逆転した表現が定着する。商品の価値の大いさは金商品の量で表現するようになる。

　商品の価値の大いさは貨幣の差異でもって表現するようになるから，その価値表現は純粋に金商品の量的な差異で表現するようになる。そこでいつまでも金何 mg というわけにはいかなくなるので，金の重量を具体的にわかりやすく表現・表示する方法が必要になってくる。貨幣の量的な秤量を定める度量衡箱のようにして生じる。

　そこから，わかりやすく価値表現するために金商品何 mg の重さという価値表現を基礎に価格標章による重量表記が生じてくることになる[24]。日本では，明治33年に価格本位制度を制定し，貨幣法第20条にて金 750mg を1円と定めた。それは江戸幕府時代の貨幣通貨制度における1両＝1000文を1円と定めたといわれている。これが円の起源である。1円はさらに1円＝100銭，1銭＝10厘というように定められた[25]。このような形で貨幣の量的表示すること，これが価格標章である。その結果，商品の価値は価格で表示されるようになる。その事例が図4-9の関係形式である。

　以上から，商品の価値表現から始まった展開は，価値実体である労働時間量を出発点に交換相手の商品所有者の商品の使用価値表現から始まって，たった一つの商品の使用価値に落ち着き，その後，貴金属による価値表現へと移行し，最終的に金商品へ落ち着いたとき，貨幣とよぶようになり，その

24　マルクス, K. (1947), p.186。
25　三上隆三 (2011)『円の誕生―近代貨幣制度の成立』講談社文庫（1998年に東洋経済新報社より刊行）を参照のこと。

金商品の量的な貨幣量を価格とよぶようになった。こういった一連の論理展開は貨幣の登場によって，この過程の媒介関係が見えないことにより，商品から独立して貨幣が生まれたのである。

貨幣の価格による理念的観念的な価値表現による価値標章＝貨幣標章

　かくして商品の価値表現は商品の貨幣形態であり，価格なのである[26]。商品の価格または貨幣形態は，これまでの価値実体の労働時間量と同じように，手でつかみうるような実在的な目に見える物体ではなく，「理念的または観念的化された形態」[27]である。だから商品の価値の大いさは金商品の量的な価値表現である価格で十分であり，なにも金商品の量を積んで見せなくともよいのである。「観念的な理念的な」価格表示で商品の価値表現がすべてわかるようになった。価格はみてきたように金商品何 mg という裏付けをもっているが，理念的観念的であるがゆえに一片の現実の金商品を必要としないのである。

　そこから金商品そのものが流通に際して必要性がないことがわかる。流通手段としての金商品＝金貨は流通させることで摩滅などが起きて重量実体と名目の差が生まれ，貨幣システムの維持が難しくなることから，金貨を基準とした代替貨幣，つまり鋳貨や紙幣が生まれることを可能にするのである[28]。

　こうして金の価値に代わる価値標章としてこれらが機能するようになり，これが貨幣標章といわれ，これが銀貨，銅貨，紙幣の起源である。いうまでもなく，これらは金と裏付けられていたから，信用貨幣の意味をもち，いつでも金と兌換されるものであり，とくに当初は紙幣は兌換紙幣で流通した。

　しかし，次第に貨幣量と金商品の量はつねに一体であることから，貨幣の増量は金商品の増量と連動するようになることでその並行的関係の難しさから，実体から形式へ移行させてその実質的な切り離しが行われ，現在ではますます貨幣の観念化，理念化が加速していくのである。

26　マルクス, K. (1947), p.181。
27　マルクス, K. (1947), p.182。
28　マルクス, K. (1947), pp.181–183。

(6) 貨幣の機能 [29]

貨幣の本源的機能―価値尺度機能と流通手段機能

　最後に，貨幣の 5 つの機能について簡単に述べておくことにする。

　これまで見てきた商品の統一的共通的な価値表現を行う「価値尺度機能としての貨幣」と，その機能ゆえに社会的な信頼関係が形成されて流通における交換の手段とし機能する「流通手段としての貨幣」をあわせて「本源的な機能としての貨幣」という。

貨幣の貨幣としての機能―蓄蔵貨幣機能と支払い手段機能と世界貨幣

　さらに流通手段としての貨幣は，後に論じる販売の困難によって，流通過程から引き上げられ，「蓄蔵貨幣」となる。これは「非流通手段としての貨幣」であり，購買のための準備金として機能し，一時的に休んで再び流通へ戻るような動的な貨幣たる流通手段としての貨幣とは異なる。これは手元に蓄積されて流通過程に再び戻るのではない不動の貨幣である。さらに貨幣が何とでも交換されるという市場での権力としての圧倒的な交換の強さの機能から「貨幣蓄蔵欲」が生まれて，購買のための準備金として流通過程から引き上げられた「蓄蔵貨幣」はさらに内部に多く蓄積されて「退蔵貨幣」になる。その延長線上で「資本」が生まれる。

　流通における支払い機能として「支払い手段としての貨幣」がある。支払い期日が迫って貨幣が準備できないときに信用創造によって，手形や小切手などの支払い手段が機能する。これは同時に流通手段としての貨幣を節約させる機能も果たす。

　最後に，「世界貨幣」である。流通手段としての貨幣は国際的な取引においては本来の貨幣の根源たる金商品の貨幣が登場し，この金商品の貨幣で取引が行われる。この世界貨幣は国際的な通貨制度の根底に置かれた。そして，国家間では各国の通貨貨幣を脱ぎ捨て，本来の「地金」という形で交換手段を統一させ，「世界貨幣」として国際的な通貨決済の基準として機能させていくのである。金本位制はその象徴的な国際金融の通貨基準として機能した。

29　マルクス, K. (1947), pp.243-272。

第 4 章　参考引用文献

マルクス, K. (1947)『資本論 1』（エンゲルス編, 向坂逸郎訳）第 1 巻, 第 1 分冊, 岩波文庫。

三上隆三（2011）『円の誕生—近代貨幣制度の成立』講談社文庫（1998 年に東洋経済新報社より刊行）。

貨幣を媒介とした交換
―流通の形成と直接的流通システム

> この章では，貨幣の形成によって商品と商品の交換から貨幣を媒介とした交換へと貨幣を軸とした交換が恒常化し，貨幣と商品との交換連鎖による直接的流通システムが形成することを論じる。
>
> さらに貨幣を媒介とした交換は販売と購買の分離が現れ，流通において場所的時間的（空間的）分離が生じて，販売と購買の双方で時間と費用の問題が派生し，流通時間と流通費用の問題が生じてくる。この問題が直接的流通システムの問題として現れる。これがこの章の説明である。

1. 貨幣を媒介とした交換（W−G−W）と流通の形成―諸商品の姿態変換系列

（1）W−W から W−G−W と商品流通の形成―直接的流通システムの形成
物々交換の交換形式 W−W とその臨時的・個別的・封鎖性

　交換を媒介する貨幣は交換の際の商品価値を測定する際の価値基準を共通なものにしたが，同時にまた交換の際の使用価値ならびに価値の一致の偶然性を貨幣の所有によって必然性に変えた。

　商品と商品の交換は，商品所有者 A の商品 W_1 と商品所有者 B の商品 W_2 の交換である。これは双方の欲望の一致（商品の使用価値）と交換比率の一致（商品の交換価値）が生じたことを前提にしている。商品所有者 A の商品 W_1 が手元を離れて商品所有者 B のところへ移動し，同時に商品所有者 B の商品 W_2 が手元を離れて商品所有者 A のところへ移動する。その交換関係形式は W−W で統一的に示すことができた。

図5-1：物々交換の個別的封鎖性

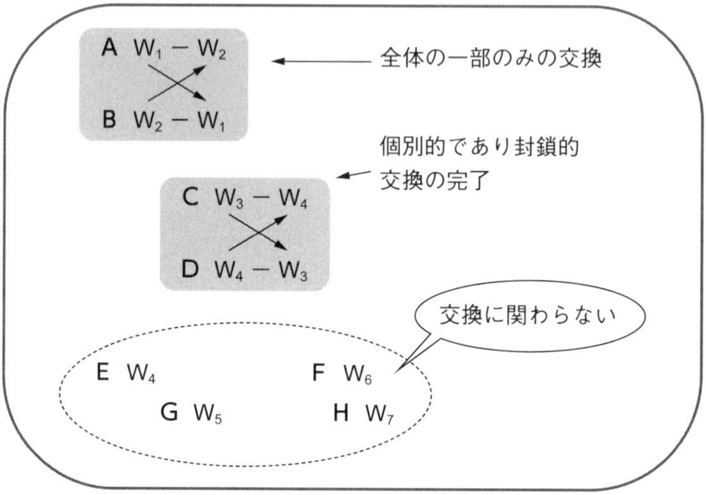

出所：筆者作成。

　双方の欲望の一致（使用価値レベル）と交換比率の一致（交換価値レベル）の矛盾による交換の成立の偶然性から１回で偶然的に成立する場合もあれば，偶然性に左右されて必要とする商品を手に入れるために何度も交換を繰り返すことも生じ，交換そのものの不安定性があった。

　またその交換関係はその交換の主体である生産物（商品）が余剰の生産物であるゆえに，量的な限定性がともない，そこから交換の行為もそれによって制約され，生産物の商品所有者の欲望と都合が生じることによってその都度に交換が行われるから，商品と商品の交換はスムーズに行われず，極めて臨時的，個別的，部分的な交換であった（図5-1）[1]。

W−W から貨幣を媒介とした交換 W−G−W

　貨幣を媒介とした交換は貨幣のもつ機能によって一方的意思で商品交換をよりスムーズすることが可能になることから，商品（W）と商品（W）を交換する物々交換形態（W–W）は，商品（W）をいったん貨幣（G）に交換して，そして再び貨幣（G）でもって商品（W）を交換するという交換形態（W

1　森下二次也（1960）『現代商業経済論』（旧版）有斐閣, pp.2-3。

図 5-2：貨幣を媒介とした交換（交換の連鎖）姿態変換系列の流通

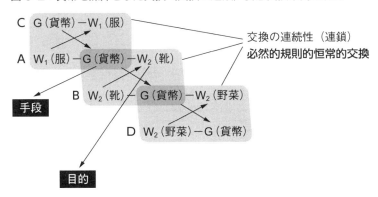

出所：筆者作成。

–G–W）に変わっていった[2]。

　商品交換が物々交換の形態 W–W から貨幣を媒介した交換の形態 W–G–W へ移行するにつれて，物々交換につきまとっていた交換の「個別性」「封鎖性」は貨幣の出現によって破られ，交換は「恒常的」「規則的」「必然的」なものにまで発展していった。商品市場の拡大は貨幣を媒介とした交換によって可能となった[3]。

　貨幣を媒介とした交換は，まず商品所有者 A が W_1 を売って G を手に入れる。そして次に G で W_2 を買う。その場合，商品所有者 A の W_1–G は商品所有者 C の G–W_1 に対応している。また商品所有者 A の G–W_2 は商品所有者 B の W_2–G に対応している。このように商品所有者 A の W_1–G–W_2 は商品所有者 C の G–W_1 と商品所有者 B の W_2–G の絡み合いの中で交換が行われていることがわかる（図 5-2）。

　貨幣を媒介とする交換は，個々の交換が解けない鎖のように絡み合いながら行われている。貨幣を媒介とする交換は個々の交換が「商品」から「貨幣」へ，「貨幣」から「商品」へというように，またそれが「相対立しかつ相互に補完しあう 2 つの姿態変換系列」[4] をなしている。だから，商品流通の媒介者として貨幣は流通手段の機能を得る[5]。商品流通，または流通はこのよ

2　森下二次也（1974）『現代の流通機構』世界思想社，p.5。
3　森下二次也（1960），p.5。

図5-3：流通の領域と生産と消費を結ぶ貨幣の流通手段機能

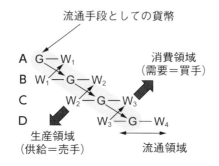

市場は需要と供給が接合するところである

出所：筆者作成。

うな「解けないように絡み合っている諸商品の姿態変換系列の連鎖」[6]の総体もしくは一部と定義される（図5-3）。

　この連鎖は流通手段の貨幣を軸に，必然的に商品流通を拡大させて行くことになる（図5-4）。

W−G−Wの形成する直接的流通システム─生産者と消費者の分離と同一の関係

　物々交換が生産者と生産者の対峙した交換で，生産者は同時に消費者ということで，両者の分離は見られなかった。しかし，貨幣を媒介とした交換は商品と交換という形式をとることによって，商品の売手側は生産者の商品所有者として，貨幣をもつ買手は消費者として対峙した複数の一対の交換関係になる。

　このW−G−Wの形態は生産者と消費者を分離し，その売買関係の一面を切り取ると，生産した商品所有者（W_1），つまり「生産者」と，その商品を購買する貨幣所有者（G），つまり「消費者」が交換で対峙することを意味し，

4　マルクス，K.（1947）『資本論1』（エンゲルス編，向坂逸郎訳）第1巻，第1分冊，岩波文庫，p.212；森下二次也（1960），p.6。

5　マルクス，K.（1947），p.215。

6　森下二次也（1960），p.7。

図 5-4：交換の連続性と市場の拡大

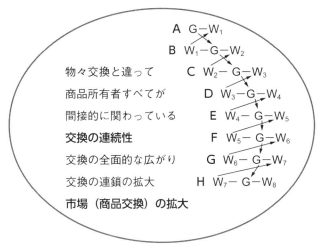

出所：筆者作成。

　そこからこの交換システムは直接的流通システムであるといえる。貨幣を媒介とした交換は生産者と消費者が対峙する直接的流通システムを形成する。

　ただし，注意をすべきは，商品生産が単純商品生産を想定する場合と，資本主義的商品生産であるかによって生産者と消費者の分離関係は内容が異なる。単純商品生産は生産の 3 要素である生産手段と労働力はすべて自己所有で，未分離であるから，「自己雇用＝自己労働」であり，生産と労働が未分離状態の生産形態である。その意味でこの流通形式は単純商品流通といわれている。

　その運動形式はここで見てきた W_1–G–W_2 の形式をとり，生産の目的は自分たちの生活資料の獲得という「消費目的」であった。だから商品を生産して販売する W_1–G は生産者であるが，貨幣を手に入れると消費者の立場から商品を購買する G–W_2 という運動をとる。その意味で，生産者と消費者の立場を交互に行っている。

　W–G–W の形式で見られる生産者と消費者の分離は，単純商品生産者として生産手段と労働力が自己所有であるからいつでも生産者になることができるという点で，生産者と消費者は交換過程では分離しているが，実質的に

は未分離である。物々交換の商品と商品の交換のように生産者と消費者が未分離の状態にあることを押さえておく必要がある。

　ちなみに，生産者と消費者の本格的な分離は資本主義的な商品生産が登場してからである。資本主義的な商品生産は生産手段と労働力が分離していて，生産手段は資本家が所有し，そのもとで資本家は生産の要素である労働力部分の労働者を雇用して，商品生産を労働者に行わせている。その結果，資本主義的な生産の資本家は生産手段を所有するがゆえにその生産の成果は資本家に帰属し，労働者は資本家のその成果から賃金という形で分配されて生活をするのである。こうして労働者は生産手段をもたないがゆえに自己の労働力しかもたないから，生産者にはなり得ず，自己の労働力を販売をして賃金を得て生活する「純粋な消費者」が生まれるのである。その意味で生産者と消費者の完全な分離は資本主義的な商品生産が登場してからである[7]。

(2) 流通の形成と市場の形成
W－W の交換―「交換」のみで「流通」の不在

　物々交換は商品（W_1）と商品（W_2）の交換で，交換は相互に同時に行われ，互いに対峙する商品所有者同士の交換である。そこでは商品所有者自らが生産者として商品所有するものとして立ち振る舞い，同時にまた交換の目的は消費目的であるから消費者として立ち振る舞う。互いの交換は生産者であると同時に消費者であるという同一的同時的関係にあり，両者の一体的な未分離関係にある。その交換は 1 回で完結し，それ以外の商品所有者とは直接関わりをもたない。

　その交換は場所的時間的な同じ空間で瞬時に行われるために，生産領域と消費領域の間の交換であることがわかる。そこにはその空間領域で一瞬に行われる「交換」であるから，生産領域と消費領域のみで「流通」領域の空間は存在しない。

　交換が行われるからといって必ず流通が形成されるわけではない。流通の形成は交換における一定の条件が形成しないと生じない。その条件は貨幣の

7　森下二次也（1974），pp.187-190。

形成と貨幣を媒介とした交換，ならびに商品生産の確立である。

W−G−W の交換と流通の形成─「流通手段としての貨幣」の媒介による流通の形成

貨幣を媒介とする交換では，前の図 5-3 に見るように，BW_1，CW_2，DW_3 の「生産」領域，と AW_1，BW_2，CW_3，DW_4 の「消費」領域の間に空間が生じ，「生産」でも「消費」でもない空間領域，すなわち，流通領域が形成され，その中を流通手段としての貨幣 G が転々と生産と消費をつなぎながら流れていくのである。

W−G−W の貨幣を媒介とした交換は「生産」でもなければ「消費」でもないこの空間領域を生み出し，この空間領域を「流通」といい，「生産」と「消費」の間の隔たり空間を貨幣が流通手段として媒介することから，流通は生産と消費を「貨幣」が隔たりをつなぐということができる。そこから「流通」の初めは「貨幣」が流通手段機能でもって担うのである。貨幣が価値尺度機能と流通手段機能という貨幣の本源的な機能をもつから，流通を貨幣が媒介できるのである[8]。

流通の形成と市場と価値法則

商品流通の及ぶ社会的領域，わかりやすくいえば商品流通の行われる具体的な「場」が「市場」である。

「市場」では商品の売手と買手が相対しており，売手の総体は「供給」で，その中心は「生産者」（商品所有者 W）であるのに対して，買手の総体は「需要」で，その中心は「消費者」（貨幣所有者 G）である。したがって市場は「需要」と「供給」が「調整」される場所で，客観的で信頼性を担保させる場所である[9]。

市場における需要と供給の関係，売手と買手が取り結ぶ関係の総体を市場というならば，その市場は彼らの恣意と偶然性が働くなかでこの不断の攪乱を調整し，均衡に導くような商品の価値法則が作用する。つまり，自由な競争を前提にすれば，商品の生産に支出された労働量・労働時間の社会的に必要な平均的な労働量・労働時間の平均原理によって市場の中心軸が形成さ

8　マルクス，K.（1947），p.215。
9　森下二次也（1974），p.9。

れ，この定まった労働量・労働時間によって貨幣で価値表現された商品価格が競争の基準となって市場で価格競争が行われる。そこでは価値法則が市場を貫くのである[10]。

2. 貨幣を媒介とした交換における販売と購買の問題──直接的流通システムの問題点

（1）W−G−Wにおける販売（W−G）と購買（G−W）の分離

W−Wの交換とW−G−Wの交換──販売と購買の分離

　商品と商品の交換である物々交換W−Wにおいては「販売」であると同時に「購買」であった。すなわち商品所有者Aの「販売」W_1−W_2は同時に商品所有者Bの「購買」W_2−W_1であった。そこでは販売と購買は未分離で，商品交換は一回限りの交換（ただし，商品所有者の双方の意思が一致した場合）で，場所的にも時間的にも一致していた。

　W−Wの交換は生産領域と消費領域の同時的交換であるから，流通という領域が形成されないということから，流通における時間も費用も発生しない。

　しかし，貨幣を媒介とした交換W−G−Wは新たに「販売」W−Gと「購買」G−Wの分離を引き起こす。貨幣を媒介とした交換W−G−Wは，商品所有者BはAにW_1を売ってAからGを手に入れるという，第一段階のW_1−Gという「販売」の過程が生じ，そして手に入れたGでCからW_2を買うという，第二段階のG−W_2という「購買」の過程が続いて生じる。

W−WとW−G−Wの対比関係──流通における時間と費用の発生

　物々交換である商品と商品の交換W−Wは，①原則的には偶然的な一致の1回の交換，②交換の連鎖はない，③販売と購買の同時性，つまり販売と購買の一致（未分離），④時間的場所的（空間的）一致，つまり売買の時差がない，売買の場所的未分離，売買の空間的な広がりがない，⑤時間と費用の未形成という特徴があった。

10　森下二次也（1974），pp.9-14。

　W–W はその場所，その時間で瞬間的に売買が行われ，交換もそこで自己完結するから，そのような特徴があった。

　商品と貨幣の交換である W–G–W は，①２回の交換，②交換の連鎖がある，③販売と購買の分離，④時間的場所的不一致，つまり売買の時差の発生，売買の場所的分離，売買の空間的広がりの発生，⑤時間と費用の発生という特徴が見られた。

　これは商品交換が商品と商品とは異なり，貨幣を交換の手段として使うために，商品を一時的に貨幣に変えるという姿態変換過程から販売と購買の分離が生じる特徴である。

　このような貨幣を媒介とした交換は，流通内における交換の連鎖，売買の場所的時間的分離空間的な広がりは，商品流通を拡大させる要因として理解できる。他方で，この販売と購買の分離は売買に時間と費用という不生産的な要因を生み出す。後に見る，販売や購買の不安定性は流通全体の不安定性を引き起こす要因となる。

(2) 販売（W–G）と購買（G–W）の分離とその統一（W–G–W）の問題

販売と購買の分離とその統一とその困難さ―販売の必須と購買の未必須の矛盾

　貨幣を媒介とした交換である W–G–W は「販売」（W–G）と「購買」（G–W）の分離を発生させるが，同時にこれらを「統一」させなければならない。なぜならば，交換の目的は貨幣を得ることではなく，消費が目的で，欲望を満たすような使用価値の商品を手に入れることが究極の目的だからである。その消費目的のためには必ず販売（W–G）と購買（G–W）を統一させることにより，初めて一つの「交換」，つまり W–W が成立するからである[11]。

　しかし，「販売」と「購買」の分離をさらに「統一」させるということは容易ではない。問題はこの購買（W–G）と販売（G–W）が統一される保証がどこにも与えられていないからである。つまり，売手の側の最初の段階の購買 W–G は，最終の欲望を充足するような商品を手に入れることをスムー

11　マルクス，K.（1947），p.201。

ズにさせるために，商品と商品の交換をしないで，何とでも交換できる貨幣を手に入れるための交換 W–G をわざわざ行うのである。それは最終的な消費「目的」のための交換の前の，最終的な目的をスムーズに実現するための「手段」のための交換である。W–G は目的達成のための「手段」であり，最終目的のためには商品所有者は何とでも交換でき，一方的な意思でスムーズに交換できる貨幣を手に入れることのために販売が「必須」として現れる。

　しかし，その商品を購買する対極の買手である購買者にとっては，貨幣をもつことでいつでもどこでも交換できるから，その場で必要な商品がなければ一時的に貨幣を滞留（休息）させ，必要な商品が見つかるまで待てば良く，そこから購買は必須として現れない。

　購買は消費目的であるが，売手の商品の使用価値の制約性から，欲望を充足するような使用価値の商品探索に時間と費用がかかり，なかなか消費目的の商品を手に入れることができない。その結果，得られた貨幣は貨幣所有者のところにとどまり，最終の目的である購買 G–W はその実現に時間がかかるものの，周りに欲しい商品が見つからないならばすぐに交換をする必要がない。その意味で購買は「必須」ではない。

　しかし，購買の側はその結果，欲しい商品が見つかるまで購買が中断することになり，欲しい商品を探さないと購買が実現しないという点で，「必須」でないにもかかわらず，購買が消費目的であるから，購買の不安定性が生じて「必須」になってくる。だから対極の購買 G–W は「必須」でないにもかかわらず「必須」になるという矛盾した状態に陥る。

　すなわち，W–G–W では前者は販売の偶然性が働いて販売ができるかわからないという不安定性のなかで，次の購買につなげねばならない使命感から販売は「必須」でなければならない。「必須」でなければならないけれど，その実現が不安定であるところに販売の困難性がある。

　後者も欲しい商品がその場にある場合は購買はスムーズに交換できるから困難さはなく，「必須」でなくてはならないという悲壮感はそこにない。また目の前にない場合でも，別の場所で，別の時間に必要な使用価値も商品をいつでも発見することができれば，購買はいつでもスムーズに交換できるので悲壮感もなく「必須」でなくてよい。しかし，もしも，購買の商品がなか

なか見つからなく，いつまでも購買が実現しないということになると購買は一転して困難になり悲壮感から「必須」に転じることになる。それは，販売の側で販売する商品の使用価値の制約性によって，購買の側が必要とする商品が見つからないときは，購買もスムーズのようにみえてもスムーズではなく，商品探索の困難さから，販売と同様に困難性をともなうのである。

　その関係をまとめれば W–G–W という関係式では，W–G の販売は不安定なので「必須」にならねばならないのに対して，G–W の購買も本来的には安定的なはずなので「必須」でないのだけども，実際の購買は安定的でなく不安定なので「必須」でなければならないという逆説的なことが起こる。その意味で W–G も G–W も容易でなく，双方に困難性が生じるといえる。そこから W–G–W を完結する全体の W–W も容易ではないといえるのである。そこにおいては販売の困難性に端を発して購買の困難性につながっていくことがわかる。直接的流通システムはこのような相関関係があって流通全体がうまくいかないのである。

(3)　直接的流通システムの問題―「販売の問題」と「購買の問題」と「流通時間と流通費用の問題」

販売困難性と生産者の不利益問題―販売時間と販売費用の問題

　生産者の商品の販売は，商品の質的な使用価値（その制約性）と量的な交換価値の 2 要因の一致が生産者と消費者の間で成立するのは極めて偶然的で，困難であることから，販売に時間がかかる。

　生産者にとって販売に時間がかかることは，商品価値の低下を引き起こし，価値以下で販売するか，または売れ残って廃棄といった事態を引き起こすことになる。そのことは生産者に利益の低下をもたらし，生産者に不利益をもたらす。

　その結果，販売の時間を短縮するために販売費用を投入する。販売費用の投入によって販売時間が短縮され，効率よく販売が実現するならば，販売費用の投入は生産者に利益をもたらす。これが販売費用のプラスの効果である。

　しかし，販売費用は不確定性をともない，投入の効果が保証されない。販売費用の少ない投入が販売時間の短縮に効率よく機能することもあれば，販

売時間の短縮に効率よく機能せず，多く投入し続けなければならないということも起こりうる。あるいは販売費用の投入によって販売時間が短縮したものの，その投入費用額が大きすぎるという非効率なことも起こり，販売費用の効果は流動的で不確定で，不安定である。販売の困難性，その効果の流動性・不確定性は販売費用の増加傾向を強める。

商品は生産過程で作られるから，商品価値・価格は生産過程の労働量・労働時間が価値評価基準なり，一般的には生産的費用と利潤で形成される。しかし，販売費用は販売促進のために生産過程ではなく販売過程（流通過程）で投入されるものであるから，商品価値のなかには入らない。したがって，等価交換を前提した状態では価値を形成するものではないから，販売費用を商品の販売価格に上乗せすることができない。したがって，かかった販売費用は自己負担することになり，取得した利益のなかから控除されることになる。そこから，販売費用の増加は利潤を減少させる。これが販売費用のマイナスの効果である。

したがって，販売費用の不確定性による販売費用増加は結果的には生産者にも不利益をもたらす。

購買の困難性による消費者の不利益―買物時間と買物費用の問題

購買は G–W で，貨幣所有者である消費者の購買はスムーズに行われると論じてきた。しかし，購買のスムーズさは目の前に欲しいと思われる商品があることが前提である。実際には生産の分業によって，生産の専門化が進行し，生産者は特定の制約性をもつ使用価値の商品の生産であるから，生産者のところには消費者の欲望を満たすような使用価値の商品が作られているという保証はない。そこから消費者は欲望を満たすような使用価値の商品を生産者の間を回りながら商品探索を行うことになり，消費者の商品購買は困難性をともなう。

その結果，消費者の購買は商品探索に多くの購買時間がかかり購買費用がかかることになり，消費者は生産者から商品を購入するときに商品価格のほかに購買時間と買物費用という，商品価格以外に無用の時間と無駄な費用を負担することになり，消費者にとって不利益を被る。またその商品探索の長時間化は肉体的精神的な疲労をともない，心理的肉体的労力を多大に引き起

こす。購買はこのような不利益をもたらす。

直接的流通システムの問題点—不生産的な流通時間と流通費用の問題

　このように販売の困難性に端を発した直接的流通システムは生産者の販売の困難性にともなう販売時間の延長，販売費用の増加をもたらし，不利益を被り，消費者も購買の困難性によって購買時間の延長，購買費用の増加をもたらし，不利益を被る。

　この直接的流通システムは販売と購買の不安定性による困難性が生じて，生産者も消費者も望ましい形態ではないことがわかり，また流通システム全体において流通時間（生産者の販売時間と消費者の購買時間）と流通費用（生産者の購買費用と消費者の購買費用）という不生産的な非効率な要素の拡大が生じるという，問題性を抱えたシステムで望ましい形態でないことがわかる。このような要因によって直接的流通システムは流通全体がスムーズにいかないのである。

(4) 直接的流通システムの根本的問題点—販売の困難性

販売 W–G の必須の問題—命がけの飛躍

　販売 W–G の問題は W–G–W の交換全体を実現する出発点であるから，この第一段階が成立しないと，ここで交換が遮断され，次の段階の購買 G–W ができなく，さらに交換全体 W–W が完結しないという点で，まさにこの全体の交換が成立するカギを握ることがわかり，何が何でも販売を実現しなければならないという点で「必須」であり，この販売の偶然性を飛び越えることが，すべての個々の商品所有者にとって「命がけの飛躍」であることがわかる[12]。

　それだけではない。貨幣を媒介とした交換である W–G–W は，第一段階の W–G が購買相手の G–W と対峙し，第二段階の G–W が販売相手の W–G と対峙しているように，交換の連鎖になっているから，商品所有者の交換はつながっていて，この販売の困難性は流通全体の交換の完結を左右する要因として発現し，流通全体の危機的要因とみなされる。

12　マルクス, K. (1947), p.202。

その意味で，貨幣を媒介とする交換が生産者と消費者による直接的流通システムであり，販売の問題は直接的流通システムの不安定要因を形成するから，そのシステム全体に影を落とすことになる。直接的流通システムが販売の問題を重視する理由である。

直接的流通システムにおける販売の困難性の問題─商品の使用価値の制約性

貨幣を媒介とした交換は貨幣の登場によって，物々交換のような商品所有者の双方の意思の一致という交換の困難性が，貨幣をもちさえすれば一方的な意思で交換できるという交換の容易さに変わるという利点があった。物々交換 W–W の交換全体を覆っていた困難性による交換の難しさは，貨幣の登場による購買 G–W によって解消されたようにみえる。しかし，貨幣を媒介とした交換 W–G–W は後段階の購買である G–W がスムーズになったとしても，その前段階の販売 W–G は不安定でスムーズにいかないということを考えれば，物々交換のような W–W の交換全体の困難性は解消されたとしても，W–G–W 全体のうちの部分である販売 W–G に困難性が発現したことから，交換の困難性は交換全体から部分に押し込められ，交換の困難の解消が少し進展したようにみえる。

しかし，その部分たる販売の困難性はそれが端を発して購買の困難性につながり，W–G–W 全体の直接的流通システムを揺るがすという点で交換の困難性は全体に作用し，少しも進展しているわけではなく，姿形を変えて現れているだけである。

その意味で貨幣を媒介とした交換である W–G–W の関係式は究極のところ販売 W–G に問題があり，そのことがクローズアップされ，その解消の動きへと転回していくのである。なぜならば販売の W–G がスムーズになれば，購買の G–W もスムーズになり，W–G–W 全体ならびに流通全体 W–W がスムーズになるからである。しかし，その場合は貨幣を媒介とする限りは解決しない。新たに別の媒介要因が登場する必要があり，それにともなって流通システムも別の新たな流通システムへと転回する必要がある。

また流通全体の新たな転換は，売買の販売の困難性が商品の2重性にあり，なかでも売買の交換が現象的には具体的な使用価値の商品の販売に収斂する問題だからこの問題を解消する必要があった。なぜならば交換の第一条件が

使用価値レベルの販売の一致の問題にあり，売手の側の使用価値の制約をもつ商品の販売と，買手の欲望を充足する使用価値の制約性をともなう商品の購買の双方の一致の偶然性が売買をうまく成立させない要因であったからである。

　もちろん，その使用価値レベルの一致が成立したとしても，交換価値レベルの一致が必要であり，それも偶然的であることから，結局，商品の2要因に帰結するけれども，現象としては素材たる使用価値と欲望として欲している商品使用価値の一致が売買の出発点であるゆえに，使用価値レベルの一致が交換の出発点であると考えれば，その問題は使用価値の制約性の商品を販売する売手の側にあり，売手の側の販売 W–G の問題にすべて帰着するといえる。だから，販売の困難性と使用価値の制約性を根源的にもつ商品の問題解決が流通全体をスムーズにさせる要因として考えられるようになったのである。

第5章　参考引用文献

マルクス, K. (1947)『資本論 1』(エンゲルス編, 向坂逸郎訳) 第 1 巻, 第 1 分冊, 岩波文庫。
森下二次也 (1960)『現代商業経済論』(旧版) 有斐閣。
同 (1974)『現代の流通機構』世界思想社。

資本の形成と商業資本の形成

この章では流通手段としての貨幣を媒介とした直接的流通システムから商業を媒介とした流通システムへの移行する過程を論じる。そこでは貨幣の資本への転化が重要なカギになる。なぜならば，媒介をする商業は資本として現れ，その資本としての機能が交換をスムーズにさせるからである。その意味で資本概念は重要な意味をもつ。だから資本がどこから形成されてきたか，資本とは何かという内容の理解が重要である。

ここでは「商品を交換価値」として，「交換価値を商品」として掌握することが貨幣の資本への転回の理解のカギである。そのような推進動機によって，商品が目的から手段に転換する。その結果，流通手段の貨幣が「貨幣としての貨幣」から蓄蔵手段へ，蓄蔵手段から退蔵手段（潜在的貨幣資本）へと進み，「資本としての貨幣」と転換することで，資本が誕生する。

そして商品を「目的」ではなく「手段」として，商品を売買の手段として資本の投下を行う商業が登場して，商品流通上に資本が登場する。これが商業資本の歴史的な形成であるといわれる。

こうして商業が流通を担い，流通のあり方は直接的流通システムから間接的流通システムに転換し，転換するだけでなく定着してくる。その過程を考察する。

1. 直接的流通システムの販売の不安定性と その解消のための蓄蔵貨幣

（1）販売の困難性による W−G の不安定性と流通の破綻の可能性
貨幣を媒介とした交換の不安定性と流通における恐慌の可能性

　直接的流通システムを形成する W−G−W という貨幣を媒介とした交換では販売の困難性を指摘してきた。すべての商品所有者は販売を出発点として W−G−W という運動形式をとり，出発点の W−G の段階から不安定性をともなうので販売の不安定の問題はすべての商品所有者の問題であった。

　さらに，貨幣を媒介とした交換 W−G−W は，第一段階の「W−G」は「G−W」と対峙し，第二段階の「G−W」も「W−G」と対峙して成立している。これからわかるようにすべての商品生産者の W−G−W という交換形式は流通手段としての貨幣が媒介しながら連鎖状態で結びついて「交換の連鎖」で形成されている。ゆえに，この流通システムはすべての商品生産者の出発点である販売（W−G）の不安定性を内在的な問題として構造的にもちながら支えられている。だから，この販売の困難性の問題は個々の商品所有者の問題にとどまらず，流通システム全体の問題として現れていることがわかる。

　販売（W−G）の不安定性は個別的にとどまらず流通全体に生じている。あちらこちらで個々の商品所有者の販売（W−G）が販売の偶然性により実現できなければ，流通の至る所で遮断が発生し，流通の機能不全の状態が現れる。その行き着く先は流通システム全体の破壊であり，恐慌の形式的な可能性の要因となっていく。つまり，販売の困難性によって販売と購買の分離が生じ，商品の予定の価格，数量，一定の期限で販売ができなくなり，予定通りの規則的連続的販売が実現できなくなる。また措置の支払いとして機能する支払い手段としての貨幣が予定通りの販売ができなくて入手できず，支払いの連鎖が破綻して流通が機能不全となり，恐慌が起きるということである[1]。

1　マルクス，K.（1947）『資本論 1』（エンゲルス編，向坂逸郎訳）第 1 巻，第 1 分冊，岩波文庫，p.215。

(2) 販売の不安定性の回避と蓄積手段の貨幣の形成

流通における販売の不安定性の回避による蓄蔵貨幣の形成

　貨幣は一般的等価物であり，いつでもどこでもどのような商品とも交換できるという貨幣機能から，流通において避けられない販売 W–G の偶然性を回避し，交換の不安定性を解消するために，流通手段としての貨幣を流通から引き上げて貨幣蓄蔵することで問題を解決しようとした（図6-1）。

　だから流通における「販売の困難性＝販売危険」と「貨幣蓄蔵」は密接な関係がある。また貨幣が一般的等価物として何とでも交換できるという機能は，貨幣がいくらでもあってもよいという蓄蔵欲が形成されて，貨幣の蓄積へと動いていく。

　その意味で流通から一時的に引き上げられている「休息貨幣」とは区別される。流通手段としての貨幣が絶えず円滑に流通するためには貨幣は一時的に「休息貨幣」として滞留する。流通手段の不断の流通を確保するために一時流通を停止した貨幣は「休息貨幣」とよばれている。

　流通における「流通手段としての貨幣」は貨幣量全体の収縮機能＝貯水池機能が必要であり，流通で機能している貨幣と，一時的に休息して流通から

図6-1：販売の偶然性による販売危険への対処―貨幣蓄蔵と貨幣蓄蔵欲と資本の転化

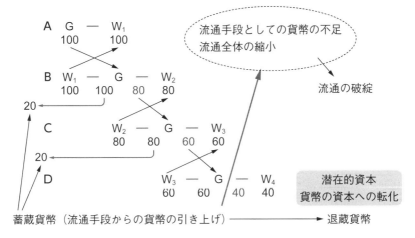

出所：筆者作成。

引き上げられ，一時休息している「休息貨幣」は区別される。だが，ともに流通手段として機能することが目的であるから，「休息貨幣」は流通から引き上げられたからといっても「流通手段の貨幣」であり，「蓄蔵貨幣」と区別すべきであるといわれている。まさにそれは「貨幣としての貨幣」機能である。

　しかし，「蓄蔵貨幣」は「流通手段の否定の貨幣」であり，流通から引き上げた貨幣は自立化して動的なものから不動化して，「蓄蔵欲の貨幣」として資本的機能をもつといわれ，「休息貨幣」と質的に異なるといわれている。それは「資本としての貨幣」であり，「遊休資本としての貨幣」である[2]。

　そこから蓄蔵手段としての貨幣は商品所有者により多くの貨幣をという意識を芽生えさせ，商品所有者の意識に強く「貨幣蓄蔵欲」が生まれてくる。「資本としての貨幣」という性質をもつ貨幣蓄蔵は販売の不安定性による危機意識から，その販売危険の回避のためにますます多くの貨幣を商品所有者の手元に蓄積される方向に動くことになる。

蓄蔵貨幣の進展と流通手段としての貨幣量の減少による流通の破綻の可能性

　商品所有者は販売の危険性を回避するために，流通で機能している「流通手段としての貨幣」を引き上げて貨幣の蓄蔵化を図る。

　しかし貨幣の蓄蔵は「資本としての貨幣」の機能を果たすから，貨幣の量的な無限性の貨幣蓄蔵欲が形成され，商品所有者は貨幣蓄蔵を一層加速させ，多くの流通手段の貨幣が流通から引き上げられる。その結果，流通手段の貨幣が量的に不足して，貨幣を媒介とした流通システムそのものが機能不全になり，破綻する可能性を引き起こすことになる。

　W−G−W の流通形式は貨幣が流通の最終の「消費目的」のための「手段」として機能しており，その「手段」たる貨幣が貨幣蓄積という「目的」としての貨幣に転換することによって，W−G−W という流通形式は破綻していくのである。W−G−W の運動形式は貨幣が「手段」であるから貨幣自身の

2　下平尾勲（1976）「蓄蔵貨幣と信用制度（1）」『商学論集』（福島大学経済学会）第45巻，第1号，pp.129-161。なお，出家健治（2005）「小生産者と小商人の「資本家意識」について─貨幣機能と貨幣資本による貨幣蓄蔵欲の違い」『中小企業季報』（大阪経済大学中小企業・経営研究所）2005 No.3でこの点を論じたが，やや詰めが甘い内容だった。

自己増殖は不可能である。つまり，W–G–W の運動形式は貨幣が「手段」として機能して「目的」ではないから，「手段」の「目的」化は W–G–W という形式には欠けており，それを行うとこの形式自体を破壊することになる。

W–G–W の貨幣蓄蔵の困難性と非合理的な貨幣蓄蔵─禁欲・節制・節約

そこから販売危険回避のために，W–G–W の流通形式を維持しながら流通システムを破壊しないで貨幣の増加が強いられる。W–G–W の流通形式がとりわけ等価交換で行われる限りは流通過程上で貨幣が増加する余地は全くない。

だが，この W–G–W という運動形式から全く貨幣蓄蔵ができないということでもない。一応，等価交換が原則であると述べたが，普段においては絶えず等価交換が行われているわけではない。現実において恣意と偶然が支配されて攪乱する動きがある一方で，不断の攪乱を調整し，均衡の方向へという動きもある。論理上，等価交換はこの均衡によって形成される価値法則であり，不断の交換で不等価交換も起こりうる。そこから販売（W–G）という過程で需要と供給のアンバランスから生じたり，商品価値以上の価格で販売することにより貨幣を増加させるという可能性もある[3]。その可能性から商品価値以上の不等価交換で販売することで貨幣の増加を可能にする。

他方で，等価交換が定着したとすれば，また流通全体の総貨幣流通量を一定とすれば，「流通手段」としての一時的な「休息貨幣」から貨幣を増加して蓄積するという方法はない。むしろ，貨幣の総量は増加しないなかでその方法は与えられた一定量の貨幣からいかに貨幣蓄蔵するかということである。その蓄積は禁欲，節制，節約によってのみ作り出され，「黄金神のために自分の肉欲を犠牲にする」[4] ことであり，「禁欲に忠実」[5] であることによってのみ生み出される。

つまり，W–G–W の形式による貨幣蓄蔵は禁欲による節約と吝嗇による

---

3 マルクスは単純商品生産による流通 W–G–W においても貨幣蓄蔵が可能であると指摘している（マルクス, K. (1948)『資本論 2』（エンゲルス編, 向坂逸郎訳）, 第 1 巻, 第 2 分冊, 岩波文庫, p.12）。

4 マルクス, K. (1947), p.250。

5 マルクス, K. (1947), p.250。

ことで実現する「増加」のない「擬制的な貨幣蓄蔵」であり，非合理的な貨
幣蓄蔵であることがわかる[6]。多く生産して多く売って少なく消費するという
勤労と節約と吝嗇を主徳となすことによって可能となる[7]。このような貨幣の
量的な増加をもたらさない貨幣蓄蔵を「非合理的な方法」とよんだ[8]。これは
後に述べる G−W−G という，貨幣が手段ではなく，目的となる新たな運動
形式の登場によってのみ「合理的」な貨幣蓄蔵の実現を可能にする。

2. 合理的な貨幣蓄蔵による貨幣の資本への転回と商業資本の形成

(1) 貨幣の「手段」から「目的」への転回と資本の運動形式の形成

W−G−W から G−W−G へ異質な形態の形成─蓄蔵貨幣から退蔵貨幣
（潜在的資本）へ

　貨幣蓄蔵のあり方が本格的な方法に転換する。W−G−W とは違って G−
W−G というまったく異質の形態の登場により，いつでもどこでも何とでも
一方的な意思で交換ができるという貨幣の交換の利便性は貨幣蓄蔵欲を引き
起こし，より多く増やすことを可能にする。それは商品を交換価値として，

6　牛尾真造（1959）「零細商業の社会的性格─いわゆる小商人の日本的特質性格につい
　て」松井辰之助編『中小企業叢書 4　中小商業問題』有斐閣，p.62。なお，森下二次也
　は小商人を牛尾真造のような小商人を W−W−G として捉えるのではなく，G−W−G と
　捉えて「擬制的資本＝非資本」と説明している。森下二次也（1960）『現代商業経済論
　（旧版）有斐閣の「小商人」pp.345-347 を参照のこと。逆の「資本説」については，
　出家健治（1991）「零細小売業の一般規定＝本質的規定の再検討─『資本の性格』の喪
　失の批判」『熊本商大論集』（熊本商科大学）第 38 巻，第 1 号；同（2005）；同（2002）
　『零細小売業研究─理論と構造』ミネルヴァ書房を参照のこと。
7　マルクス，K.（1950）『資本論 5』（エンゲルス編，向坂逸郎訳）第 2 巻，第 5 分冊，岩
　波文庫，p.104。マルクスは「狂気じみた資本家」とよんだ（同（1948），p.20）。
8　単純商品生産者の零細企業の生産者が「儲けたい」という資本家意識は貨幣機能の本
　源的機能に触発された「資本としての貨幣」たる貨幣蓄蔵欲から出発するが，W−G−
　W という運動形式のよって「流通手段としての貨幣」の「一時的休息」の貨幣からの
　貨幣蓄蔵欲であるから，資本家的な意識構造が形成されるものの，厳密な意味での貨幣
　蓄蔵とはいえない。出家健治（2005）を参照のこと。ただし，この論稿の詰めは不十分
　であった。

交換価値を商品として掌握することがその転回の出発点であり，推進動機の大きな要因となる[9]。その要因によって，それは W–G–W から G–W–G への転回となり，貨幣蓄蔵のあり方が本来的意味の「資本としての貨幣」機能である「資本」形態として登場する[10]。得られた貨幣量から貨幣退蔵を創り出すのではなく，絶えざる貨幣を創り出すという「資本」としての貨幣蓄蔵の方法が登場する。

　そのためには，「消費目的」のための交換ではなく，貨幣を増加させる「交換目的」のための交換に転換させなければならない。すなわち，貨幣の蓄蔵を「潜在的資本」である退蔵貨幣[11]にして，それを貨幣の取得を自己目的とした交換 G–W–G 形式に発展しなければならない。

　貨幣が資本として転回するためには W–G–W から G–W–G への転回が必要である。そのためには出発点が販売（W–G）ではなく，貨幣を手に入れるための購買（G–W）に転換しなければならない。さらに貨幣を手に入れる目的であるから購買（G–W）で終わっては意味がない。貨幣の取得のために購買（G–W）はさらに販売（W–G）へとつなげることで最終目的の貨幣の交換を実現できる。だから，W–G–W は G–W–G に転回させねばならない。そこでは商品が交換価値として，交換価値が商品として貨幣を生み出すという認識が前提となる。それが商品を手段として貨幣を資本に転化する大きな推進動機だからである。そうすることで貨幣は資本に転換するし，それが商業資本の形成につながるのである。

　その結果，この転回はもはや商品流通の直接的形態のたんなる変形（W–W か W–G–W という変形）ではなく，これを否定し，破壊することによってのみ作り出された「異質の形態」の変形（まったく新しい，G からの G–W–G への変形）に転換する。

　こうして W–G–W とは違って G–W–G というまったく異質の，貨幣を目

9　マルクス, K. (1947), p.246。
10　「貨幣が資本に踊化する流通形態は，商品，価値，貨幣及び流通自身の性質に関して以前に展開されたすべての法則に矛盾する。この形態が単純なる商品流通から区別される所は，同じ二つの相対立せる過程，売りと買いの順序が転倒されていることである」（マルクス, K. (1948), p.25）。
11　マルクス, K. (1950), p.121。

的として貨幣を求める交換の形態が，つまり貨幣蓄蔵の合理的な方法である，貨幣を出発点とした資本が新たに登場し，商業資本が生まれるのである。

(2)　資本の形式による商業資本の形成─商品が交換価値として目的から手段へ W−G−W から G−W−G へ転回─非合理的なものから合理的な貨幣蓄蔵たる資本へ

　W−G−W の運動形式と G−W−G という運動形式は，どこがどのように違っているのであろうか。

　W−G−W の形式は，第1段階が商品形態から貨幣形態の転態であり，貨幣を手に入れる交換であるが，この交換自体が W−W であるから，この貨幣を手に入れるのが目的ではない。W−G−W 自体が最終的に消費目的の商品の取得にあるので，つまり交換自体が全体として W−W であるから，必ず第2段階の貨幣から商品への転態が行われる。その点でこの交換全体は「商品」が目的で，しかもその「消費目的」であるから，最終的に手に入れた商品（W_2）は最初の商品（W_1）と違った異質の使用価値の商品でなければならない。同質の使用価値の商品であればわざわざ交換することの意味がないからである。その意味でこの W−G−W という交換形式は「異質の使用価値の商品」を手に入れるのが「目的」の交換であり，この運動形式は W_1−G−W_2 になる。そこから「商品」が交換の「目的」であり，「貨幣」はそのための「手段」であることが一層明瞭になる。

　他方，G−W−G の形式は，商品を使用価値ではなく，交換価値とみなすことで，商品が目的から手段へ変貌する。だから第1段階が G−W から始まる。第1段階は貨幣形態から商品形態への転態 G−W であるが，この段階で終わらないのは購買した商品が交換価値として交換目的の「手段」としての購買で，W−G−W のときのように最終の消費目的で購買するのではないから，再び交換を続ける必要が生じるのである。そこから運動形式は最終的には交換全体が G−G であり，G の獲得もしくは増加にあるから，購買した商品は，さらに第2段階の商品形態から貨幣形態へ転態 W−G が必要となる。かくして G−W−G の交換形式は「貨幣」が交換の「目的」であり，「商品」は貨幣を手に入れるための「手段」であることがわかる。W−G−W のとき

の商品と貨幣の関係とは真逆である。

　その真逆関係は，商品が交換価値として，交換価値が商品であることで，商品が「目的」から「手段」に代わり，商品の売買による貨幣の価値増殖を目的とする運動を可能とした。これが商品と貨幣の「目的」と「手段」の双方の転倒性の関係であり，W–G–W を G–W–G に転換する結節点となる。以降の議論で生じてくるが，W–G–W は「消費することが目的」で，「商品」の取得が「目的」であり，「貨幣」はそのための「手段」であるということ，G–W–G は「交換することが目的」で，「貨幣」の取得が「目的」で，商品はそのための「手段」であるということ，この転倒的な関係性をここで理解しておく必要がある。

　とくに後者の流通形態である G–W–G は，貨幣の商品への転化，および商品の貨幣への再転化であり，販売のための購買であるが，最初も貨幣で，最後も同質の貨幣である。W–G–W も，最初も商品で，最後も商品であるが，最初の商品と最後の商品は使用価値が異質の商品であり，消費目的の交換としてはその使用価値の異質性が意味のある交換であった。しかし G–W–G は最初も最後も同じ貨幣で同質であるから，この運動形式はその量的な差異が意味をもつ。この流通形態においては貨幣の量的な増加が目的でないとこの形式の意味はない。そこでは最初の貨幣がより多くの貨幣を生み出すという，流通手段としての貨幣ではなく，貨幣を増加させる貨幣として「資本」としての機能を果たしてこそ意味がある。G–W–G の運動形式は貨幣が貨幣を生み出すという「資本としての機能」を果たすのである。

　商業資本の得られた売買差益たる利潤から資本家自身の生活費のために消費目的の商品を購買する。その結果 G–W–G の中に w–$(\triangle g)$–w という形で内部化する。

「資本」たる高利貸し資本 G－G と商業資本 G－W－G の関係性

　G–W–G という形式を通して貨幣は資本に転化し，流通過程で資本が生成する。たんなる貨幣にすぎない貨幣が，交換「目的」としていわば貨幣の増殖を目的として機能する限りにおいて，もはや「たんなる貨幣」と区別されて「資本」とよばれるようになる。

　その形態の最も本質的な形態は貨幣が貨幣そのものを生み出す形態，G–

$G'(G+\triangle g)$ である。これは歴史的には高利貸し資本として現れる。しかし，高利貸し資本自身だけで貨幣の増加は困難である。貨幣の増加は誰かに貨幣を投資という形で資本として貸さないと利子（利息）としての果実が得られないからである。

　高利貸し資本はその投資先を流通に求め，流通において売買活動を通して貨幣を増加させようとする商業に，つまり G–W–G という運動を通して売買活動を行うことで貨幣を増加させようとする商業に投資するのである。高利貸し資本はその商業が売買活動で得られた利益のうちから投資した代償として利子を得る。つまり，流通において商業の資本としての運動がうまく機能せず，利潤を生み出さなければ，その利潤のなかから利子を得るのであるから，高利貸し資本は成り立たない。その意味で，商業資本の利潤が高利貸し資本の貨幣の増加の源泉であり，そこから高利貸し資本と商業資本との関係性は強く，両輪であることがわかる。

商品流通から「資本」の形成—高利貸し資本と商業資本

　かくして，そこから高利貸し資本と商業資本とは密接な関係性をもち，資本として歴史的にほぼ同じ時期に登場したことが理解できる。歴史的に，資本主義以前では，①資本が高利貸し資本と商業資本から生まれるということ，②ともに G–G に集約されること，③流通過程においては G–W–G という商業資本の形態で現れ，そこで貨幣の増加が行われること，④その貨幣増加で双方が支えられていること，つまり双方の貨幣増加は流通過程の商業資本によって生み出される貨幣の増加が源泉であり，そこから両者の資本としての関係性を押さえておく必要があろう。高利貸し資本ではなく商業資本が流通過程で運動することから，商品流通において資本が生まれるといわれ，流通から資本が生まれるという理由がここにある。

　退蔵化貨幣から生まれる貨幣資本は後方の高利貸し資本と前方の流通過程上の商業資本の2形態として生まれる「資本」であるが，これらは互いに独立の固有の資本でなくともよい。すでに見てきたように，両者の両輪の関係性から，とりわけ商業資本は高利貸し機能をあわせもつことが可能であるから，両機能は一体化でき，商業資本が同時に高利貸し資本を行うことができるのである。

　かくして，商品流通は「資本」の出発点である。つまり貨幣を媒介とする
ことで形成される「直接的流通システム」たる「商品流通」を出発点にして
資本が生まれたことがよくわかる。論理上では，流通においては，商品の 2
要因たる使用価値と交換価値（実体としての価値）の両者の内在的な対立と
その統一の偶然性・困難性のなかで，交換価値の実体である「価値」から一
般的等価形態としての「貨幣」（G）が商品と外的な対立によって自立して
生まれ，その貨幣が流通手段として流通を媒介する直接的流通システムが形
成される（W–W，W–G–W）。その「流通手段としての貨幣」が流通を媒
介する過程で生じる「販売の困難性」を回避するために「貨幣蓄蔵手段」（貨
幣の蓄蔵欲の形成）が登場するが，それでは問題を解決しないので，商品が
交換価値として，交換価値が商品であることで，商品が目的から手段に代わ
り，商品の売買による貨幣蓄蔵を目的とする新たな資本である商業資本（G
–G，G–W–G）が登場し[12]，商業を媒介とする「間接的流通システム」が形
成された。この一連の流れは価値論の視点からの見方でもある。価値視点は
流通のシステムの変遷とその成立要因を明らかにさせる。

　かくして，「商品生産と発達せる商品流通たる商業は，資本の成立する歴
史的前提をなしている。世界商業と世界市場は，第 16 世紀において資本の
近代的生活史を開始する」[13]。商品流通の最後の生産物たる「貨幣」は，2 つ
の意味において資本の最初の現象形態である。①資本主義以前では，土地所
有者に対して至る所において貨幣の形態で相対する。すなわち貨幣財産とし
て，つまり商人資本および高利貸し資本としてである。②資本主義において
はなによりもまず貨幣の形態において出発する。貨幣は資本の一般的形態で
あると同時に最初の形態である。

　その意味でこの新しい流通は資本が出発点となり，その理解のためには資

12　「商品流通の単なる形態 W–G–W から，貨幣が，単に価値尺度及び流通手段としての
　　みではなく，商品したがって富の絶対的形態として，貨幣退蔵として，出て来るように，
　　そして貨幣としてその自己保持と増大とが自己目的となるように，商人資本の単なる流
　　通形態 G–W–G′ からは，貨幣が，退蔵貨幣が，単なる譲渡によって自己を維持し且つ増
　　殖するところの或ものとして出て来る」（マルクス, K. (1952)『資本論 9』（エンゲル
　　ス編，向坂逸郎訳），第 3 巻，第 9 分冊，岩波文庫, p.199）。
13　マルクス, K. (1948), 第 1 巻，第 2 分冊, p.7。

本概念が必要となる。またその歴史的な最初の資本の形態である「商業資本」の登場の説明に資本概念が不可欠なのである。これを契機に流通ステムは商業を媒介しない直接的流通システムから，商業を媒介とする間接的流通システムに大きく転回していく。

3. 資本の一般定式 G－W－G′ と商業資本 ─貨幣から資本への転化と商業資本

(1) 貨幣としての貨幣から資本としての貨幣へ─貨幣増加の非合理的方法から合理的方法へ

貨幣の資本への転化─ G－W－G

　貨幣は資本の一般的形態であると同時に最初の形態である。さて貨幣はそのままで資本になるのではない。一定の条件下で貨幣は資本に転化するのである。すでに見てきたように「貨幣としての貨幣」と「資本としての貨幣」のちがいは，さしあたりただその流通形態の相違によってのみ区別される。つまり流通形態において貨幣が「手段」として機能する限りにおいてはたんなる貨幣にすぎないが，貨幣が「目的」としていわば貨幣の増殖を目的として機能する限りにおいては，もはやたんなる貨幣と区別されて「資本」とよばれる。

　前者のような流通形態は今まで見てきた W－G－W であり，商品の貨幣への転化，および貨幣の商品への再転化で，「購買のための販売」であり，後者のような流通形態は G－W－G で，貨幣の商品への転化，および商品の貨幣への再転化であり，「販売のための購買」である。貨幣はこの流通形態において資本に転化するのであり，資本に生成するのである。貨幣の資本への転化の意味はここにある[14]。

G－W－G は G－W－G′ ─「合理的」な価値増殖たる資本の一般定式

　資本としての貨幣の流通形態たる G－W－G なる循環は貨幣の極から出発

14　マルクス, K. (1948), p.12。

して同じ極に帰着する。したがって，この循環を動かす推進動機と規定目的は「交換価値」（貨幣の量的な交換比率）そのものである。つまりこの循環の内容は両極の質ではなく量に重きをおいている。それは両極とも貨幣であり，質的にも同一の使用価値であるから，W–G–W と違ってそこには質的なちがいが見られない。

　したがって，この循環に意味をもたせるとすればそこにおける量的な相違である。すなわち，一方の貨幣額と他方の貨幣額との量的な差である。この循環の完全なる形態は，G–W–G ではなく G–W–G′ でなければならない。終局点の貨幣は G′ ＝ G ＋△g，すなわち最初に前貸しされた貨幣額プラス増加分である。この最初の価値を超えた増加部分，すなわち剰余部分（△g）を「剰余価値」（現象形態では「利潤」）という。そのためには G ＞ G′ や G ＝ G′ では意味がなく，必ず G ＜ G′ でなければならない[15]。

　最初に前貸しされた（投下された）価値（G）は，流通において自己保存するだけでなく，ここでその価値量を変化させ，剰余価値を付加する。すなわち，価値増殖をする。そしてこの価値増殖を求める資本の運動は無制限である。つまり，この循環である G–W–G′ は貨幣の増大，すなわち商品の「価値」が目的であるから，この目的は限りがない。貨幣は多くあればあるほどよいという貨幣の無限の蓄蔵欲が生じる。そこから W–G–W の循環とちがって，G–W–G の循環の最後の貨幣は再びこの循環の出発点へと還流する。こうしてこの運動は絶えず繰り返し循環する。

　このように資本としての貨幣の流通は価値増殖を目的とし，この自らが自らを増殖する「合理的」な価値増殖，これが資本の本質的，一般的規定である。貨幣が「たんなる貨幣」としての機能（「貨幣としての貨幣」）ではなく，貨幣が「貨幣を増加する目的」で資本として機能する（「資本としての貨幣」）ものとして転回する。

15　マルクス, K. (1948), p.14；森下二次也（1960), p.49。

（2）資本の一般定式と商業を媒介とした間接的流通システム

商業を媒介とした間接的流通システムの形成

　かくして，事実上 G–W–G′ は，直接に流通部面に現れる資本の一般定式である。そしてこの運動の意識的な担い手としての貨幣所有者は資本家となる。そして商業はこの最初の形態として流通上に商業資本として現れる。それはたんに現れるのではなく，貨幣を媒介とした交換から，商業を媒介とした交換に流通システムを質的に転回させる。

　商品流通の下において自分ではいかなる商品も生産せず，ただ商品所有者の間に介入して彼らの売買交換を媒介することを業とする「商人層」が出現する。この商業が流通手段としての貨幣に代わって流通を媒介するようになる。その際，商業はG–W–G′ という商業資本の運動をとって流通を媒介する。

　その結果，図6-2 のように，流通システムは商品と貨幣の交換という，貨幣を媒介とする直接的流通システムから，商品と貨幣の交換をさらに商業が間に入って交換を行う，いわば商業を媒介とした交換の間接的流通システムへと大きく質的な転回をする。そしてその後，この間接的流通システムが流通の基本的形態として長らく定着するようになる。

　商業は「売買の集中の原理」という機能を果たしながら売買活動を通して生産と消費の間を媒介する[16]。商業は第一段階 G–W という形式で生産者か

図6-2：直接的流通システムと間接的流通システム

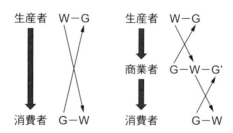

直接的流通システム→間接的流通システム

出所：筆者作成。

16　森下二次也（1960），第2章を参照のこと。

ら商品を購買し，第二段階 W–G という形式で生産者から購買した商品を消費者に販売する。生産者からの購買と消費者への販売という2段階の交換を行うことで，生産と消費の隔たりをつなぐ。直接的流通システムが一段階で流通手段としての貨幣が流通をつないでいたのに，間接的流通システムは商業が間に入ることで，2段階でつなぐことになる。

　また，生産者は商業者に対して「販売の集中」が見られ，消費者は商業者に対して「購買の集中」が見られる。商業はこのように多くの生産者と多くの消費者をつなぐという「売買の集中」の機能を果たすことで，「売買活動」を行い，それを通して生産者の商品を消費者の元に移転させる機能を果たすことから，別の視点から商業は商品の所有権を移転させることにより「所有権の移転機能」を果たすといわれ，また生産した商品を消費者の元まで移転させることによって消費者，ひいては市民の再生産に必要な商品を移転させるということから，「社会的移転機能」を果たすともいわれる。そこから商業の社会性も同時に強調される。

第6章　参考引用文献

牛尾真造（1959）「零細商業の社会的性格—いわゆる小商人の日本的特質性格について」松井辰之助編『中小企業叢書4　中小商業問題』有斐閣。

下平尾勲（1976）「蓄蔵貨幣と信用制度（1）」『商学論集』（福島大学経済学会）第45巻，第1号。

出家健治（1991）「零細小売業の一般規定＝本質的規定の再検討—『資本的性格』の喪失に対するの批判」『熊本商大論集』（熊本商科大学）第38巻，第1号。

同（2002）『零細小売業研究—理論と構造』ミネルヴァ書房。

同（2005）「小生産者と小商人の「資本家意識」について—貨幣機能と貨幣資本による貨幣蓄蔵欲の違い」『中小企業季報』（大阪経済大学中小企業・経営研究所）2005 No.3。

マルクス, K.（1947）『資本論1』（エンゲルス編, 向坂逸郎訳）第1巻，第1分冊，岩波文庫。

同（1948）『資本論2』（エンゲルス編, 向坂逸郎訳），第1巻，第2分冊，岩波文庫。

同（1950）『資本論5』（エンゲルス編, 向坂逸郎訳），第2巻，第5分冊，岩波文庫。

同（1952）『資本論9』（エンゲルス編, 向坂逸郎訳），第3巻，第9分冊，岩波文庫。

森下二次也（1960）『現代商業経済論』（旧版）有斐閣。

商業を媒介した間接的流通システムの形成
―売買の集中の原理という商業の役割

この章は間接的流通システムを媒介する商業の役割についての内容である。商業は，資本の運動をとりながら，販売の集中と購買の集中を行い，商業全体は生産と消費の間を売買の集中機能で双方を効率よくつなぎ，間接的流通システム全体をスムーズにする役割を果たす。

それはまた，直接的流通システムの問題で生じた生産者の販売の困難性（販売時間の延長と販売費用の増大）と消費者の購買の困難性（商品探索にともなう購買時間の延長・購買費用の増大）の問題を売買の集中の機能で解消し，流通全体の流通時間の短縮と流通費用の節約を果たし，双方に利益をもたらす。

このような商業の役割である「売買の集中の原理」によって商業を媒介とした間接的流通システムが定着するのである。ここではこの内容について考察する[1]。

1　この章は森下二次也（1960）『現代商業経済論』（旧版）有斐閣に依拠している。意外なことに売買の集中の原理については詳しく説明されていない。商業資本の自立化のところで論じられているが，そこは売買そのものの集中といわれ，販売の集中と購買の集中までは指摘しているけれども，それに続いて一足とびに商品が商業のもとに集中されプール化されることで「売買の一種の社会化」をいわれて，商業の社会的性格を論じている（森下二次也（1960），pp.131-132）。ただし，その社会的側面は再販売購入の使用価値側面から見たもので，再販売購入の過程のそのものは「再販売購入の過程それ自体」であるという。そして，社会的結果はもちろん無視すべきではないが，社会的結果をG–W–Gという特殊な過程を通じてもたらすところに商業の商業たるゆえんがあるといって注意を述べている（森下二次也（1967）「商業論の対象＝商業の概念」森下二次也編『商業概論』有斐閣，p.17）。そこでこの章では売買の集中の内容を明確にした。

1. 商業資本が媒介することで間接的流通システムによる問題解消

(1) 商業資本の媒介による間接的流通システム

直接的流通システムの問題点─販売の偶然性と商品の「使用価値の制約性」

　直接的流通システムは商品に内在する使用価値と交換価値の対立が，貨幣の登場によって商品と貨幣に外的な対立として現れ，その対立は商品の使用価値の制約性と販売の偶然性の問題として現れ，根本的には販売の困難性に収斂していく。その矛盾は直接的流通システムにおいては生産者の販売の困難性と消費者の購買の困難性として現れた。

　生産者の販売の問題は，商品所有者の商品に内在する使用価値の制約性と交換価値の問題から販売時間が延長し，販売の時間を短縮するために販売費用を投入するが，その販売費用も増加傾向にあり，生産者に不利益をもたらすことであった。

　消費者の購買の問題は，購買の目的が欲望の充足を満たすために役に立つ使用価値の商品の購買であるから，その商品が目の前に存在すれば，貨幣のもつ一般的等価物としての機能によって一方的な意思で交換できるゆえに，交換価値の一致が行われれば購買はスムーズになるから問題は起きないが，購買に必要な商品が目の前に存在しなければ，その商品探索に購買時間と購買費用がかかり，消費者に不利益がもたらされるということであった。

　直接的流通システムが生産と消費の隔たりである「流通」を流通手段としての貨幣によって媒介されるが，商品の使用価値の制約性と販売の困難性によって流通全体がスムーズに交換されないために，直接的流通システムにおいて「流通時間」（生産者の販売時間と消費者の購買時間）と「流通費用」（生産者の販売費用と消費者の購買費用）の「不生産的な性格」の要素が増加し，流通全体に非効率に作用し，生産者や消費者にもその非効率性から不利益をもたらすのであった。

商業資本による直接的流通システムの問題の解消─資本と売買の集中の原理

　W–G–W とは逆の G–W–G′ という資本の運動を商業が担うことによって，「貨幣」に代わって商業が流通を媒介し，「直接的流通システム」から新

たな「間接的流通システム」へ転回することで「直接的流通システム」の問題を解消するのである。そこでの大きな転回点は，商品が「使用価値」としての消費の「目的」として購買の対象になるのではなく，商品が「交換価値」として，「交換価値」を増大させる対象の商品として購買の対象に転換することによって，商品が「目的」から「手段」に転換したことである。

　つまり，自分ではいかなる商品も生産せず，ただ商品所有者の間に介入して生産者と消費者の商品の売買を媒介することを業とする商業が現れ，商業の価値視点による「資本の運動」を基底に「売買の集中の原理」機能を果たすことで，直接的流通システムの問題点であった「販売の困難性」と「商品の使用価値の制約性」の問題を解消したのである。まさに価値視点による商業の「資本」の運動と「売買の集中機能」は間接的流通システムを円滑に進める重要なキーワードである。このような機能によって商業を媒介として「間接的流通システム」が形成し，流通において重要な役割を果たし，定着することになる。

2. 間接的流通システムのなかの商業の役割である 売買の集中原理

(1) 直接的流通システムの問題を克服した疑問と問題解消の論理視点
克服のための 3 つの疑問

　なぜ，流通を商業が媒介することによって生産と消費をつなぐ流通全体がスムーズに行われるようになったのであろうか。また商業は直接的流通システムの困難性の要因であった「販売の問題」や「商品の使用価値の制約性の問題」をいかにして解消したのであろうか。さらに商業は「資本」機能と「売買の集中の原理」によって流通全体をいかにして効率化させるのであろうか。これらの点について直接的流通システムと間接的流通システムを対比しながら考えてみる。

３つの疑問に答える３つの視点の論理的手順―資本の運動と売買の集中の原理の理解への途

　直接的流通システムの問題を間接的流通システムが商業の「資本の運動」と「売買の集中の原理」によって解消し，流通全体をスムーズにさせると論じてきたが，その内容についてここで見ていく。その理解のために次の３つの点を考慮して，またその順番にそって見ていけば，その内容理解がスムーズにいく。

　それは①消費者の商品の購買目的（G−W）と商業者の商品の購買目的（G−W）のちがい，②商業の本質である G−W−G′ という利潤目的の資本の運動，③生産者の商品（W）と商業者の商品（W）のちがいという３つの視点とその順序である（図 7-1）。

　①消費者の商品の購買目的（G−W）と商業者の商品の購買目的（G−W）のちがいについては，生産者の側に立って，生産者が商品を直接消費者に販売する場合と，商業者に販売する場合とではどちらがスムーズになるかという理解の部分である。

　②商業の本質である G−W−G′ という利潤目的の資本の運動については，①と③をつなぐ，ある意味で全体を理解する際の本質的な部分である。この概念は①と③をスムーズに理解することができ，全体を理解するための決定的な部分である。

　③生産者の商品（W）と商業者の商品（W）のちがいというのは，この消

図 7-1：商業の売買の集中の原理を理解する手順（①→②→③）

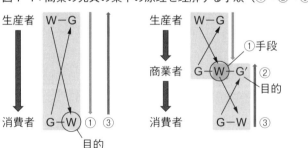

出所：筆者作成。

費者の側に立って，消費者が直接生産者の商品を購入することと，商業者から商品を購入するのとではどちらがスムーズになるかという理解の部分である。

(2) 商業の「売買の集中の原理」の内容
生産者の視点から―「販売の集中」機能（①）

　生産者が，直接消費者に販売する場合と商業者に販売する場合とではどちらがスムーズであるかということを，①消費者の商品の購買目的（G–W）と商業者の商品の購買目的（G–W）のちがいという視点から見る。

　図7–1にみるように，直接的流通システムの流通形式は生産者の販売がW–Gで，消費者の購買がG–Wである。間接的流通システムの流通形式も同じく生産者の販売がW–Gで，商業者の購買もG–Wである。いずれも同じ流通形式であるにもかかわらず，前者の方がスムーズにいかなくて，後者の方がスムーズにいくのはなぜであろうか。その理由が購買目的（G–W）のちがいである。

　同じような流通形式でありながら直接的流通システムの消費者の購買（G–W）がうまく機能しないのは消費目的の「選択的」な購買＝交換だからである。消費者は生産者から商品を消費目的で購買し，そのために欲望を充足させるために生産者の制約性のある使用価値の商品が重要になり，生産者の分業による生産の専門化によって生産者の提供する商品は特定の固有の制約された使用価値の商品の数あるなかから，消費者の欲望を充足させるような使用価値の商品の選択的購買を行う。その購買の実現は偶然性が強く左右して困難であった。だから，消費者の生産者から商品の購買はスムーズではなく，商品探索に購買時間と購買費用がかかって非効率で不利益が生じるということであった。

　同じく，もしも，間接的流通システムの商業者の購買（G–W）が生産者から欲望充足のための消費目的であれば，前者の場合と同様に，購買（G–W）の困難性が生じたといえる。

　しかし，商業者はG–W–Gという運動形式をとり，商業者の購買（G–W）は，消費者の購買（G–W）と異なり，消費の「目的」による購買（G–W）

ではなく，再び販売・交換するための「手段」である。商業者は生産者から購買（G–W）した商品を再び消費者に販売するために，つまり「再販売購入」活動を行うために商品を購買する。そして商品を再び消費者に販売することで商業利潤を得る。まさに商品の購買は「目的」ではなく「手段」として機能する。

　重要なことは，そのような「手段」であるから，生産から購買する商品は利潤をもたらす商品であればどのような使用価値でもよいという，商品の使用価値の制約性から解放されていることである[2]。直接的流通システムの消費者の購買（G–W）は消費目的だから商品の使用価値の制約性が問題になり，選択的購入になるから生産者とスムーズに交換が行われないが，間接的流通システムの商業者の購買（G–W）は商品の使用価値の制約性を問題にせず（使用価値拘束からの解放），無差別購入に近い（商品が利益を生み出す限りにおいて）から生産者と交換がスムーズに行われ，生産者にとっては消費者に販売するよりは商業者に販売する方が容易で販売がスムーズになるから，販売が商業者に「集中」するのである[3]。

　以上のような理由から，生産者の販売が商業者に「集中」する。これが「販売の集中」である。同時に直接的流通システムの障壁であった販売の困難性は消費者ではなく商業者に販売をすることでスムーズになり，その問題を解消することになる。つまり生産者にとって直接的流通システムにおいて生じる販売の困難性は商業の利用で解消され，生産者に販売時間の短縮，販売費用の節約をもたらし，販売がスムーズになることで効率的な結果が実現し，利益をもたらすことになる。そこから，生産者は直接消費者ではなく商業者に販売を行うのである。

商業の視点から—資本の論理による売買の集中機能（②）

　次は間接的流通システムにおいて商業の役割を理解する最も重要な，価値視点効果ということのできる「資本」の運動についてである[4]。

---

[2] 「商人は消費のために買うのではなく，再販売のために買うのであるから，彼の購買は商品の使用価値の質と量から制限をうけない」森下二次也（1967），p.21。

[3] 　森下二次也はいう，「使用価値側面に固執すると，再販売購入という商業の固有の形態が見失われてしまう。実際にも再販売購入者の購買は，消費者の購買とちがって，使用価値からの拘束をうけていない」（森下二次也（1967），p.17）と。

　商業者のところへ生産者の「販売の集中」が可能になるのは，商業が利潤目的で活動をするという商業の本質的な内容たる資本の運動を展開するからである。商業者は G–W–G′ という運動形式をとり，この運動形式の最終目的が貨幣の G′ ($G+\triangle g$) が「目的」であるから，前半の G–W は必ず後半の W–G′ に統一され，生産者から購入する商品 W は G′ ($G+\triangle g$) につながるものでなければならず，つながる商品であればどのような使用価値の商品でもよいという商品の使用価値の制約性（拘束性）からの解放という役割を果たす。

　このように商業が「資本」として運動することによって商品の使用価値の制約性の問題を突破し，商業の存在は生産者からの販売を容易にし，生産者から「販売の集中」という機能を引き起こすのである。

　生産者による「販売の集中」は商業者の元に多くの制約性のある使用価値の商品を購入することで，多様で多種類な商品の品揃え形成（assortment）が可能となる。この多種類の大量の制約性をもつ使用価値の商品のプール化，商品の集中化，つまり多種多様な品揃え形成（assortment）が商業者のところで可能となり，そのことが次に論じる，多くの消費者の「購買の集中」を引き起こす要因となる。

　こうして商業はこの「資本」の機能が多くの生産者からの「販売の集中」，多くの消費者からの「購買の集中」を可能にして，商業は生産者と消費者の間にあって「売買の集中」機能を果たすというのである（図 7–2）。「商人の売買の本質的側面は商業資本の運動である」[5] という理由はここにある。

消費者の側の視点から─「購買の集中」機能（③）

　最後に，直接的流通システムの消費者が直接生産者から商品を購買する場合と間接的流通システムの商業者から商品を購買する場合とではどちらがスムーズに購買できるかという問題である。それは生産者の商品（W）と商業者の商品（W）のちがいが理解のカギになる（図 7–1 を参照）。

　こんどは消費者の側から見れば，消費者が生産者から購買しようと，商業

4　「商人の売買を G–W–G の過程として成立せしめるのは，商品の使用価値ではなく，価値である」（森下二次也（1960），p.45）
5　森下二次也（1960），p.50。

図 7-2：商業の売買の集中の原理

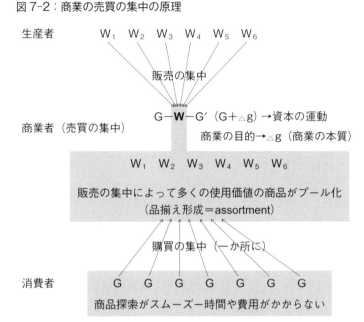

出所：筆者作成。

者から購買しようと，ともに消費目的である限りは，購買の際の欲望充足のための制約された使用価値の商品が問題になるという点でどちらも状況は同じである。そこから，販売をする側からみれば，生産者であろうと商業者であろうと制約性をもつ使用価値の商品を販売をするという点で同じであるから，販売の困難性が生じると推定される。

　だがそこには生産者が生産者の商品（W）と商業者の商品（W）のちがいにある。生産者の商品（W）は生産の分業化によって生産の専門化が進展し，特定の固有な制約された使用価値の商品である。このような商品であるから消費目的で購入する消費者にとっては欲望の充足する制約性のある使用価値の商品探索に購買時間の延長，購買費用の増加が生じて不利益が生じ，購買が困難でスムーズではないということであった。

　しかし，商業者の場合の商品（W）は，商業がG−W−G′という資本の運動をとることによって購買する商品（W）は多種多様な制約性をもつ使用価

値の集合性（プール化）であり，これらの商品が一カ所に集中しているところに特徴があった。このような多種多様で多量の品揃え形成機能が働くことで，消費者の方から商業者のところに「購買の集中」が起きるのである。アリが砂糖を求めて集まってくるように，消費者の方から商業者のところに向けて購買が集中するのである。

　その結果，直接的流通システムにおいて消費者に生じていた購買の困難性は解消され，購買（G–W）はスムーズになり，欲望を満たす制約性をともなう使用価値の商品探索は容易となり，購買時間の短縮，購買費用の節約が生じて購買の利益をもたらすことになる。

間接的流通システムにおける商業の「売買の集中の原理」による生産と販売の役割分担の定着

　直接的流通システムに内在した販売の困難性や商品の使用価値の制約性の問題は商業の資本の運動とその「売買の集中の原理」によって，流通における全体の売買の問題を解消し，流通全体をスムーズにさせた。

　直接的流通システムの生産者の販売の困難性による販売時間の延長，販売費用の増加による不利益,消費者の購買の困難性から生じる購買時間の延長，購買費用の増加による不利益の問題は，商業がG–W–G′という資本の運動をとることによって，生産者からの「販売の集中」，消費者からの「購買の集中」という，売買の集中機能によって，販売も購買もスムーズになり，流通全体の流通時間の短縮，流通費用の節約を実現し，流通全体を効率化させるのである（図7–3）。

　その結果，直接的流通システムにおいて見られた生産と販売の未分離が，間接的流通システムでは生産と消費を媒介することで生産と販売の分離，つまり第三の社会的分業が構造的に成立した。生産者は生産に専念し，商業者は生産者の販売を代行するという役割分担の社会的な分業の形成である。

　この間接的流通システムが商業がG–W–G′という資本の運動をすることで可能になった。その意味で資本の運動という価値論的な視点が流通理解において必要であるといえる。これまで，商品に内在する使用価値と交換価値の2要因から始まって，いくつずつと交換するかという価値実体から始まった交換価値による商品と商品の交換は，そこで生じた諸問題によって，交換

図7-3：商業の売買の集中の原理による流通全体のスムーズ化

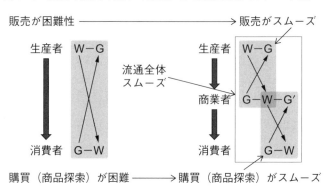

出所：筆者作成。

価値の延長線上で貨幣が生まれて，商品の2要因は商品と貨幣に外的に分裂し，価値の物象的な形態である貨幣を軸に動き始める。流通が形成され，貨幣を軸にして，貨幣を媒介とした直接的流通システムが形成された。さらにそのシステムにおける内在的な諸問題は，商品が使用価値ではなく交換価値として機能するという転換点を境に商品が目的から手段に代わることで，商品流通において貨幣が資本へと転換すると初めて商業資本が登場し，商業資本が交換を媒介する新たな間接的流通システムを構築することで，一応，安定的な流通システムが経済システムの中に定着したのである。このように商的流通の歴史は価値の運動による歴史であった。全体の根底に価値視点が貫いていることを押さえておけばよい。

(3) 歴史的変化による間接的流通システムと商業システムの変容

　流通システム全体の流通時間の短縮，流通費用の節約という，いわば流通全体の効率化に商業が機能し，その貢献がないと，商業を媒介とした間接的流通システムは定着しない。

　たとえば，生産者から商業者への販売の集中によって生産者の販売がスムーズになり，生産者の商業者への販売時間が短縮しても，商業者が消費者への販売に時間がかかり，最終的に最終消費者への販売時間が直接的流通システムの方よりも長くかかるようであれば，生産者は商業者を利用するよう

な販売をしない。たんに生産者の商業者への販売の速さは，商品が生産者のところから商業者のところに移転しただけで，最終消費者まで販売されて消費が実現したわけではないのである。

　商業の利用は生産者にとって商業者への販売の速さだけでなく，さらに商業者から消費者へ販売が速くて最終消費者への販売の実現が速いということでなければ利用する効果がない。つまり商業の利用によって生産から消費までの全体の販売時間が速くなることが，生産者が商業を利用する条件であり，また間接的流通システムが定着する条件である。それは同時に時間だけでなく費用の問題も節約されるからである。

　このように流通全体の効率化のあり方によっては間接的流通システムそのものの存在も否定される可能性もあることを考慮しておく必要があろう。情報化の進展でネット販売の進展が小売業サイドでも第 3 の主要な蓄積形態として急成長している状況下ではそのようなことが起こりうると予測される。

　さらにもう一つの大きな問題は間接的流通システム全体が効率的でなければならないことである。そこには資本主義化という資本の進化の問題が媒介する流通システムや商業のあり方を変容させることになる。生産者は小規模で分散的に立地し，少量生産少量販売を行い，末端の消費者も少量消費で分散的であれば，両者をつなぐ流通システムは細くて長いシステムの方が効率的である。しかし生産が集約化して大規模化になり大量生産，大量販売になると，流通システムはそれに見合った流通システムへと変容することになる。資本主義の進展は生産の大規模化が避けられず，流通システムはこの方向で動き，流通は「太くて短い」流通システムに変容していくことは避けられない。これが流通における「進化」の意味である。それは流通が最も効率的な「時間」と「費用」の問題を解決するパターンだからである。

　その意味で間接的流通システムは時代の変化に適合する方向で媒介する商業のあり方も変化することを押さえていく必要があろう。日本資本主義はプロシャ型の古い制度を強く強固に残しながら資本主義化が進展したから，古い制度を巻き込みながら新しい制度が進展し，古い制度に代わって新しい制度が君臨していくという過程の「進化」が転換される。卸売主導型から生産

主導型へ，さらに小売主導型へと進展し，流通システムが短縮化していく流れも流通のあり方に変容をもたらすであろう。また自由な競争段階から独占段階への変容によって生産領域で生産独占が形成し，また流通領域においても商業独占が形成するなかで，生産独占と商業独占の対抗関係の形成は流通の変容に大きな影響を与えるであろう。

　このように商業を媒介とする間接的流通システムのあり方は歴史的な過程において変容し，極めて相対的な存在なのである。

3. 商業の社会的性格と公共性の根拠

(1) 生産者の共同販売代理人と消費者の共同購買代理人機能

商業の社会的性格─私的利益の公共性

　商業の本質は G–W–G′ という資本の運動で利潤獲得が目的であると指摘してきた。そこから，商業の利潤獲得という目的行為は極めて商業の個別的行為のように思われるが，その個別的に見える行為が，もっと別の言い方をすればその個別的行為をすることによって売買の集中という機能を果たし，結果的に流通全体をスムーズにさせるということを見てきた。そこから，商業の利潤獲得という個別的な行為は結果として流通全体をスムーズにさせるという社会的に貢献する行為となって現れるのである。

　つまり，生産者の商品を商業の媒介を通してスムーズに消費者のところに流通させ，消費者の国民的な再生産に寄与するという点で商業は社会的役割を果たしているといえるのである。流通において商業の売買活動が生産と消費の懸隔をつなぐ人的社会的移転といわれたのはこのような社会的役割を果たすからであった。それはいわゆる商品の使用価値的側面に立っていえることである。

生産者に対する「共同販売代理人」機能と消費者に対する「共同購買代理人」機能

　したがって，商業は G–W–G′ という利潤目的の資本の運動をすることによって，生産者から商業者への販売の集中を可能にし，それはすべての生産

者に対して商業者が代わって消費者への販売を代行することを意味し，そのことは生産者に対して消費者への共同の販売代理人として機能することを意味する。

　ただし，商業が資本の運動を行う限りにおいて，多数の生産者の共同代理人として役割を果たすと同時にその反射として消費者に対しては共同購買代理人として役に立っているのであるが，本来は生産者の販売代理人であって，消費者の購買代理人ではないので，双方の「協同性」はもたないけれども，それをもって購買の社会性まで否定するものではない[6]。

　このように商品の使用価値面からすれば，商業は生産と消費の間に介在し，多くの生産者と多くの消費者をつなぐ機能を果たし，生産者から消費者への商品流通をスムーズにさせて国民経済全体の再生産に大きな役割を果たすのである。その意味での商業の社会的役割であり，重要な意味をもつ社会的な性格である。とりわけ都市流通における小売業の役割の議論においては社会的共同資本，社会的集合消費手段という観点から「公共性」の意味あいと関わるゆえに重要な視点となる。

第 7 章　参考引用文献

森下二次也（1960）『現代商業経済論』（旧版）有斐閣。
同（1967）「商業論の対象＝商業の概念」森下二次也編『商業概論』有斐閣。
同（1974）『現代の流通機構』世界思想社。

6　森下二次也は『現代商業経済論』（1960 年旧版，p.131）でそのように書かれているが，その後の『現代の流通機構』（1967 年）では生産者のみの「共同代理人」のみに限定し，社会性については論じていない。論理展開が価値視点であったからかもしれないけれども。

商業利潤と消費者価格
─間接的流通システムと消費者価格・商業利潤とその源泉

> この章では商業を媒介とする間接的流通システムの消費者価格と商業利潤について考察する。商業が媒介することで消費者価格が上がるか，上がらないかということである。一般的に，また現状においても商業が間に入ることで価格が上昇し，商業利潤は消費者が商品を高く支払うことで生じているといわれている。この問題について様々な視点で考えてみる[1]。

1. 現象にみる商業の介在と消費者価格の上昇 ─不等価交換説

（1）消費者価格の上昇と商業利潤の源泉と不等価交換
消費者の間接的流通システム批判

　商業利潤は売買差益で得られる。生産者から安く仕入れて消費者に高く売ることを目的として商業利潤を得る。そこから流通を商業が媒介すると，商業は売買差益で商業利潤を得るから，消費者価格は必ず上昇することになる。

　この現象は，商業が売買の集中機能を果たして流通全体をスムーズにさせても，商業が流通を媒介することで消費者価格は上昇するから，価格の面で消費者にとって望ましくないという消費者からの間接的流通システム批判である。さらにそこから，消費者価格の上昇によって商業者は商業利潤を得ているという，商業利潤の消費者犠牲説，つまり，商業利潤は消費者が源泉と

1　この章も森下二次也（1960）『現代商業経済論』（旧版）有斐閣の第4章と第5章に依拠している。ここでは資本主義経済ではなく一般理論で述べていく。

いう指摘，さらにまた生産者の商品が商業を経由することで価格が上乗せされて消費者価格に高く販売されることから，不等価交換であるという指摘が間接的流通システム批判に加わる。

実際にこの議論をあるがままの状態で読み解いてみよう。生産者の商品価格は120で，その内訳を生産コストが100，生産者の取得する利潤が20と仮定する。図8-1にあるように，直接的流通システムでは，生産者が作った商品（120）を価値通りに販売して生産者は目標とする利潤（20）を手に入れ，消費者は生産者が作った商品（120）を価値通りに交換されたことになる。価値視点でいえば，直接的流通システムは商品120を価値通りに120で販売することになる。いわゆる等価交換説である。

ところが，商業によって媒介される間接的流通システムでは，生産者から価値通りに商業者に販売された商品（120）は商業者によって商業利潤（10）が付け加わり，消費者には商品価値以上の価格（130）で販売される。最終的には生産者から購入した商品（120）は商業を経由することで高い価格（130）で消費者に販売されるということから不等価交換といわれる。

この論理はたんに消費者にとって価格が高くなるという不等価交換説だけではない。高くなる中身をよく見ると商業利潤分だけ高くなっている（商品価格＋商業利潤，120＋10）ことに気づく。そこから消費者は商業者のために商業利潤を作り出しているという消費者の商業利潤負担説（源泉説）が生まれ，さらにそこから流通過程では利潤が形成されるという流通過程利潤生産説まで生まれるようになる。

図8-1：間接的流通システムの消費者価格と商業利潤について
　　　　一般的な考え方（不等価交換）

出所：筆者作成。

不等価交換説・消費者の利潤負担論説・流通過程の利潤生産説の論理の不合理性

こうして間接的流通システムの不当性が消費者から叫ばれるようになる。間接的流通システムは商業が間に入ることによって消費者は高い価格で売りつけられると。さらにまた，商業者の利潤は自分たちが高い価格を払うことで作り出していると。そこから間接的流通システムは消費者の犠牲の上で商業の利潤が作り出されるシステムであるといって，商人の悪人説さえ生まれる。

だが，よく考えてみるとこれは理論的には合理性がないことがわかる。この不合理性の論理的理由は間接的流通システムが絶えず消費者を犠牲にして，消費者が絶えず損をすることを前提にしたシステムであり，生産者，商業者にとっては利益が得られ，消費者だけが不利益をもたらされるようなシステムであるという説明である。これが仮に正しいと前提とすれば，不利益を被りながらも消費者はこのシステムを維持して利用しているという説明になる。それは論理整合性があるといえるであろうか。消費者のみが不利益を被るのであれば，損をしない直接的流通システムもあるのであるから，間接的流通システムに固執する必要はないといえる。そのように考えると無理のある説明の間接的流通システム批判である。

いずれにしてもこのような間接的流通システム批判は現象から引き出された疑問の余地のない議論から生じているから，きちんとその誤りを論理的に指摘する必要がある。

誰かが不利益を被るこの議論の説明の難しさ―現象からの理解の難しさ

この問題については間接的流通システムが定着している以上は少なくとも生産者，商業者，消費者の３者がすべて win–win 関係でないと成立しないと考えるべきである。その視点を考慮してこの問題を考えてみる。

①消費者が直接的流通システムで商品を購買（120）しても，また商業を媒介した間接的流通システムで商品を購買（120）しても損をすることなく，最終消費者まで価値通りの交換（120）を行うという等価交換を前提にして議論を立て直して考えてみる。

そこでまず，間接的流通システムにおいて生産から消費まで価値通りの等

価交換を前提に議論を推し進めると，次のような論理的説明になる。

　消費者は最終的に等価による価値通りの交換を実現すると仮定すれば，消費者が商業者から商品の購買価格は価値通り（120）である。等価交換を前提ということで生産者も商品を価値通り（120）に商業者に販売をする。

　商業者が消費者に価値通り（120）で販売をするためには，生産者から仕入れた商品の価値通り（120）をそのまま消費者に販売しないと等価交換は実現しない。その結果，商業者は価値通り（120）に仕入れて，そのまま価値通り（120）に消費者に販売することになり，商業者は売買差益としての利潤を手に入れることができなくなる。このように生産から消費までの等価交換は商業者の利潤が生まれない流通システムになるという説明になる。その結果，生産者と消費者は利益を得られるが，商業者は何らの利益も得られない（図8-2）。

　これは商業者の犠牲の上に成立する間接的流通システムであるという，これまた論理整合性の点で欠落した説明になる。

　②商業者が利益を得ることなく流通システムを担うという前提の説明には無理があるので，商業者も流通において売買差益による利潤を得ていると論理を設定して議論を立ててみる。もちろん消費者は商業者から価値通りの等価交換を前提とする。

　商業者は消費者に商品を価値通り（120）に等価交換で販売をするから，生産者からの仕入購入価格は価値通り以下（120以下）の価格でないと利益が出ない。商業利潤は安く仕入れて高く売るという売買差益によってのみ生

図8-2：消費者視点の等価交換を前提とした消費者価格と商業利潤

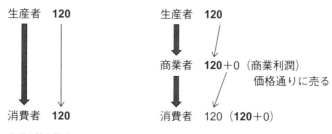

出所：筆者作成。

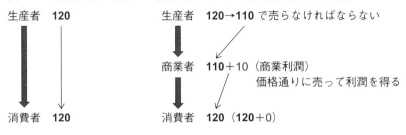

図 8-3：商業利潤を考慮した等価交換の下での消費者価格と商業利潤

出所：筆者作成。

表 8-1：消費者価格と商業利潤の説明の難しさ

	不等価交換	等価交換（形式的）		？
生産者	＋	＋	－	＋
商業者	＋	－	＋	＋
消費者	－	＋	＋	＋

出所：筆者作成。

み出されるからである。そこで商業利潤（ここでは仮に 10 を設定）を考慮すれば，生産者から商品価値以下（120 ではなく 110）で購入することになり，生産者は商品価値以下（110）で販売することになり，こんどは生産者が商品価値以下の販売（120 を 110）という不利益を被ることになる（図8-3）。

　以上から，上の表 8-1 のように不等価交換説では消費者が，等価交換説では商業者もしくは生産者が不利益を被るといった説明になり，この価格説明の難しさがある。

2. 生産者，商業者，消費者の 3 者すべて win-win 関係による等価交換説明

(1) 生産者の不利益の解消の問題

生産者が商品価値以下で販売する不利益の問題

　間接的流通システムは本来，生産者，商業者，消費者の 3 者すべて win-win 関係でなければ論理整合性が担保されないから，その観点から再度論理構築をしてみる。

　まず消費者は商業者から等価交換で商品購買する。消費者は商業者から価値通り（120）に商品購買する。

　商業者も商業利潤を考慮しながら消費者へ等価交換で販売するから，商業者が消費者へ価値通り（120）で販売して，しかも利潤（10）を得ることでなければならない。したがって，生産者から商品価値以下（120 以下），つまり商業利潤分（10）だけ安い価格（110）で商品購入を生産者から購入しないと商業利潤は発生しない。だから生産者から価値以下（110）で仕入れて，消費者には価値通り（120）の販売になる。

　問題は生産者が商品価値以下（120 → 110）で販売せざるを得ないことになるが，この一見不利益に見える問題をどのように捉えるかである。生産者にとって商業利潤分少なく商業者に販売することが不利益であるかどうかという問題でもある。

生産者の不利益に見えることが不利益でない理由—商業の役割の考慮

　生産者が直接的流通システムのときと間接的流通システムのときの比較を考える。価格の議論であるから，時間の問題は価格に反映しないのでここでは省略する。

　図 8-4 からわかるように，まず直接的流通システムでは生産者は販売の困難性から販売時間の延長，販売費用の増加（仮に 15 とする）が生じて，生産者の取得すべき利潤（20）は販売費用部分（15）を引いた残りとなり，減少（20 - 15 = 5）することになる。

　しかし，間接的流通システムでは商業の売買の集中機能によって生産者の販売の困難性が解消され，生産者は販売がスムーズになる。その結果，販売

図8-4：売買の集中の原理を考慮した等価交換による消費者価格と商業利潤の説明

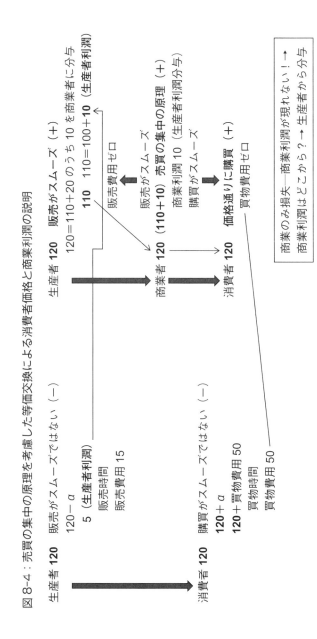

出所：筆者作成。

時間の短縮，販売費用の節約がもたらされ，販売費用部分の節約（ゼロになると仮定）から生産者は本来の取得すべき利潤（20）を実現することになる。

そこから生産者が消費者に商品価値通り（120）で販売するとすれば，商業者は価値通り（120）に購買してそのまま消費者に価値通り（120）販売することになり，商業者は商業利潤がゼロで得られないことはすでに述べた。それでは商業者にとって媒介する経済的なメリットがなく，商業者は流通機能をする意義が見いだせない。

もしも，商業者が利潤を得られないことで流通を媒介しないならば，間接的流通システムは崩壊し，もとの直接的流通システムになる。その変更は生産者にとって望ましいものではない。販売の困難性が発生して生産者にとって不利益なものになる。そういうことから生産者においては商業を媒介とした間接的流通システムのほうが望ましいことになる。

等価交換を前提とし，消費者においても等価交換が行われるとすれば，不等価交換のように商業者は価値通り（120）に仕入れて，商業利潤（10）を上乗せして消費者に価値以上（130）に販売するとことができず，消費者に価値以上に販売して商業利潤を手に入れることができなくなる。つまり商業利潤は消費者を源泉とすることができない。

とすれば，商業利潤の源泉は生産者から手に入れることでしか方法はない。つまり，商業者は生産者から価値以下（110）で仕入れて消費者に価値通り（120）に販売をすることによって商業利潤（販売価格 120−仕入れ価格 110 = 10）を手に入れるしか方法はないのである。

商業の役割を介した生産者の不利益の利益への逆転

そこから生産者が商品価値通りに販売しないで商業利潤分を考慮して商品価値以下で販売をすることであり，そのことが生産者にとって損失ではないということが説明できれば，間接的流通システムは生産者，商業者，消費者の 3 者全員が win–win の関係になる。

そこでは商業の「売買の集中の原理」がその説明に意味をもつ。

生産者の不利益の解消

そこでさらに図 8-4 で説明すれば，すでに述べたように，間接的流通システムは商業が媒介することで生産者にとって販売時間を短縮し，販売費用

を節約し，その結果，直接的流通システムの際に生じた販売時間の延長，販売費用の増加（15）によって引き起こされた生産者の取得する利潤の減少（5）という問題が解消されたことになる。つまり直接的流通システムにおいて取得していた生産者の利潤（5）が，間接的流通システムでは商業の役割により販売費用の節約（ゼロと想定）が実現して一挙に増加（20）することになる。

　つまり，利潤の増加は，間接的流通システムにおいて商業の売買の集中という機能によって生産と消費の間を媒介してくれた結果によりもたらされたものである。そのように考えることによって，生産者は自身の増加した利潤を均等に分配する形で，商業者の果たした役割に対する貢献の代償として商業者に利潤分与を行うのである。すなわち，生産者が商品価値の商業者への利潤分与部分（10）だけ価格（110）を安く商業者に販売し，商業者は分与された商業利潤分（10）を価格に上乗せして商品の価値通り（120）で消費者に販売するのである。

　だが，ここまでの説明は生産者が商業者に価値以下で販売する理由，商業利潤が消費者から生み出されるのではなくて，生産者の利潤分配から生じるということの内容説明であって，そのような生産者の振る舞いが損失ではないという説明までは至っていない。生産者にとってそのようなことが損失ではないということは，直接的流通システムのレベルで取得する産業利潤の量（5）と間接的流通システムによって取得することのできた産業利潤（20）から商業利潤部分を差し引いた量（10）との比較の問題である。前者より後者のほうが生産者の取得利潤量が多いということによって，生産者が商品価値通り（120）ではなく，商品価値以下（110）で，つまり商業利潤分だけ少なく，ある意味で一見して損をしているように見える商業者への販売も，不利益とは見なされないのである。まさに不利益の利益への逆転の説明である。

消費者の不利益の解消

　同じく，図8-4で説明すれば，生産者の視点から説明してきたが消費者にとっても同じような効果がもたらされる。

　消費者にとっては，直接的流通システムにおいては商品探索に時間と費用

がかかり，生産者から直接に購入すると商品価格は価値通り（120）であっ
てもそのほかに買物時間の延長（時間は価格に反映しないので考慮外とす
る），買物費用の増加（50を仮定する）が加わり，実質的には購買価格は商
品価格以上（120＋50）になるのである。

　それが間接的流通システムを利用すると，商業の売買の集中によって商業
者のもとに多くの生産者の制約性のある使用価値の商品が集中することによ
り消費者は商品探索の時間の短縮や費用が節約され，買物時間の短縮，買物
費用の節約（ゼロと仮定）によって商品価値通り（120）に購入することが
できることになる。それによって消費者も間接的流通システムの方が買物時
間の短縮，買物費用の節約によってコスト削減による価値通りの商品購入と
いう点で利益となるということである。

このすべてが利益となる説明の付帯条件

　そしてこの説明からわかるように生産者は直接的流通システムにおいて得
られる利潤量と間接的流通システムで得られる利潤量との比較関係しだい
で，いずれかのシステムを採用するという不安定性をもっていることも付け
加えておかねばならない。この説明は基本的には後者の利潤が多いことに
よってこのシステムが定着するのであるが，前者のほうが多いということに
なると前者のシステムが定着していくと考えるのが正しいであろう。

　またもう一つは商業者の間接的流通システムの媒介関係は産業利潤と商業
利潤の均等な量的な分配関係が条件であるということを強調しておく必要が
ある。この分配関係の偏りは生産者と商業者の間の量的な分業関係のアンバ
ランスを引き起こす。つまり生産者の利潤量の方が多ければ商業者は生産者
の領域に参入して生産者の層が多くなり，逆に商業者の利潤量が多ければ生
産者から商業者の領域に参入して商業者の層が多くなるということになるか
らである。だから分業関係の確立は生産者の取得する利潤量と商業者の取得
する利潤量がいずれも均等な分配条件で行われるということに留意する必要
がある。

　ともあれそのような事情も起こりうることを考慮しておかなければならな
いが，一般的な流通システムにおいては間接的流通システムが定着し，ここ
においては生産者が価値以下で商業者に販売をしても利益であることを説明

することができる。その結果，生産者，商業者，消費者ともにすべてが
win-win の関係になっていると説明することができる。

3. 商業の媒介による等価交換の消費者価格と商業利潤の源泉，さらに共存共栄関係

生産価格と流通価格（商業価格）と消費者価格と商業利潤

　論理的には，自由競争段階においては間接的流通システムが定着し，商業
が流通を媒介するにもかかわらず等価交換が行われ，消費者価格は上昇せず，
販売価格は変わらない。したがって，自由競争段階の一般的理論においては
商業が流通に介在することによって消費者価格が上昇するというのは誤りで
ある（ただし，独占段階では市場構造から消費者価格は価値通りに機能しな
いという点で消費者価格は上昇する）。

　間接的流通システムにおける商業利潤は流通過程における不等価交換よっ
て形成されるのではなく，等価交換において形成される。商業利潤は流通過
程における消費者への価格上昇という，消費者の価格負担，すなわち消費者
の犠牲によって形成するのではない。自由競争の流通過程は原則として理論
上では等価交換を前提とし，等価交換の過程のなかで安く仕入れて高く売る
という売買差益を通して商業利潤は形成される。生産者が商業利潤分だけ商
品の価値以下で商業者に販売して，生産者が販売過程で実現した利潤の一部
分を商業者に販売価格を通して分与される。その理由は，商業者が売買の集
中の原理によって生産者の販売時間の短縮，販売費用の節約をもたらし，生
産者の利潤を増加させるという機能を果たすことの代償に対して分与される
ということである。その際の分与の量的な関係は生産者と商業の分業関係の
成立条件に関わり，成立のためには生産者と商業者の利潤の均等な分配が条
件になる。これが商業が流通において自立する条件である。

　かくして，商業利潤は不等価交換を前提とした消費者の支払い価格を源泉
とする消費者利潤説ではなく，等価交換を前提とした生産者の分与利潤を源
泉とする内容のものである。そこから，商業利潤は流通過程で形成されるの

ではなく，生産過程で形成された利潤の分与であるという点で，流通過程における価値形成・価値増殖による商業利潤の生産説は誤りである。流通過程は等価交換が行われ，この過程では利潤形成は生じない。

　したがって，等価交換による価値通りの消費者価格の構成は「商品の生産コスト部分＋利潤部分（生産者利潤＋商業者利潤）」である。なお，生産者価格は「商品の生産コスト部分＋利潤部分（生産者利潤（商業者利潤を除く））」，商業者価格は「商品の仕入れコスト（生産コスト部分＋生産者利潤）＋商業利潤」である。

利潤分配関係による両者の共存関係の内実と間接的流通システム

　また，商業は流通上における生産者の販売時間の短縮，販売費用の節約を通して生産者に利潤の増大をもたらす限りにおいて，生産者は商業者を利用するのであり，その役割を流通上において商業が果たす限りにおいて生産者から商業利潤を分与されるという相互依存関係がある。

　その関係性から，生産者と商業者はその限りにおいてのみ「もちつ，もたれる」という相互依存・共存関係が成立し，その意味において，両者は互いに必要なパートナーとして機能する。そこに生産者と商業者の生産と販売の分業関係の内実がある。間接的流通システムが成立するのはこのような生産者と商業者の強い経済的なつながりによる分業関係の形成であり，消費者はその恩恵を受けて損失しないという利益の関係が存在しているからである。そこから3者の win-win の関係はこのような経済的な利益のつながりの強固な関係によって形成され，そのような内部関係によって間接的流通システムは形成されている。

　このように考えれば間接的流通システムにおける商業の売買の集中機能は重要な意味をもっていることがわかる。

第8章　参考引用文献

森下二次也（1960）『現代商業経済論』（旧版）有斐閣。

間接的流通システムにおける伝統的な多段階システムの形成とその変容

> この章では商業における売買の集中機能によって形成する間接的流通システムの卸売業と小売業の形成，卸売業の多段階性を考える。売買の集中が個と全体で機能していることを見る。伝統的流通システムを出発点に流通近代化によって流通経路が変容し，流通経路の短縮化とその新たな編制も考察する。なお，ここでは消費財流通を考える[1]。

1. なぜ間接的流通システムは長いのか？ ─細くて長い伝統的流通システムとは？

（1）細くて長い流通システムの形成の論理

細くて長い流通システムは経済的合理性があるか？─自立性の一定の条件

　これまでの論理展開で生産者と消費者が直接対峙する直接的流通システムの問題点，生産者の販売の困難性，消費者の購買の困難性によって，流通時間の延長と流通費用の増大が生じて非効率になり，双方に不利益の問題が発生し，流通全体がスムーズにいかないことを見てきた。この流通の問題を商業が売買の集中の原理によって流通時間の短縮，流通費用の節約を果たし，

1　この章は森下二次也（1960）『現代商業経済論』（旧版）有斐閣；同（1977）『現代商業経済論』（改訂版）有斐閣；同（1967）「商業の分化と商業組織」森下二次也編『商業概論』有斐閣；同（1974）『現代の流通機構』世界思想社に依拠している。なお，この部分を石原武政はより具体的な視点から現実の小売業を想定して大きく理論を発展させている（石原武政（2000）『商業組織の内部編成』千倉書房；同（2006）『小売業の外部性とまちづくり』有斐閣を参照のこと）。その内容については第2編で紹介する。ここでは森下理論に依拠して内容を論じる。

生産者と消費者の双方の不利益の問題を解消すると同時に，流通全体を効率化して，スムーズにさせるということであった。

　さて，この間接的流通システムの組織形態は生産者→商業者→消費者という「一段階」の継起的なシステムでは終わらない。この流通システムはさらに商業が分化して，卸売業と小売業に段階分化し，さらに卸売業が仲継卸と分散卸へと再分化をして 2 段階分化になり，最後は卸売業の仲継卸が分裂して収集卸を形成することで，3 段階分化する。こうして図 9-1 のように，間接的流通システムは小売業と多段階の卸売業という長くて複雑な流通システムの自立的形態として形成される。

　この長くて複雑な流通システムの組織形態は，一見して，経路の短い方が効率的でスムーズに見え，長く複雑な方が非効率でスムーズではないように見える。もしもそうでれば，この長くて複雑な流通システムが形成する経済的な論理的合理性はなかったであろう。形成している以上はそこに何らかの

図 9-1：間接的流通システムの流通経路の多段階性

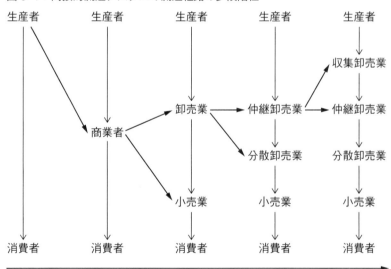

流通時間の短縮・流通費用の節約
（生産者にとって利潤の増大，消費者にとって商品探索の容易さ）

出所：筆者作成。

経済的な論理的合理性があるとみてよい。

　そこでは一定の条件下において長くて複雑な流通システムが存在した。その条件は生産の側が地域を中心とした中小規模の生産者で小規模少量生産であること，そして消費者の側も小規模・分散的・個別的消費を行い，少量消費で小規模・分散的な要請が存在していたことである。この条件下で細くて複雑な長い流通システムは合理性をもつ。短く単純であるほどスムーズではなく，複雑であればあるほどスムーズであることもあり得る。

　この間接的流通システムは一定の条件下で長くなればなるほど効率的であり，卸売業であれ，小売業であれ，この流通システムを商業が担うという点で，この長くて複雑な流通経路は商業の売買の集中機能が機能しているということであり，流通の継起段階全体において商業の役割による流通時間の短縮，流通費用の節約という効果が働いている。商業利潤と消費者価格の問題もこの流通システムに当てはまり，流通経路が長くても論理上では生産者と消費者の間の価格は等価関係が成り立ち，また，継起的段階の商業利潤は生産者の創り出した利潤がそれぞれに分与される。

　ちなみに小売業は消費者のみに販売する商業で，それ以外はすべて卸売業である。卸売業は生産者や卸売業，小売業を主に取引を行う。

一定の条件下における長くて複雑な流通システムの合理的な役割の意義

　図9-2は長くて複雑な流通経路の存在意義が一目でわかるようなものである。末端の小売業者は生産者の商品がa～hまで品揃え形成されている。中小規模の地域エリアを中心にした少量生産と少量販売を行う各生産者の商品は分業によってa～hまで地域分散して存在している。この分散しているa～hまでの商品がいかにして小売業の所に集中するかという関係性を流通システムの流れとして示したものである。

　生産者の分業によって分散して生産されているa～hの商品は，それぞれの地域の収集卸によってそれぞれ商品が集められていることがわかる。その集められた商品は広域の仲継卸に集中していることもわかる。つまり，「分散」された生産者の個々の商品は収集卸にそれぞれ集められて，仲継卸のもとにすべて「集中」し，ここで商品の一大プール化が生じる。卸機能の「分散から集中」という機能を果たすことで大量の商品が仲継卸に大規模に「集

図 9-2：卸売業の多段階性による細くて長い流通システムの役割と意義

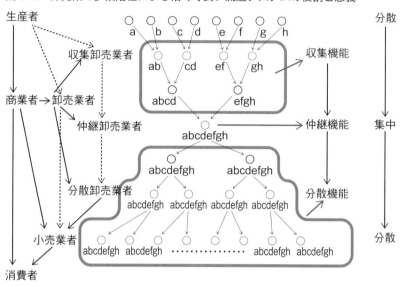

出所：筆者作成。

中」する。

　この仲継卸は前方から大規模な仕入れを行い，また後方へも大量な販売を行うことから，商品の圧倒的な仕入れ力と圧倒的販売力をもつゆえに，仲継卸はこの流通システムにおいてチャネルリーダーとしての役割を果たす。そこから間接的流通システムが卸売主導型流通システムとよばれる。「そうは問屋が卸さぬ」という諺はこの卸売業の流通上のパワーから生まれてきた。

　仲継卸に集中した商品は全国の分散した小売業のもとへ販売していかなければならない。仲継卸でまとまったa〜h全体の商品が後方に向けて「集中から分散」へと機能する。広域の地域の販売に分散卸が果たし，分散卸がさらに地域の小売業に販売することで小売業のもとに生産者の商品がa〜hまで品揃え形成をして，消費者に商品提供が可能になる。

　このように見ていくと卸売業（収集卸，仲継卸，分散卸）の役割が一目でわかり，この卸売業の多段階性による長くて複雑な流通システムの役割と意義が見えてくる。

2. 流通システムの段階分化を引き起こす要因 —生産と消費の「矛盾」

(1) 商業の段階分化を引き起こす要因—生産と消費の矛盾関係

流通の継起段階が商業の「一段階」で可能な理由

いま，もしも，生産者が大量生産をした場合，当然，大量販売を要請するようになる。商業者にとって大量に仕入れて販売することは商業利潤が増大することになるから，当然，生産者の要請に対して異論なく引き受けるようになる。そして商業者が消費者に大量に販売することができれば，このような「大量生産—大量販売—大量消費」という循環システムになり，この流通システムは「集中—集中—集中」という「太くて短い」システムで，この場合の商業は「大量仕入」と「大量販売」という機能を同時に果たすことから「卸売業」と「小売業」双方を行うことになる。ゆえに継起的段階は商業が多段階である必要はなく，仲介する商業は「一段階」でよいといえる。

しかし，この流通システムは生産者が大規模企業で大量生産を行い，その大量販売を担う大規模な小売業の成長という条件が成立して大量販売を行うことによって形成される，「太くて短い」，「近代的」な間接的流通システムである。その点で，これから論じる，細くて長い複雑な間接的流通システムの成立条件とは異なっているのである。

なぜ，流通の継起段階が一段階では成り立たないか？

とりあえず，生産の側が大量生産を行う大規模企業と想定して議論を進める。

流通の継起段階が一段階で成り立たない大きな理由は消費の側にある。消費者の個人的な消費のあり方から問題が生じる。消費者は原則，少量消費・少量購入であり，一度に一挙に大量消費・大量購入はしない。消費の「大量消費・大量購入」は個々の消費者の少量購入が多くの人によって同調的な行動が重なったときに生じるのであり，基本的に消費者は少量購入・少量消費であるから上のような循環は原則的に不可能で，成立しない。

そこから生産の側が大量生産で，消費の側が少量消費ということにより双

方の間に矛盾が生じて，流通の継起段階が一段階は難しいのである[2]。流通の多段階性はこの個人的消費の特性を基点にして議論が展開することになる。

(2) 個人的消費の特性から生じる消費の小規模・分散性要請
消費の小規模性と分散性の要請

消費には生産的消費と個人的消費がある。生産における生産手段や労働力の消費を生産的消費といい，労働力商品の販売によって手に入れた賃金によって自身の再生産のために生活商品を買って消費することを個人的消費という。この個人的消費には①小規模性，②分散性，③個別性という3つの特徴がある[3]。

消費の「小規模性」は個人的消費が少量消費・少量購入から全体的に消費は小規模である。消費者の購入量は家族の構成員により規定され，構成員の規模以上には購入しない。

最寄品の購入は消費のテンポが速く，商品寿命の短さによって，必要なものを必要な量だけ購入する「当用買い」であるから，基本的には小規模購入である。冷凍機器の発達によって多少のまとめ買いをするが，家族全体の消費量を超えてまで購入することはない。

買回品のような商品寿命の長い商品は消費のテンポが長いので多少のまとめ買いが可能である。それでも家族全体の消費量を超えてまでは購入しない。

以上から，消費量は一人当たりの商品量と家族の人数によって規定され，その総量は基本的に「小規模」なのである。

消費の「分散性」とは消費者の居住の分散性にともなう消費の分散性をいう。消費者は計画的に一カ所に集中的に地域にまとまって居住しているわけではない。地域内において分散的に居住している。そこから，消費者の商品探索において購買時間の短縮，購買費用の節約という観点から，消費の側で分散的な要請が生じることになる。このことは小売業の分散的な立地につながる。そして近隣型の業種店の商業集積たる商店街が形成されていく。

消費の「個別性」とは，消費者の嗜好による個別性や生活に必要な多種類

2　森下二次也 (1960), p.145；同 (1977), p.141。
3　森下二次也 (1960), p.145；同 (1967), p.96；同 (1977), pp.141–142。

の個別的商品の必要を意味している。個々の消費者の生活が商品の組み合わせから成り立っているために，使用価値の制約性から多種類の商品が必要となる。加えて消費者のニーズの多様化による個性化が生じる。このように消費者の需要側の要請は，消費の個別性から生じるのである。だから消費の個別性が消費の側から小売業に要請される[4]。

　以上から，消費の側では少量消費が基本で，小規模，分散的要求が生じて，大量消費はなく大規模，集中的な要求は生じない。これがまた小売のあり方を規定する[5]。

(3) 個人的消費の特性と小売業の相互関係

　消費の少量消費，小規模性は小売業の小規模性につながり，小規模ゆえに低生産性となり，低生産性ゆえに商店主もしくは家族従業によって経営するという零細性という小売業の特徴につながる。小売業の多くが小規模の業種店で担う理由はここにある。

　また居住の分散性は居住地の近隣周辺に店舗もしくはその集積である商店街が分散的に立地することにつながることになる。

　消費の個別性は小売業の多くの業種店の個別店舗展開が必要になり，小規模の異業種店の商業集積である商店街が近隣に形成することになる。

　また消費者の買物時間と買物行動が消費者の買物商圏を形成し，当初は買物手段が徒歩か自転車，買物時間は専業主婦を想定することで1時間から2時間で，消費者の購買行動は1〜2キロ範囲の小売商圏となり，そこから近隣型商店街を形成することになる。近隣商店街は地域の消費者と多くの生産者の商品を提供するという意味で，商業の売買の集中機能を果たすことで両者を効率的につなぐのである。

　このように個人的消費の内容である「小規模性」「分散性」「個別性」は小売業の「小規模性」「分散性」「低生産性」「零細性」という特徴を形づくる

4　森下二次也 (1960), p.145；同 (1967), p.96；同 (1974), p.27；同 (1977), p.141。
5　森下二次也 (1960), p.145；同 (1967), p.96；同 (1974), p.27；同 (1977), pp.141-142。

図9-3：個人的消費の特性と小売業の特徴

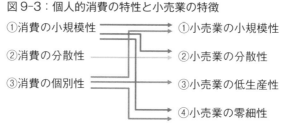

出所：筆者作成。

ことになる[6]（図9-3）。

3. 卸売業と小売業の段階分化─生産の要請と
　消費の要請の矛盾解決

(1) 卸売業と小売業の段階分化の論理─集中と分散の分化

生産の要請と消費の要請の矛盾解決

　まだ，ここでは生産者が大量生産を前提として，以下の論理を展開する[7]。

　生産者の側が大量生産を行っていると前提すれば，一括大量販売，大量消費が望ましい。しかし，消費者の側からは小規模少量，分散的要求であった。その結果，両者の間の要請の矛盾調整が必要になってくる。

　商業が間に入ってその矛盾調整をすることになる。つまり，生産者の一括集中購入は卸売業が対応し，消費者の小規模少量，分散的要求に対しては小売業が対応するのである。

　このような生産の要求には卸売業が，消費の要求には小売業が対応することで，生産と消費をつなぐ商業は卸売業と小売業に段階分化していく。

　間接的流通システムが卸売業と小売業によって形成するのはこのような理

6　森下二次也（1960），p.145；同（1967），p.96；同（1974），p.27；同（1977），pp.141-142。

7　森下二次也（1960），pp.145-146；同（1967），pp.97-98；同（1974），pp.26-28；同（1977），p.142。

図9-4：卸売業の需要斉合調整機能

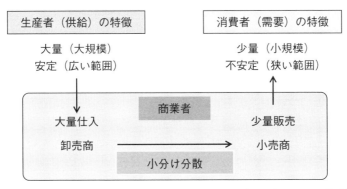

出所：石原武政・竹田正明編（2008）『1からの流通論』碩学舎の配布データより修正加筆。

由からである。この段階分化によって生産者は販売がスムーズになり，消費者も購買がスムーズになるのである。そこでは，生産者の販売と消費者の購買の間の矛盾が卸売業と小売業の段階分化によって，両者の融合的な売買の集中の原理機能効果が働くことで，流通全体の流通時間の短縮，流通費用の節約効果が機能したと見てよい。逆にいえば「売買の集中」の原理によってこのような段階分化が生じたともいえる。

(2) 卸売業の役割―需給斉合調整機能
卸売業の生産と消費の需給斉合機能と調整在庫機能

　元来，間接的流通システムにおいて中心的役割を果たすのが卸売業である。図9-4からわかるように，卸売業が生産者と消費者の間に立脚して需給斉合の調整弁機能を果たす[8]。

　生産側は大量生産で，規則正しく連続的に生産をして，コンスタントに安定的に商品供給をしている。他方，消費の側は，小規模，少量購入で，しかも購買という点では生産と異なり規則的連続的ではない。必要なときに必要

8　なお，卸売業の議論においてはマーガレット・ホールの理論がよく使われて説明されている。その内容は①取引数最小化の原理（取引数削減）と②不確実性プール原理（在庫数削減）の2つが中心である。森下二次也はその説を批判的に検討をしている。森下二次也（1960），pp.141-144；同（1967），pp.95-96；同（1977），p.141。

な商品だけを購入するという点で不安定購入である。

　生産の側の大量販売による「大規模」な規則的・連続的な「安定的」な動きと，消費の側の少量購入による「小規模」な不規則的・非連続的な「不安定」が，一段の商業ではつなぐことは困難であった。その調整斉合機能を商業が卸売業と小売業に分化させ，生産の側には卸売業が対応し，消費の側には小売業が対応することで問題を解決した。

　前の図9-4はその関係図である。供給側である生産の動きには対して卸売業は大量の商品購入して商品をプール化し，需要側の消費の動きには販売のテンポの状況にあわせて「小分け分散」を行うことによって卸売業が両者の調整斉合機能を果たすことがわかる。

　卸売業は生産の側と消費の側の調整在庫機能をすることで，双方の需給斉合調整機能を果たすのである。このような卸売業の機能を見ると流通システムにおいて卸売業が生産者の商品が質的にも量的にも「集中」し，大量の生産者と大量の小売業者や消費者の売買の中心に存在してことが読み取れる。そこからこの原理的な間接的流通システムは卸売業がチャネルリーダーとして機能し，卸売主導型の流通システムといえる。

4. 卸売業の多段階性—収集卸と仲継卸と分散卸

(1) 仲継卸と分散卸の分化
「集中から分散」への分化

　卸売業と小売業の段階分化を見てきた。生産の側からの要請で卸売業が対応し，消費の側から小売業が対応することを見てきた。同じような前提条件で，次の問題はその卸売業と小売業の間の問題である。このまま卸売業と分散的な小売業の継起的段階のみでよいかという問題である。

　小売業は消費者に商品を販売をする。その小売業の有り様は，見てきたように，消費の個人的な特性に規定して形成された。そこから，小売業の購買は量的，質的に個人的消費者と共通性をもち，それを無視しては小売業の役割を果たせないのである。つまり，小売業も小規模，分散性という特徴をも

つ。

　他方，卸売業者も生産者の大量生産の大量販売に対応する形で卸売業が対応して分化したのであるゆえに，卸売業は生産者の要請と共通するものをもっていえる。

　この点から集中一括販売を要請する卸売業と小規模分散的要求をする小売業の間に同様の矛盾が生じる。これは，生産者と消費者の間の矛盾であったように，卸売業と小売業の間の矛盾も同じで，共通している。その意味から卸売業と小売業の間の段階分化はそれと同じ論理がここでも生じるのである。つまり，個人的消費の特性から小規模・分散的要求により，小売業が対応し，卸売業と小売業に分化した論理がここでも生じる[9]。

　大規模な卸売業が後方の多数の小規模で零細な小売業と少量ずつ取引をすることは膨大な取引を引き起こし，社会的に不生産的な流通コストを生じる。つまり，販売の時間と費用がかかり，単位当たりの効率が悪くなる。そこから，販売時間の短縮と販売費用の節約，つまり単位当たりの時間の短縮と費用の節約を目指して，小売業者の分散的で小規模な小売業に対応するために，卸売業と小売業の間に「分散の卸売業」を独立分化させることで，卸売業は生産者に対応する「仲継卸売業」と，小売業に対応する「分散卸売業」を独立させて，分化させたのである[10]。

　ここでも，この段階分化が売買の集中の原理の効果が融合的に機能することによって，流通全体の流通時間の短縮，流通費用の節約効果が機能している。売買の集中の原理が段階分化に影響を与えているのである。

　こうしてこの図9-5のように，卸売業は「仲継」卸売業と「分散」卸売業へと「集中」から「分散」というように段階分化する。

9　森下二次也が，商業資本の自立化の論理から仲継卸と分散卸の段階分化は卸売業と小売業の分化と同じ論理であるという理由はここにある。森下二次也（1960），p.146；同（1967）；p.98；同（1974），pp.28-29；同（1977），p.140。
10　森下二次也（1960），p.146；同（1967），p.98；同（1974），pp.28-29；同（1977），p.140。

図9-5：仲継卸売業と分散卸売業の段階分化

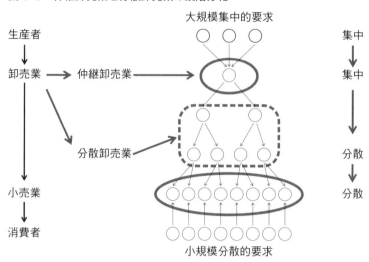

出所：筆者作成。

（2）収集卸と仲継卸の分化―分散から集中へ

非資本主義的な小商品生産や中小規模の生産者に対応した段階分化

　ここまでの論理的な前提条件は資本主義が高度に発展した段階を想定し，生産者が大規模生産・大量販売志向であった。しかし，実際には生産の側では大規模な生産者のような大量生産，大量販売志向だけでなく，中・小・零細規模の生産者が存在するという複雑な経済構造になっている[11]。つまり資本主義においても非資本主義的な小商品生産者（零細企業）が存在し，また中小規模の生産者が地域に分散的立地をして小規模生産，小規模販売志向も存在している。その意味で生産者が大量生産，大量販売しない企業がある場合の流通の継起段階はどうあるべきかという問題である。ここで論じる段階分化はこのような前提条件による異質の分化である。

11　経済構造論については出家健治（2002）『零細小売業研究―理論と構造』ミネルヴァ書房；同（2020）「流通・商業の論理的な関係性を理解するための考察（1）―とくに商業を経済論的死角から論理的に理解するために」『熊本学園商学論集』（熊本学園大学）第24巻，第1号を参照のこと。

図9-6：仲継卸売業と収集卸売業の分化による間接的流通システムの形成

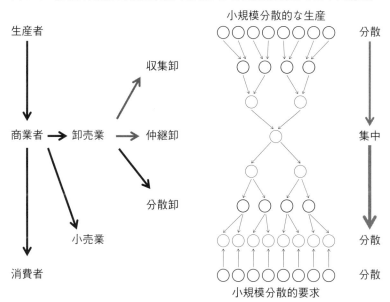

出所：筆者作成。

　この論理は大規模仲継卸売業が多数に散在する中小零細生産者，いわゆる小規模生産者と取引を結ぶことになると取引数が増え，それだけ流通コストが上昇することになり，不生産的な流通費用が膨大なものになる。このことは社会的に流通費用が増大しマイナスとなる。この議論は小規模分散的な小売業と大規模な取引をする仲継卸売業と同じ状況が生じていることがわかる。これらの間を効率的に扱う商業が必要となる。

　中小零細規模生産者と直接取引を結ぶことになると取引数が増え，それだけ流通コストが上昇することになり，不生産的な流通費用が膨大なものになる。また流通時間も延長する。このことは社会的に流通時間や費用が増大しマイナスとなる。そこで仲継卸売業をさらにこうした小規模生産者に対応するように分化させて効率のよい流通システムを作り上げるのである。ここでも売買の集中の原理が働いていることがわかる。

　卸売業は，このような中小規模，非資本主義的な零細規模の生産者に対応

するために小規模分散的な中小零細生産者の間に,「仲継卸売業」と「収集卸売業」を段階分化させることでこの矛盾を解消するのである[12]（図9-6）。

5. 細くて長い伝統的な流通システムの形成と流通近代化による変容

(1) 伝統的な流通システム─少量流通による細くて長い流通システム

細くて長い効率的な流通システム─卸売業主導型の伝統的な流通システム

　商業を媒介とした間接的流通システムの段階分化をみてきた。ここでは生産者が中小零細生産と中小規模販売のケースによる少量流通と，生産者が大規模大量生産と，大量販売のケースによる大量流通のケースを重ねてみてきた。以下では生産者が成長発展して，中小規模から大規模へ変化するという流れで間接的流通システムの変容を見ていくことにする。その場合，個人的消費の特性から小売業は中小零細小売業が共通の前提に置かれていたことも注意する必要がある。

　さて，川上の生産の側が中小零細生産と中小規模販売で，川下の消費や個人的消費の特性に共通する小売業の側が中小零細小売業で小規模，分散的要求をしているような流通システムは，図9-6のように，「少量流通」による「細くて長い多段階」の流通システムとなる。これは，毛細血管にたとえられ，生産と消費の間の隅々まで張り巡らされた流通システムといわれている。またこの流通システムは川上から川上まで流通機能が「分散─集中─分散」という流れで動いていることも押さえておく必要があろう。これは間接的流通システムの基本形態である。

　この流通システムは歴史的に古い流通システムであるから，伝統的な流通システムといわれ，このような前提条件のもとでは，商業の売買の集中の原理が総合的に働いた効率的な多段階の流通編制である。

12　森下二次也（1960），p.147；同（1967），pp.98-99；同（1974），p.29；同（1977），pp.144-145。

（2）流通近代化と流通経路の短縮化―細くて長い流通システムから太くて短い流通システム

生産の大規模化と流通経路の短縮化―収集卸の収縮化と生産主導型流通システムの形成

　資本主義の発展とともに大規模企業が形成し，大量生産体制が現れてくると生産者側は大量生産，大量販売体制となり，これまでのような伝統的な流通システムは対応ができなくなってきて，新たな流通システムが必要になってくる。

　生産者の大量生産による大量販売を引き受けるのが，大量に扱っていた仲継卸である。その結果，流通経路は生産企業と仲継卸が取引をするようになって，中小零細企業の生産者の商品を取り扱っている収集卸はしだいに取引が弱まり，縮小の方向に動くことで，流通全体の流通経路は短縮化していく。この動きの流通システムが次ページの図 9-7 である。

　日本では 1960 年代から生産の大量生産体制が構築されたが，大量販売を担うとされたスーパー業態の確立は 1970 年代でその間のギャップから，各大規模生産企業はマーケティング活動を展開させながらこの伝統的な細くて長い流通システムを温存利用して，垂直的な組織化による系列化組織を全国に張り巡らせることで，生産主導型の流通システムを構築した。こうして流通システムの主導権は卸売業から生産企業へ移行することになる[13]。

生産者と小売業の大規模化による流通経路の変質―卸売業の排除と太くて短い小売り主導型流通システムの形成

　資本主義の発展によって生産の近代化が進展し，生産の大規模企業が形成され大量生産体制が確立し，生産の側の大量販売要請が強まる。他方で，小売業の側にもスーパー業態のチェーンシステムによる大規模小売業が形成され，大量販売体制が整うことになる。

　その結果，生産の側の大量生産企業と小売業の大量販売企業と取引が進むことで「大量生産―大量販売」という太くて短い流通システムが形成されるようになる。「生産者―小売業」の取引形態が進展し，「問屋無用論」といわ

13　出家健治（2020），pp.146-153；中野　安（1995）「小売業」産業学会編『戦後日本産業史』東洋経済新報社，pp.679-681 を参照のこと。

図9-7：流通近代化（資本主義化）と流通経路の短縮化―細くて長い流通システムから太くて短い流通システムへ―

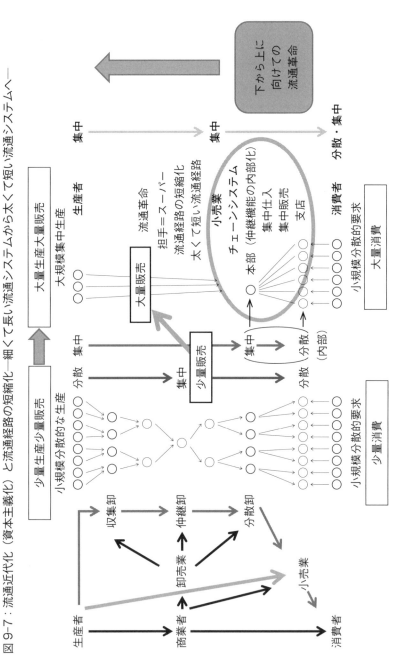

出所：筆者作成。

れるような「卸売業」の中抜が生じて極めて短い，「太くて短い」流通シス
テムが形成するのである[14]。

　この流通システムは卸売業の「排除」ともいわれているが，卸売機能まで
排除されたわけではない。スーパー業態のチェーンシステムは仕入と販売が
分離され，本部機能が大量仕入れを行うことで卸売業の仲継機能を代行する
ことができ，小売業内部にその機能が内部化されている。そこから卸売業が
排除されても機能は小売業に内部化して移転しているのである。それは機能
の排除ではなく業者の排除である。

　また消費者と小売業の共通の小規模・分散的要求から形成された「分散卸」
も排除されることになる。この川下の消費者による要求は変わらない。この
要求をスーパー業態のチェーンシステムは支店展開によって応えることがで
きた。その意味で「分散卸」の機能も不要になり，排除の対象になった。

　こうしてチェーンシステムよる仕入れを行う本部と販売を行う支店によっ
て，仲継卸と分散卸の機能を小売業内部に装置化することで卸売業全体の排
除を実現するのである。こうして「集中（生産者の販売）―集中（小売業者
の本部機能の大量仕入れ）―集中（小売業者の支店機能の大量販売）」という，
「太くて短い大量流通」が形成されることになる。

　そのプロセスを示したものが図9-7である。なお，このような動きから
1960年代大規模生産者と大規模小売業であるスーパー業態の接合による「流
通革命」論が登場した[15]。しかし，その当時は実現しなかった。この「流通
革命」は大規模生産者が伝統的な流通システムを温存することで生産主導型
の流通システムを構築して大量販売を実現していた。だが，スーパー業態の
成長と，生産主導型の基幹販売網である系列業種店とその集積である商店街
の販売力がスーパー業態によって影響を受け，事実，負けてしまう。そこか

14　流通経路の短縮化はW/R比率（卸売義の販売額／小売業の販売額）で大まかに捉え
　ることができる。
15　流通革命論の代表的論者は林　周二，田島義博である。林　周二（1962a）『流通革命』
　中公新書；同（1962b）『流通革命新論』中公新書；田島義博（1962）『日本の流通革
　命』マネジメント新書16，日本能率協会。なお流通革命の定義については中野　安
　（1989）「現代日本小売業の構造と動態」糸園辰雄・中野　安・前田重朗・山中豊国編
　『転換期の流通経済1　小売業』大月書店，pp.2-3を参照のこと。

らスーパー業態のバイイングパワーを利用し，取引を拡大させたことで，太くて短い流通システムは形成され，1990年代から本格的な流通革命が生じることになる[16]。こうして本格的に太くて短い流通システムが定着していった。

　このような流通経路のシステム変化は同時にそのチャネルリーダーの主導権が卸売主導型から生産主導型，そして小売主導型への変化がともなっていることも押さえる必要があろう[17]。これについては第2編で考察する。

第9章　参考引用文献

石原武政（2000）『商業組織の内部編成』千倉書房。

同（2006）『小売業の外部性とまちづくり』有斐閣。

同（2018）「流通」石原武政・竹田正明・細井謙一編『1からの流通論』（改訂版第2版）碩学舎。

石原武政・竹田正明編（2008）『1からの流通論』（旧版）碩学舎。

田島義博（1962）『日本の流通革命』マネジメント新書16，日本能率協会。

出家健治（2002）『零細小売業研究─理論と構造』ミネルヴァ書房。

同（2020）「流通・商業の論理的な関係性を理解するための考察（1）─とくに商業を経済論的死角から論理的に理解するために」『熊本学園商学論集』（熊本学園大学）第24巻，第1号。

中野 安（1989）「現代日本小売業の構造と動態」糸園辰雄・中野 安・前田重朗・山中豊国編『転換期の流通経済1　小売業』大月書店。

同（1995）「小売業」産業学会編『戦後日本産業史』東洋経済新報社。

林 周二（1962a）『流通革命』中公新書。

同（1962b）『流通革命新論』中公新書。

森下二次也（1960）『現代商業経済論』（旧版）有斐閣。

同（1967）「商業の分化と商業組織」森下二次也編『商業概論』有斐閣。

同（1974）『現代の流通機構』世界思想社。

同（1977）『現代商業経済論』（改訂版）有斐閣。

16　出家健治（2020），pp.146–153；中野 安（1995），pp.679–681を参照のこと。

17　石原武政・竹田正明編（2008）『1からの流通論』（旧版）碩学舎，p.99；石原武政（2018）「流通」石原武政・竹田正明・細井謙一編『1からの流通論』（改訂版第2版）碩学舎，pp.6–13。

第 **2** 編

現実の具体的な小売業の理論
―業種から業態への小売業の資本主義化

「売買の集中の原理」の制約性と業種・業態
―規模と範囲ならびに集中と分化の論理

> 商業の役割である「売買の集中の原理」は，論理上では「無限」に多種
> 類で大量の商品を扱い，大量に販売することが可能な内容である。また
> この原理は「集中」した多くの商品を効率よく販売しようとするならば
> 必ず「分化」をともなう[1]。集中と分化はセットなのである。
> だが現実になると，商業は店舗商業であるから資本の規模，店舗の大き
> さによって売場面積の規模が規定され，売買の集中の原理は無限ではな
> く「制約性」をともなう。そこから売買の集中の原理の「制約性」の視
> 点から，資本の「規模」と売場面積の「範囲」の制約性の基軸に間接的
> 流通システムを支える商業（小売業）を考察する。

1. 理論上の「売買の集中の原理」の無限性と現実の形態の制約性
―無限の原理から歪められ修正されて発現する原理へ

(1)「売買の集中の原理」における本質と現象の関係
「売買の集中の原理」の無限性と制約性

　第1編で流通における商業の役割を論じ，そこでの役割は売買の集中の
原理であると説明してきた。この論理は商業資本の利潤原理という交換価値
志向の行動様式によって，取扱う商品種類のもつ使用価値の制約性を突破し，
大量の商品取扱量によって目的である利潤を増大させることを可能にし，結

1　石原武政（2000）『商業組織の内部編成』千倉書房，第2部ならびに第4章を参照の
　　こと。

果として社会全体の流通時間と費用を効率化させ，生産と消費の間の流通を
スムーズにすることを論じてきた。そしてこの論理からすれば商業は商品種
類の範囲ならびに取扱量の規模の「無限性」が保証される説明である。

　理論上ではそのような説明になるが，実際の商業，とりわけ小売業におい
ては取扱種類や量が無限の店舗は存在しない。そこから，この「売買の集中
の原理」の現実的な説明力が問題になる[2]。つまり，この理論上の「売買の集
中の原理」の無限性と現実の制約性をどのように考えるかということがこの
編の理論展開をするにあたって重要な問題となる。

　現実の商業が「店舗商業」であることによって，第1編で見てきた商業
の「売買の集中の原理」の無限的機能という本質的な原理が，現実において
ストレートに現れるのではなく，歪められ，修正された形で現れる[3]。商業が
「店舗商業」という形態をとることによって「売買の集中の原理」の「制約性」
が現れ，その原理の「制約性」はその集積によって全体として売買の集中の
原理を実現するという，いわば修正された形で売買の集中の原理が現れるこ
とを押さえる必要がある。だから現実の具体的な説明は，本質理論でもって
ストレートに説明するのではなく，修正された現実の映像から引き出された
具体的理論（現実的具体的形態論）が必要である[4]。

(2)「売買の集中の原理」の制約性
「売買の集中の原理」の「規模」と「範囲」による制約性の論理

　現実の商業の形態は「店舗商業」である。小売業においても同様である。

2　石原武政（2000），序論を参照のこと。

3　エンゲルスは，歴史はしばしば飛躍的に，かつジグザグに進むものだといい，一般的
　理論はただ歴史形態と攪乱的偶然性という覆い取り去っただけの歴史的な扱いにすぎな
　いく，歴史的過程は抽象的なかつ理論的に一貫した形態をとった歴史的経過の映像にす
　ぎなく，それは一般理論の修正された映像であるという（エンゲルス，F.（1956）「カー
　ル・マルクス著『経済学批判』」マルクス，K.『経済学批判』（武田隆夫・遠藤湘吉・大
　内　力・加藤俊彦訳）岩波文庫, p.265）。

4　森下二次也は，現実形態は異なった社会形態に属し，異なった歴史形態をもつもので
　あるから，一般的な形態から差異性を明らかにする必要があり，異なった社会形態にある
　ものを異なった歴史性を与えることであるという（森下二次也（1960）『現代商業経済
　論』（旧版）有斐閣, pp.71-73）。

店舗商業という物質的な形態は店舗であるがゆえに，その規模（大きさ）によって売買の集中における取扱いの「制約性」が生じてくることが容易にわかる。その規模がどんなに大きかろうとも店舗の売場面積が無限に広がることはありえず，店舗の規模の大きさによって取扱いの「制約性」が引き起こされる。

だから，現実の商業が店舗商業であるかぎりは，原則的に店舗の「規模」によってその売場面積の広さの範囲が規定され，それによって取扱商品の種類と量の品揃えの「範囲」が制約される。店舗商業の資本規模が小さければ店舗形態も小さくて売場面積も狭くなり，取扱量の商品種類の範囲も狭くなる。逆に資本規模が大きければこの規模と範囲が広がる。そして重要なことは店舗という制約性から無限には広がらない。資本規模と店舗規模の関係によってつねに取扱いの範囲が規定され，「売買の集中の原理」は制約されている（図 10-1）。

「売買の集中の原理」における集中と分化の論理

「売買の集中の原理」にはもう一つ現実の商業の形態を理解するうえで重要な論理がある。それは「集中」と「分化」の論理である。

「売買の集中の原理」における「集中」ということは，たんに商品を闇雲

図 10-1：売買の集中の原理の制約性

- 売買の集中の原理の制約性－小売商業資本による店舗販売
  －売買の集中の原理の制約性にみる「規模の論理と範囲の論理」
  →業種から業態への進化の過程

- 商業資本－売買の集中の原理の制約性→店舗販売（具体的現実的形態）
  店舗販売－品揃え形成は売場面積によって制約（物質的形態の基盤）

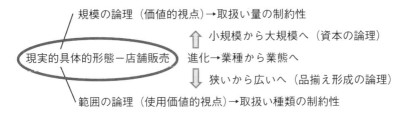

規模の論理（価値的視点）→取扱い量の制約性

現実的具体的形態－店舗販売　　↑ 小規模から大規模へ（資本の論理）
進化→業種から業態へ
↓ 狭いから広いへ（品揃え形成の論理）

範囲の論理（使用価値的視点）→取扱い種類の制約性

出所：筆者作成。

に大量に集めることのみを意味しない。多く集めて乱雑に並べれば並べるほど買手の消費者にとってみれば必要とする商品種類の探索に時間がかかり，不便であることがわかる。そのことから，集中させると同時に分類整理をして整然と並べる「分化」の必要が生じる。つまり商品を店頭で並べるということはたんに集中させて乱雑に置くのではなく，一定の種類の括りでわかりやすいように分類整理して「分化」させる必要がある。

　第1編で見てきたように，流通において商業が生産と消費の間を効率よく架橋するためには，この商業の役割である「売買の集中の原理」が「集中」と「分化」によって効率よく機能することが重要である。これは何も商業にかぎらず，世の中ではすべて集中する場合において必ず分化がともなう。その点で「集中」と「分化」はつねにセットである。

　そしてこの「分化」は今日では消費者のニーズへの対応で動く「速さの経済」[5]により，消費者への「分化」の動きは流通の継起段階，生産者の生産に向けて下から規定し，相互作用する。

2.「業種店」「商店街」「業態」の現実的形態の論理構造

(1)「売買の集中の原理」の制約性と「規模と範囲の論理」ならびに「集中と分化の論理」

規模の論理と範囲の論理の相互規定による制約性

　規模の論理は価値視点の資本の論理であり，範囲の論理は使用価値視点の品揃え形成の論理である。これらは並行的な相互関係がある。ここでは商業が店舗商業という形態をとることによって売買の集中の制約性は生じ，そこから売買の集中の制約性から業種店と商店街，さらに業態を「規模」と「範囲」の論理ならびに「集中」と「分化」の論理で説明すると次ページの表10-1のような説明になる。

5　田村正紀は「速さの経済」を背景に生産構造の変化やマーケティング変容を論じている。田村正紀（1989）『現代の市場戦略』日本経済新聞社；同（1996）『マーケティング力―大量集中から機動集中へ』千倉書房を参照のこと。

表 10-1：売買の集中の原理の制約性にみる「規模と範囲の論理」
　　　　　─小売業の大規模化の論理と業種から業態への転換の論理

		売場面積		具体的形態と内容
		大	小	
規模	売買の集中（範囲）	本部（集中）業態 ➡	支店（分化）	チェーンシステム（業態）小売業の大規模化
	大	（大）	小	小売業の近代化のプロセス 売買操作資本と小売経営イノベーション
	小	大	（小）	
	売買の集中（範囲）	⬅ 商店街（集中）	業種 業種（分化）	小売業の小規模化 商店街と業種店

近代化への 2 つの途（チェーンシステムの諸形態）
①アメリカ型（典型的な近代的資本の形成）─商品買取資本＋売買操作資本の投入→ RC
②プロシャ型（古い形態のままで近代的資本の形成─商品買取資本＋売買操作資本の投入→ VC ＋ FC

出所：筆者作成。

　商業の現実的形態が「店舗形態」であることから，「売買の集中の原理」のその機能の無限性の論理は生じない。「店舗販売」であることから「店舗」の物質的な基盤である売場面積に制約性が必ず生じ，その関係から質的な商品種類の品揃え形成に関する「範囲」ならびに量的な取扱量の「規模」に「制約性」が生じる。現実の商業における「売買の集中の原理」の制約性の根源的理由はここにある。

　商業は資本の運動を展開し，その資本の規模によって店舗の販売の基盤である売場面積の大きさが規定される。資本規模が「小さい」と販売の基盤となる売場面積は「狭い」。逆に資本規模が「大きい」と，売場面積も「広い」。つまり資本の「規模」の大小によって販売の基盤となる売場面積の「大小」へとつながり，そこから取扱量の「規模」の「大小」が規定（量的な制約）され，また同時に，取扱い商品種類の品揃えの「範囲」の「大小」が規定（質的な制約）される。

　そしてこの資本の「規模」の量的拡大，つまり大規模化は，それにともなっ

　て販売基盤となる売場面積が拡大するようになり，商品の種類の品揃え形成の「範囲」の質的な拡大が可能となる。その結果，店舗形態は商人家族で代表される個人店の「業種店」から法人形態（企業形態）の組織的商業である「業態」へと小売商業の進化（近代化・資本主義的経営化）が起きる（**表10-2**）。

　もちろん，この進展は小売業者の主体的な革新的行動と「小売経営のイノベーション」の取り入れによる流通革命が媒介関係として必要である。また「業態」への進展も店舗規模の制約性から限界が生じ，多業態が生まれる。

　また，これらは生産の側の商品販売による市場の消費者の取り込み，消費者の欲望は生産の側の生産された商品の動向に規定され，その間で商業は「売買の集中」を行うが，商品の価値実現という意味では消費者が最終の決定権を握っており，その消費者が生産の側の商品を通しての働きかけ，さらに消費者の個別性・多様性・階層性に規定され，消費者ニーズの流動的で不安定さが生じて，総体的に「無限」の欲望欲求として現れる。その流動性と安定性，さらに無限性は小売業では「売買の集中」の制約性の中で対応を迫られる[6]。同時に流通システム全体が絶えず流動的で不安定であることを意味する。卸売主導型，生産主導型，小売主導型という流通システムの変遷はこのような規定的相互作用から生じたものと理解してよいであろう（**図10-2**）。

　このことはまた小売業が消費者に対する流動性・不安性をうけて売買の集中の制約性から多様な形態で受け皿を行うことがわかる。消費者の総体としての無限の要請に対して有限の制約性のある小売業が業種店や商店街，果ては多業態でその受け皿を担う構図となる。

(2)「売買の集中の原理」の「規模の小」の論理と「集中」と「分化」の論理による「業種店と商店街」

売買の集中の制約性をともなう「業種店と商店街」—規模の「小」と範囲の「小」

　「売買の集中の原理」が「集中」である以上は「分化」をともなうことを指摘してきた。資本規模の大小が売場面積の大小に関連することはすでに指

6　中野　安（1989）「現代日本小売業の構造と動態」糸園辰雄・中野　安・前田重朗・山中豊国編『転換期の流通経済1　小売業』大月書店，p.7。

表10-2：売買の集中の原理の制約性にみる「規模と範囲の論理」
—小売業の大規模化の論理と業種から業態への転換の論理

規模	範囲の幅（品揃え形成）	商圏	小売諸形態	ワンストップショッピング	流通時間の短縮 流通費用の節約	資本形態	具体的な形態
大	大	大	業態	大（タテ＋ヨコ）	大	商品買取資本 売買操作資本	多業態（大）
小	小	小	業種	小（ヨコ）	小	商品買取資本	商店街（大）

商品知識の制約性 取り扱い技術の壁

その克服

需要側の要請 ワンストップのショッピング 買物時間の短縮・買物費用の節約 品揃え形成の拡大

売買操作資本の投入

小売業の近代化のプロセス

小売経営イノベーション

出所：筆者作成。

167

図 10-2：売買の集中の原理にみる「集中と分化の論理」と「効率性の原理」
　　　　―流通内部の集中の圧力（供給の側）と分化（需要の側）の方向

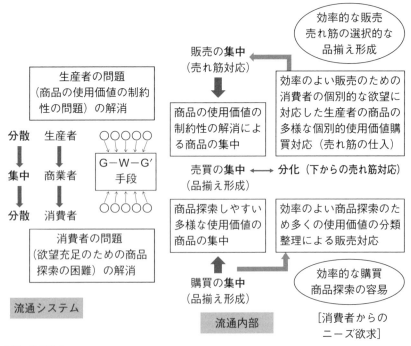

出所：筆者作成。

摘したが，売買の集中という観点からすれば，資本規模の「小さい」ものは
売場面積が「小さい」ことから，商品種類の品揃え形成の範囲が「小さい」
ことになり，「売買の集中の原理」の「部分的」な役割しか果たさず，部分
的な商品種類の取揃えになる。そこから「業種店」が生まれる。

　しかし，部分的な取揃えである業種店は，いうまでもなく消費者の生活が
多くの商品の組み合わせから成り立っているので，消費者は多目的な関連購
買をすることになり，部分的な業種店一店では消費者のニーズに対応できな
い。そこから部分的な取扱いの業種店が一カ所に集積して集団的に商店街を
形成することで，消費者の多目的購買のニーズに対応し，商業の役割である
「売買の集中の原理」を個々の業種店舗の集団的な集積である商店街が果た
す[7]。

　「売買の集中の原理」における「分化」機能部分を「業種店」が担い，その全体としての「集中」機能部分を業種店の統合的な集まりである「商店街」が担う。これが売買の集中機能における商店街と業種店の関係である。資本の「規模の小」とそれにともなう商品種類の取揃えの「範囲の小」という，いわば全体としての個々の「単位の小」は業種の集まりである商店街という「単位の集合の大」によって，売買の集中の集合的な「集中」としての役割を果たす。「売買の集中の原理」は規模の小さな「外部的な小」のいわば部分的な集積によって，外部的な統合的により規模の大という「個々の集団的な大」の形成によって社会的に「売買の集中の原理」を実現している。

　その点で業種店とその集積である商店街は「売買の集中の原理」の分化と集中という点から切っても切り離せないセットである。あらためて「規模の小」と「範囲の小」が「集中」と「分化」の論理によって外部的に統合的な一体化を実現し，結果として規模の大規模を達成して「売買の集中の原理」の機能を果たしているかがわかる。

(3)「売買の集中の原理」の「規模の大」の論理と「集中」と「分化」の論理による「業態」

「売買の集中の原理」と「業態」─規模の「大」と範囲の「大」とその棲み分けによる多業態

　規模が「大」の場合は当然ながら売場面積が「大」になる。この資本の「規模」ならびに品揃えの「範囲」の拡大は，当然ながら「集中」や「分化」の構造的なあり方が変わってくる。規模の「小」の業種店ではそのままの形では対応できず，規模の大規模化は新たに業種店とは異質の形態が担われる。もちろん，それは業種店自体をそのままの経営体で業態に移転することはできなく，革新的な小売業の登場と新たな小売経営イノベーションを取り入れた小売形態の出現を必要とする。それが「業態」である。小売イノベーションは「業態」として出現する[8]。

　業態は，資本の規模の「大」のなかで売買の「集中」や「分化」をどのよ

7　石原武政（2000），第 5 章を参照のこと。
8　中野 安（1989），p.2。

うな構造で構築するかである。そこでは「大」きな資本「規模」による大量
仕入・大量販売のもとで，どのような経営の統制・制御をして，一括集中と
分化を組織的に内部化させるかにある。

　業態の多くが百貨店型とチェーン型の 2 形態に大きく収斂するなかで，
その業態の特徴がこの問題を解決する手段となる。「部門別経営」の百貨店
型（単位店舗の拡大／縦への拡大）と「チェーンシステム」のスーパー型店
舗（以下，スーパー業態／横への拡大）である[9]。

　百貨店業態の場合，取扱商品の主力は買回品の高級化・ブランド化である。
買回品は大量な商品の標準化・画一化・単純化が困難なので，集中一極化は
難しく，個別・分散的な対応を迫られる。そこから買回品を一つの建物に多
くの商品が「縦型」の構造で「集中」させ，各階ならびにフロアーにおける
部門別で商品種類の販売で「分化」させる「部門別経営」の機能で売買の集
中機能を構造的に対応している。

　単一の縦型の店舗による「規模の大」と「範囲の大」は「部分的な集積」
を一つの建物内で集中している。このような形態で売買の集中の対応をして
いることがわかる。業種店と商店街の横の構図を一つの建物にまとめた「縦
型」がまさに百貨店業態である[10]。だから商店街は横の百貨店ともいわれる。

　スーパー業態の場合は，最寄品を中心に扱い，買回品と異なり標準化・画
一化・単純化が可能である。最寄品を扱うから基本的に価格訴求型志向であ
る。低価格大量販売という量的な志向をとる。そこから，低価格仕入・低価
格販売の実現から低価格仕入部門と低価格販売部門がチェーンシステムの採
用によって機能分担させる。百貨店は仕入と販売の未分離であったが，チェー
ンシステムは本部で仕入，支店では販売という分離構造である。

9　中野　安（1983）「現代資本主義と流通機構」森下二次也監修，糸園辰雄・中野　安・前
　　田重朗・山中豊国編『講座現代日本の流通経済 3　現代日本の流通機構』大月書店，
　　pp.12–13。
10　企業組織の取扱い商品の品揃え形成の拡大であり，異業種補完型である（石原武政
　　（1989）「［流通における企業間組織］流通の多様性に応じる企業間組織」田村正紀・石
　　原武政編『日本の組織　戦略と形態 8　流通と販売の組織—消費文化のインターフェー
　　ス』第一法規出版；pp.336–337；同（2002）「商業の社会性と売買の集中」大阪市立
　　大学商学部編『ビジネス・エッセンシャルズ 5　流通』有斐閣，pp.99–104）。

　スーパー業態は本部の「集中」と支店の「分化」という分離構造である。原則的には店舗の規模（支店）が「小」の集積による統合化された同一資本規模の「大」である。それはまた支店の大規模化による統合化された大規模化も可能であることを意味する。いずれにしてもこれらの特徴から，本部で仕入れて支店で販売というように仕入と販売を分離させて，本部の仕入において「集中」させ，販売の支店で「分化」（分散）させるという売買の集中機能を行っている。小型の小規模・複数の店舗による統合的な「規模の大」もしくは単一店舗の大規模・複数店舗の統合による超大規模化を可能にさせる。そこには「同質の範囲の小もしくは大」の量的集積で売買の集中の対応をしていることがわかる。

(4) 多数の業態の登場と品揃えの多角化総合化・業態統合に向けて収斂の動き

売買の集中の制約性による多業態化—規模の「大」と範囲の「大」の「制約性」の棲み分け

　店舗販売はどんなに大きな店舗といえども，売場面積は無限に拡大することができないから，その制約性によって必ず品揃え形成の質的・量的な制約が起きる。つまり，一つの業態で消費者のニーズにすべて対応できない。消費者の生活が多様な商品の組み合わせで構成され，無限の商品で成り立っているゆえに，消費者の必要とする商品を一つの業態ですべて対応するということは無理である。またそこに消費者ニーズの流動性，不安定性が加わる。そのような動きによって商品の使用価値の制約性が欲望の関係で決定的に作用する。さらにそこに販売の偶然性が作用し，その解消による売買の集中機能たる商業であっても，店舗商業であることによって生じる物質的な売場面積の制約性から，いくら規模や範囲を「大」にしても無理である。最近のバーチャルなネット販売においてもその制約性を多少カバーしてもこの問題は解消できない[11]。そこに流通における価値の本質的根源的な矛盾の問題が横たわる。そこから必然的に多様な多業態が登場する。

　基本的には売買そのものが商品の使用価値と交換価値（価値）の一致によって成立し，その一致は偶然的であるがゆえに，品揃え形成自体は不確定で不

安定であり，また商業が資本の論理によって活動をしているから利益の上がる売れ筋商品を優先し，最大公約数的に品揃え構成するという偏りが避けられず，そこから消費者の望む商品をすべて品揃えするという「社会的性格」は資本の論理から本来的に無理であることがわかる。経済的な論理と社会的な論理は等しく現れるというのは幻想で誤りであり，「限定的な社会性」の範囲内で行われる[12]。

　その結果，業態そのものが店舗商業で形成されるという制約性の決定的な理由から，業態も分化して棲み分けを行い，多業態による棲み分けという流通における業態の小売商業内分業による「分化」によって社会全体の消費者に対する「売買の集中」を行い，消費者のニーズに対応しようとするのである。その意味で，業態も，社会的な売買の集中という「集中」の観点からすれば，多様な業態が登場することで，「分化」としての役割を社会的に果たすのである。多くの多種類の業態は生まれるべくして生まれ，業態が専門的であればあるほど，最後には総合的な品揃え形成へと収斂するのである。消費者の購買頻度を拡大するためには業態統合が現れ，その意味で特定の業種店からの業種統合として多種類の多業態が形成されてきたが，その多業態の品揃え形成の商品種類による「棲み分け」は流動化していて，固定的であると見るべきではないであろう。絶えず流動的に動き，業態の再編成ならびに多角化はこの部分を端に発すると見てよいだろう。

11　中野　安は百貨店型とチェーン型に対して第3の蓄積形態としてその意義が高いと評価している（中野　安（1985）「80年代巨大小売業の歴史的位置」近藤文男・中野　安編著『流通構造とマーケティング・チャネル』ミネルヴァ書房, pp.114–115），その見通しは当たった。

12　企業のCSRと社会的企業の社会性の議論がここで重なる。ポーターの議論で説明している出家健治（2018）「企業の社会的責任（CSR）と社会的企業・社会的資本の社会的役割の同床異夢」『熊本学園商学論集』（熊本学園大学）第22巻, 第2号を参照のこと。ポーター, M.E. ／クラマー, M.R.（2003）「競争優位のフランソロピー」『DIAMONDハーバード・ビジネス・レビュー』3月号；伊吹英子（2014）『CSR経営戦略—「社会的責任」で競争力を高める』東洋経済新報社も参照のこと。

第 10 章 参考引用文献

石原武政（1989）「［流通における企業間組織］流通の多様性に応じる企業間組織」田村正紀・石原武政編『日本の組織 戦略と形態 8 流通と販売の組織—消費文化のインターフェース』第一法規出版。

同（2000）『商業組織の内部編成』千倉書房。

同（2002）「商業の社会性と売買の集中」大阪市立大学商学部編『ビジネス・エッセンシャルズ 5 流通』有斐閣。

伊吹英子（2014）『CSR 経営戦略—「社会的責任」で競争力を高める』東洋経済新報社。

エンゲルス, F.（1956）「カール・マルクス著『経済学批判』」マルクス, K.『経済学批判』（武田隆夫・遠藤湘吉・大内 力・加藤俊彦訳）岩波文庫。

田村正紀（1989）『現代の市場戦略』日本経済新聞社。

同（1996）『マーケティング力—大量集中から機動集中へ』千倉書房。

出家健治（2018）「企業の社会的責任（CSR）と社会的企業・社会的資本の社会的役割の同床異夢」『熊本学園商学論集』（熊本学園大学）第 22 巻, 第 2 号。

中野 安（1983）「現代資本主義と流通機構」森下二次也監修, 糸園辰雄・中野 安・前田重朗・山中豊国編『講座現代日本の流通経済 3 現代日本の流通機構』大月書店。

同（1985）「80 年代巨大小売業の歴史的位置」近藤文男・中野 安編著『流通構造とマーケティング・チャネル』ミネルヴァ書房。

同（1989）「現代日本小売業の構造と動態」糸園辰雄・中野 安・前田重朗・山中豊国編『転換期の流通経済 1 小売業』大月書店。

ポーター, M.E. / クラマー, M.R.（2003）「競争優位のフランソロピー」『DIAMOND ハーバード・ビジネス・レビュー』3 月号。

森下二次也（1960）『現代商業経済論』（旧版）有斐閣。

第11章 「売買の集中の原理」による業種店と商店街の論理
―「売買の集中の原理」と自然発生的所縁型商業集積

ここでは「売買の集中の原理」の制約性から生じた小売業の具体的な形態である業種店と商店街について考える。業種店はなぜ部分的な取扱いなのか，商店街はなぜ業種店の集まりなのか，何でも扱わないのかといったことなどの内容について考察する[1]。

1. 業種店と個人店（零細小売業）と品揃え形成
―規模の「小」と範囲の「小」の制約性

(1) 小規模で部分的な商品の取扱いの業種店
業種店と部分的商品の取揃え―規模の「小」と範囲の「小」による制約性

　小売商業の店舗でよく見られるのが業種店である。業種店の簡単な定義は「取扱い商品によって分類される小売商業」をいう。商品種類による「部分的な取扱い」の小売業である。八百屋，魚屋，肉屋，パン屋，お菓子店，酒屋，薬・化粧品店，衣料店，紳士服店，スポーツ用品店，時計・めがね屋，ガラス・畳・家具建具店，金物屋，文房具店，電器店などの小売業が該当する。

　商業は販売する商品と販売する場所があれば成り立つ。商業が容易に新規参入できる職業であるといわれる理由である。商業は「資本家」であると同

1　この章は石原武政の一連の論稿にそって展開している。以下を参照のこと。石原武政（2000）『商業組織の内部編成』千倉書房，第4章，第5章；同（2002）「商業の社会性と売買の集中」大阪市立大学商学部編『ビジネス・エッセンシャルズ5　流通』有斐閣；同（2006）『小売業の外部性とまちづくり』有斐閣，第1部を参照のこと。

時に「労働者」であり，「自己雇用＝自己労働」で成り立つ[2]。つまり，商業は生産者のように労働者を雇用しなくてもよい。わずかの資金と自己の労働力で可能となる[3]。その点で多くは小規模店舗から出発する。個人店であり，商店主もしくは家族従業による商人家族によって支えられているのが業種店である[4]。

　商業が店舗商業である以上，規模と範囲が店舗のあり方を規定する。資本規模の小さい小売業は当然ながら売場面積も狭い。したがって，売場面積の狭さが商品種類の量的・質的な品揃え形成を規定する。小規模の小売業から出発するがゆえに，売場面積の狭さから，品揃え形成が量的にも質的にも少なくなる。そこから業種店は部分的な商品の取揃えになる。

（2）小売商業者の品揃え形成
関連購買と比較購買（補完的商品・代替商品・競争的商品）

　商業は販売する商品と場所があればできると簡単にいわれているが，商売というものが簡単にできるわけではない。小売業者の商品の品揃え形成は何でもよいから並べているわけでもないからである。販売して利益を上げるというのが商業の目的であるから，当然ながら，売れそうなもの，消費者が購買しそうな商品の品揃え形成を行う[5]。

　その品揃え形成はいうまでもなく消費者が必要とする商品，つまり「消費

2　「自己雇用＝自己労働」という表現を使って過剰就業の問題を扱ったのが風呂　勉であり，そのあと藤本寿良が論じている。風呂　勉（1960）「商業における過剰就業と雇用需要の特性─一つの仮設的考察への展望」『商大論集』（神戸商科大学）通巻 37–39 号；藤本寿良（1983）「わが国商業における就業構造について」『経営研究』（大阪経済大学中小企業・経営研究所）第 19 号を参照のこと。

3　マルクス，K.（1952）『資本論 9』（エンゲルス編，向坂逸郎訳）第 3 巻，第 9 分冊，岩波文庫，pp.134–135；森下二次也（1960）『現代商業経済論』（旧版）有斐閣，pp.173, 345。これは自己労働による自己搾取によって利益を生み出すという（マルクス，K.（1970）『剰余価値学説史』（岡崎次郎・時永　淑訳）第 3 分冊，国民文庫，p.195）。

4　森下二次也（1960），第 10 章の 5「小商人」を参照のこと。零細小売業については出家健治（2002）『零細小売業研究─理論と構造』ミネルヴァ書房，商人家族については石井淳蔵（1996）『商人家族と市場社会─もう一つの消費社会論』有斐閣を参照のこと。

5　具体的な小売業の個別経営実態については松田温郎（2017）『小売商のフィールドワーク─八百屋の品揃えと商品取扱い技術』碩学舎を参照のこと。

者の利便性」を考慮した商品である。その場合，消費者の生活が商品の組み
合わせであることから，消費者の購買は「多目的購買」であり，また「関連
購買」である。さらには「比較購買」もする。

　ある商品を消費するときに関連して同時に消費する可能性が高い商品を同
時に購入する。たとえば，パンを消費（主たる購入商品）するときに，同時
に消費する可能性が高いバターやジャム，ハム，卵といった商品（「補完的
商品」）を同時に購入できるという，関連購買に必要な商品を品揃え形成し
ている。さらに，バターの替わりにマーガリン，ビールの替わりに発泡酒，
牛肉の替わりに豚肉や鶏肉というように「代替商品」が同時に購入できるか
ということを考慮して品揃え形成をしている。

　さらに消費者は同種の商品を比較しながら購買する。この「比較購買」は
商品の素材や，色，柄，デザインなどを比較しながら購買するから，多様な
多種類を品揃えするだけでなく，多くの製造企業の「競争的商品」をも比較
しながら購買する。このような「競争的商品」も含めて商品の品揃え形成を
小売業は準備し，配慮をして，消費者の購買の利便性，商品探索の時間の短
縮（購買時間の短縮）を可能にさせるように努力をする。それが結果的に，
売買の実現と利潤の増加につながる。

(3) 店舗選択と商品選択の関係─市場と社会の関係性
市場コードと社会的コードの一致の社会的認識

　消費者は原則的には欲望を充足する商品を求めて，店舗選択を通して商品
選択をする。商品選択がなぜ店舗選択につながるのかは売手の側の「市場の
コード」と消費者の意識的な「社会的な市場コード認識」の関係性による。
それは業種店が店舗販売で，規模の「小」から商品の部分的な取扱いに制約
され，その狭さの中で，この店舗はどのような商品を取り扱うかということ
を表示する販売する側の「市場」と，消費者も購買のために何が取り扱われ
ている店舗であるかを認識する購買の側の「社会からの市場」を見る部分が
一致しなければ，売買はスムーズにいかない。その不一致は販売の側に販売
の困難性を，購買の側に購買における商品探索による購買時間の延長と購買
費用の増加をもたらす。

　消費者は個々の業種店で購買することで，その業種店が何を品揃え形成しているかを学習し，認識をする。また消費者は個々の業種店が取り扱う商品や価格やサービスの内容まで，漠然とであれ，ある程度認知する必要がある。その認知は同一業種においても売場面積の狭さから品揃え形成においても部分的な偏りがあることまでを含み，市場での購買経験を通して市場における「コード」を認識する。

　市場では個々の店舗で部分的に取り揃える基礎的な商品を消費者に「認知」させるのがその内容を表示する店名である。個人店名を付けた個々の業種店の店舗名（「山田」八百屋，「太田」魚屋，「下田」酒店など）や看板が，社会的な存在である消費者に対して店内の商品の代表的基礎的な品揃え形成が何であるかを認知させる。また個々の店舗における品揃えの幅の範囲や商品の質や量の善し悪しを購買経験をすることで特定の個人店のひいきが生じるゆえに，「個人店名」も消費者にとって重要な意味をもつ。これが「市場における分類コード」である。

　この双方の認識の一致によって消費者は求める商品探索を軸に「店舗選択」から「商品選択」へと購買行動をする。この双方の分類コードは一致してこそ意味がある。販売の側における個々の業種店の「市場の分類コード」と，購買の側における消費者の経験からの認識による「社会的な分類コード」が一致するときに，店舗選択と商品選択が業種店と消費者の間で一致する。

（4）小売業者の品揃え形成の難しさ—経験と勘による売場調整
規模の「小」と範囲の「小」による消費者のニーズ対応の難しさ

　消費者の買物行動は一度にすべてあらゆるものを購買するのではない。消費者は商品の組み合わせによって生活し，その組み合わせの必要に応じてその限りにおいてその都度，関連購買を行い，選択的購買を行う。したがって原則的には消費者の側が前もって必要な欲望（ニーズ）にそった購買意識により購買商品の内容が決定される。しかし，消費者は漠然としたニーズはもっていても具体的なニーズはもっていなく，店舗の品揃え商品を見ながら購買を決定することが多い。消費者の総体としてのニーズは絶えず消費者の側から湧き出てくるものの，生産企業の側からの商品販売の働きかけや社会文化

の変容による影響などに左右されて多様で流動的で不安定が見られるので，つかみどころがなく，ましてや消費者のなかにあり，目に見えないものであるから，容易に捕まえにくい。

　消費者の欲望の無限性ともいえる多様な商品の購買希望に対して，業種店は限られた店舗の規模の「小」による売場面積の狭さと店頭の制約性にある使用価値の商品の品揃えで対応する。仮に消費者が店頭で商品を見て具体的な欲望が生じるとしても，商品の使用価値の制約性から規模が「小」で品揃えの範囲が「小」の業種店において商品探索は容易ではなく，この売買の一致は偶然的であり，その難しさがわかる。

　しかし，それでも業種店の方は，消費者の関連購買を経験と勘で想像し，品揃えを想定しつつ，広告などで情報発信しながら，消費者の望む関連購買の商品を臨機応変に売場で調整して販売をすることで対応しようとしている[6]。その意味で小売業者の消費者に合うような品揃え形成の摺り合わせ作業の難しさがあり，その対応努力を日々経験と培われた小売経営技術による勘によって小売店は消費者へ適合させようとしているけれども，その努力は効果的とはいえず，長時間と営業の非効率はなかなか脱しきれないのである。そこに横たわる商品のもつ根源的な法則から難しさがある。

　結局，小売業においては店舗の規模や売場面積の範囲がどのくらいのものであろうとも，制約性が左右し，販売の偶然性は逃れられなく，限りなく消費者のニーズにそうような商品の品揃え形成の努力をしても販売の実現は流動的で，不確定であることから困難であることがわかる。

6　松田温郎（2017）を参照のこと。

2. なぜ業種店は商品の取扱いの「量的な制約性」が生じるのか？―「売買の集中の原理」の量的制約性

(1) 空間（商圏）的広がりの制約性と取扱い店舗の量的な小規模性
小商圏による需要の側の制約性と取扱い量の制約性

　「売買の集中の原理」における取引量の制約性は店舗規模の大小によって生じるが，店舗規模が小さくてもそれらが量的にまとまって商業集積すれば全体の取引量は増大する。そのような理由から規模の小さい業種店が集まって商業集積の和を求めて形成されたのが商店街である。「分化」機能（業種店）の外部的な「集中」機能（商店街）によって，「売買の集中の原理」の効率的な規模の利益が機能する。消費者の購買行動は基本的に買物時間の短縮，買物費用の節約，買物行動の心理的肉体的労力の負担軽減という志向から，可能な限り狭隘な小商圏志向を望んでいる。その意味から近隣の商店街が林立したといえる。

　業種店の集中形態である商店街の購買力は消費者の小商圏化によって需要側の制約性が生じ，量的な取扱いと数量的な限定性が生じる。その量的な限定性・制約性は消費者の買物行動を構成する要因によっても生じる。その要因は①消費者の買物時間と買物手段，②人口と所得の関係による購買力の問題，③需要総量と個人的消費特性による消費の取扱い量の小規模性という内容である。消費者のあり方は小売業のあり方を規定するのである[7]。

① 買物時間と買物手段の問題―購買行動（商圏）の範囲の制約性と取扱い量の制約

　消費者の買物行動の範囲は買物時間と買物手段によって決まり，その制限性から一定の範囲に制約される。消費者の一日の買物時間が占める割合は決して長くない。この買物時間が消費者の行動半径を制約する要件となる。かつては家庭の買物は女性が家事労働を担う「専業主婦」として一手に引き受けていたから，一日のうちの1〜2時間くらいが費やされていた。そこから往復を考えればおよそ30分から1時間程度が小売商圏までの片道の距離であった。

7　森下二次也（1967）「商業の分化と商業組織」森下二次也編『商業概論』有斐閣，p.96；同（1977）『現代商業経済論』（改訂版）有斐閣，第4章も参照のこと。

もう一つは買物手段である。買物手段と買物時間を乗じたものが買物の行動距離である。だから買物時間が一定であれば買物手段の内容しだいで買物行動の距離範囲は狭域や広域となる。かつて買物手段は徒歩ないし自転車であったから，買物時間が１〜２時間の範囲ではせいぜい買物行動の距離が１キロから２キロ範囲内であった。この時間と距離から狭い範囲の小売商圏が形成された。商店街は近隣地域に形成され，周辺の１〜２キロ範囲内に立地して，その周辺の消費者が利用した。だから商店街の小売商圏は狭域であった。そこから業種店や商店街の取扱総量全体の制約が生じた。

　なお，いまでは女性も有職で家事労働も併せて行うゆえに買物時間は極めて短い。しかし，買物手段が保有する自家用車であることによって買物時間が短時間でも広範囲に行動でき，さらにショッピングセンターの発展によって短時間でワンストップショッピングが可能となってこの問題が解消された。自家用車による買物手段は買物行動の距離を広域化することを押さえておけばよい。業態による「売買の集中の原理」の集約化はこのような背景を基礎に存在しているのである。

　ここでは業種店と商店街の関係を論じているから，買物時間と買物手段との関係で小商圏と需要の規模の小ささにより購買力は小さく，全体の取扱い量の制約が生じることを確認しておけばよい。

② 所得と人口による購買力の問題―購買需要の制約性と量的な取扱い量の制約
　商圏の購買需要は商圏内の人口と所得によって決まる。所得が増えなくても商圏の人口が増えれば購買需要は増える。また人口が増えなくても所得が増えれば購買需要は増える。

　所得はすべてが物販の消費購買に向けない。家賃やガス・電気・水道などの公共料金，交通費，教育費など生活基盤に必要な経費を除く領域で貯蓄などを考慮しながら物販サービスに消費が向けられる。その点で所得の中の決して多くはない一定量を買物需要に向けられる。

　そのような意味で商圏内の需要量は一般的に固定的な一定量と想定でき，全体の取扱い量の制約が生じる。

③ 需要総量と個人的な消費特性による消費の取扱い量の小規模性
　業種店の集積である商店街は狭域の近隣型の小商圏である。消費者の買物

行動と需要総量（購買力）によって小商圏の狭域性が規定され，固定化される。商圏が小さくても商圏内の消費者の多くが同じものを購買すれば大量購買が実現し，また店舗が少なければ大量販売が可能となる。だが，実際は個人的消費の特性が働いて，そのようにはならない。

　消費には生産的消費と個人的消費がある。生産における生産手段や労働力の消費を生産的消費といい，労働力商品の販売によって手に入れた賃金によって自身の再生産のために生活商品を買って消費することを個人的消費という。すでに論じたように，この個人的消費には①小規模性，②分散性，③個別性という３つの特徴がある[8]。

　このような個人的消費の内容である「小規模性」「分散性」「個別性」が小売業の「小規模性」「分散性」「低生産性」「零細性」という特徴を形づくる。小売業は少量仕入，少量販売，低生産性になる。小売業の小規模性・分散性・零細性という特徴が規定され，個々の小売業の取扱い量の少なさが規定される。

(2) 商品特性による消費者・商業者の対応と商圏の大小の相違─近隣型と広域型の商店街

　しかし，小売商圏がつねに狭いというわけでない。取扱商品の内容によって商圏の大きさが異なる。商品の特性は最寄品，買回品，専門品と大きく分かれ，さらにこれは最寄品と買回品（専門品を含む）に分かれる。この商品特性のちがいが商圏の範囲を異なるものにする。

「最寄品」と狭域商圏

　最寄品は生鮮食料品や日常衣料・日用雑貨に代表される商品である。この商品の特徴は，①単価が低く抑えられ（毎日購買するものであるから買回品と異なって高い価格設定は原則的にできない），②購買頻度が高く（毎日消費するものであるから購買頻度は高く，鮮度などを問題にする），③購買リスクが低く（毎日の購買は商品に対する学習ができて消費者の商品に対する知識や評価ができるからリスクの起こる頻度は低く，価格が低いので失敗し

8　森下二次也（1960）；同（1967），p.96；同（1977），第４章を参照。

たとしてもリスクは低い），④購買に時間をかけない（毎日の購入する商品が定まっている），⑤狭域で行動する（購買頻度が高いので近い方が望ましいことから，最寄品という）という内容をもつ。

ちなみに，最寄品に対する消費者の対応は原則として，①基本的にはどの地域の店舗で購入しても同じ（比較購買をしない），②買い回らない，③毎日こまめに購買する（当用買い），④基本的には「価格重視」である。最寄品は生活が多様な商品の組み合わせで成り立ち，とくに生鮮食料品は多目的の購買種類が多いので単価が高いと費用が嵩み，限られた所得の中で購買するから生活費そのものに大きな影響を与える。ゆえに，基本的に商品単価が低く抑えられていることが望ましい。消費者にとっては少しでも商品単価が低ければ少しでも一品でも多く購買可能となることから基本的には価格の安い方向に動く。その点で消費者の最寄品購入は価格志向になる。

当然ながら，商業者の対応は消費者の価格志向を踏まえて低価格訴求志向でもって対応する。低価格設定はこの商品の基本的な考えである。だから，商業者は，①低価格設定を競争手段とし，②価格の低さから利潤も少ないゆえに，利益の拡大を求めて薄利多売政策をとる。③消費者の購買頻度の高さから連続的な購買習慣によって，また近隣性による生活空間の共有性により購買の際の会話によって人間関係を形成する。そのことが「ホスピタリティ」を形成し，たんに売買のみの商品経済市場関係ではなく，取引における信頼関係を構築することで人間関係という社会関係が形成される[9]。

最寄品は商圏内の人口規模相当が毎日買いに来る。そこから最寄品系の店舗は採算という点から小商圏でよいことがわかる。小商圏と取扱い量とは正比例の関係にある。

「買回品」と広域商圏

他方，買回品は高級衣料や化粧品・装飾雑貨，貴金属，靴・鞄，専門スポー

---

9 商品経済市場での取引でいわれるのは「狐の手袋」の話である。この寓話は商品経済市場では誰であろうと市場ルールであれば誰とでも交換をするという取引における無名性を指摘したものである。と同時に，売買における売手と買手の優劣の関係を形成する。しかし狭域の商店街では生活空間の共有性から対人関係が構築されているためにそこでの取引は経済的な売買関係だけでなく，人間関係を含んだ社会的な関係が見られる（対等なホスピタリティ関係）。このことが商店街の強みとして長く強調されてきた。

ツ品などに代表される商品（とりあず専門性商品も含む）である。この商品の特徴は，①単価が高く（購買頻度が低いので，採算を考えれば最寄品とは異なり商品単価を上げる必要がある。だから価格が高くなるが，品質やブランドを強調することで消費者に高いという価格意識を消す役割を果たす），②購買頻度が低い（毎日買ってすぐに消費するものではないから購入頻度は低い），③購買リスクが高い（商品種類も多く，価格も高いので失敗するとリスクが高い），④購買に時間をかける（購買の失敗のリスクを避けるために事前学習をしたり他店の比較をしたりする時間が必要となる），⑤広域に行動する（買回品は事前学習や商品知識の経験が低いので他店比較するために広域に歩きまわる）という内容をもつ。

　そこから，消費者は最寄品と異なり，買回品を毎日購買するのではない。買回品の特質から一人当たりの購買頻度が低いので，採算上，店舗への人口集中を必要とし，周辺人口の大規模化を必要とする。その点で買回品は広域商圏を必要とする。

　ちなみに，買回品に対する消費者の対応は，①最寄品とは異なり商品の消費頻度から毎日購買しないから，購買頻度は低い，②最寄品と比べて価格が高く，リスクが高い，③購買に慎重になり，商品に対する事前学習が避けられない，②買回品購買に際して比較購買が避けられず，店舗を買い回る頻度が高い（ここから買回品といわれる）。そこから，買回品は最寄品と比べて高価格になるけれども，品質・高級化が消費者の価格意識を消し，商業者の販売戦略である「品質・ブランド志向」に同調する。

　商業者の対応は，①毎日購入するものでなく，購買頻度も低いから少量販売になり，②購買頻度の低さから，広域商圏になり，③購買頻度の低さから，利益を上げるために単位当たりの価格は最寄品に比べて高価格・高利潤の価格設定にならざるを得なく，④高価格・高利潤設定が避けられないことから，消費者に高価格の意識を消すための「品質・ブランド志向」で対応するようになる。

　広域の買回品を扱うからといっても，業種店の規模の「小」である限りは，取扱い量は限定的で少なく，かつその取扱いの範囲は「狭」い。

近隣商店街と広域商店街

　以上の最寄品と買回品の特性によって，「最寄品＞買回品」の品揃え店舗の集積が多い商店街は狭域商圏でよいから「近隣型商店街」となり，逆に「最寄品＜買回品」の品揃え店舗の集積が多い商店街は広域商圏を必要とするゆえに，「広域型商店街」となる。

　近隣商店街は居住地域の周辺に立地する狭域商圏であり，その中心は業種店の商業集積である。広域型商圏は当初は業種店の商業集積内に百貨店業態が立地することによって形成された。広域商圏の中心地性は百貨店業態の立地によって形成される。広域商店街と百貨店の立地はセットである。

　百貨店が買回品中心の業態で広域からの消費者の購買集中を前提とするゆえに，繁華街やターミナルなどの人口集中エリアに立地し，さらに商店街内では買回品系の業種店が集中して，その相乗効果により都市の中心地性を形成する広域商圏の商店街が形成された。百貨店自体がこのような広域性をもつゆえに，採算性の観点から立地条件は人口規模の多い都市を必要とする。百貨店の立地と大都市が双子といわれた。百貨店という業態の立地によって商店街全体の需要量は拡大し，個々の業種店の需要力は高まる。ただし，百貨店と業種店内部の分配の問題は残り，両者の対立の火だねになった。

　また商店街間競争は近隣型の狭域商店間ではそれぞれが閉鎖商圏であるから競争は起きないが，百貨店業態の立地する広域性をもつ商店街の形成によって購買人口移動が生じ，百貨店が立地している商店街と立地していない近隣型商店街の間で競争が生じる。さらに不況によって百貨店の一人勝ちの傾向が強まるにつれて，百貨店が立地している商店街内部でも百貨店対立が生じて，百貨店対商店街の対立は複雑な様相を呈し，その対立の激化により，第一・第二次百貨店問題が起きた。その背景の根源は商店街全体需要内部の分配の問題であり，偏りの固定化の問題でもある。商店街と百貨店などの大型店の競争の問題は，流通政策によって調整されるようになり，百貨店法，大規模小売店舗法の成立にいたった。これらの問題は大型店問題といわれて，社会的にも大きな問題となった。この詳細については流通政策研究を参照して欲しい。

3. なぜ業種店は商品の取扱いの「質的な制約性」が生じるのか？—「売買の集中の原理」の質的制約性

(1) 供給側の商品知識の制約性—業種店形成の論理
店舗の規模の「小」と，制約性のある使用価値の商品の品揃え形成の質的な限界性

　まずは，業種店が部分的な品揃え形成となり，その取扱いが一定の範囲によって偏った品揃え形成になるのは，本質的には規模の論理からくる小売業の規模の「小」ささによると論じてきた。さらに，商店主の個人的な商品に関わる知識把握の「範囲」の制約性から起きる。商品の取扱い技術の問題も加わることで，業種店が部分的に商品を取り扱う理由となる。

　いうまでもなく，商人は販売する商品の知識を原則的に知ることが前提となる。商品知識を知らないで商品を販売することはありえない。商業は利潤原理で動くだけでなく，その機能ゆえに売買の集中機能を果たし，生産と消費をつなぐ「社会的」な役割を果たしている。商人は売買の責任を「社会的」に担い，消費者が欲している必要な商品を社会的に提供するという，いわゆる社会的責任経営を背負うのである。だから小売業者は販売する商品の責任があり，そのためにも商品知識を知っておかねばならない。

　しかし，人間の能力の限界から無限に商品知識を知ることはできない。そこから知り得る範囲内で商品の品揃え形成せざるを得ない。その商品知識の拡大のためにはまとまりをもった商品の集積が可能となる。当然ながら仕入れ先の近さもそのまとまりに関わりをもつ。こうして，八百屋，魚屋，肉屋などの商品分類ごとに商品の取扱いが制御・制約される。業種店の部分的な品揃え形成はこのような商業者の商品知識の制約性が要因である。

(2) 取扱い技術の壁による制約性—業種店形成の論理
制約性のある具体的な使用価値の商品ごとの取扱い技術・処理技術の壁

　業種店が部分的な取扱いになるもう一つの理由は商品特有の取扱いや処理技術の制約性がある。商品の販売が制約性のある使用価値の商品であるから，商品ごとに特有の取扱い技術や処理技術がともなう。たとえば，八百屋にお

いては葉物などの軟弱野菜の温度管理から始まり，魚の販売やめがねの販売，ガラスや畳の販売などにおいても取扱い技術が生じる。電器店や自転車店などは修理技術，薬では薬剤師の資格，酒などは許可が必要というように取扱い商品によっては商品固有の取扱い技術がともなう。

　このように取扱い商品によって取扱い技術が生じることが商品ごとの品揃え形成の取扱いに壁をもたらす。業種店に見る取扱商品の取扱い技術の壁によって，またその取扱い技術の問題は店舗における設備のあり方にも影響を与えるゆえに，誰かれなく商品を自由に取扱うことが難しいことから，そこに部分的な商品の取扱いの棲み分けが起きる。

　もちろん，注意すべきは，その取扱い技術の壁が高いか，低いか，さらに上述した商品知識の制約性が高いか低いかによって取扱商品の制約性が乗り越えられるか，否かという臨界点があることに注意する必要があろう。つまり，取扱い技術の壁を乗り越えるためには投資やコストがかかる。そのコストが利益の関係で低ければその壁は乗り越えられ，他業種店の商品を取り扱うことが可能となり，そうでなければその壁は乗り越えられなく不可能となる。

　かくして，商品知識にしてもその制約性を超えるのに，コストをかけることなく容易にできるか，否かということがその境目となる。その点で制約性や壁の突破が可能かどうかは投資コストと利益の関係が判断の可否の臨界点となる。

　たとえば八百屋が取り扱う野菜においても偏りがあり，果物やパン，菓子，乾物，豆腐，花卉，さらにはたばこなど，野菜に全く関係ない他業種の商品を扱うことが可能なのも，商品知識の制約性や取扱い技術の壁が低いから可能なのである。品揃えの拡大は基本的にこのような制約性ならびに壁の突破によって可能となるが，実際には容易でないことが理解できる。このように商品知識の制約性や商品の取扱技術の壁は，商品の質的な使用価値の制約性にその原因があることがわかる。

4. 業種店と商店街（自然発生的な所縁型商業集積）─「売買の集中の原理」と集中と分化の論理

(1) 異業種の業種店集積と商店街の依存と補完の関係性

「売買の集中の原理」にみる商店街の異業種店による相互依存と相互補完関係

　業種店は小規模の小売店舗である。売場面積の狭さから品揃え形成から部分的であった。そこには商品知識の制約性と取扱い技術の壁が業種店を部分的にさせることを見てきた。また消費者の生活は商品の組み合わせで成り立っているから，その商品の購買は関連購買であり，複数の多目的購買になる。このような多様で多目的の関連購買という消費者のニーズに対して部分的な商品の品揃え形成をしている単独の業種店はうまく対応できない。そこから他の異業種店が集中して対応することで可能になる。

　かくして，部分的な商品の品揃え形成をしている異業種の業種店は単独で消費者の関連購買のニーズにすべて対応できないから，多くの異業種の業種店が一カ所に商業集積することで消費者の関連購買のニーズに対応する。理論上では，商店街は異業種の商業集積で，消費者のニーズに応えるために，商店街は異業種店相互の「依存関係」を構築することで対応し，また消費者から見れば相互の業種店が集積することでニーズに対する「補完関係」を構築して対応している。そこから，商店街は基本的に「異業種の商業集積」で，「依存と補完の関係」から成り立っているというのはこのような理由からである。

(2) 商店街の特徴と業種店と商店街の売買の集中の原理（集中と分化）

業種店（分化）とその商業集積である商店街（集中）─売買の集中の原理の外部化

　商店街は消費者の関連購買に単独の業種店では対応できないので，異業種の商業集積で対応するために形成され，そこにおいては業種店の間の依存関係と消費者の関連購買に対する異業種の補完関係が商店街の内部組織において編成されていることである。

図 11-1：売買の集中の原理による業種店と商店街の関係

○商業の品揃えの拡大→売買の集中の原理の拡大

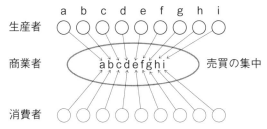

○集中（商店街全体で売買の集中）と分化（業種による部分的な売買の集中を担う）

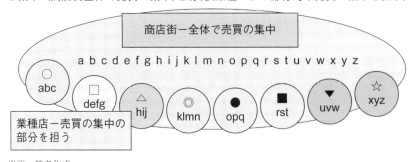

出所：筆者作成。

　これは売買の集中の原理でいえば業種店が「分化」機能を果たし，異業種の商業集積全体が「集中」機能を果たすといえる（図 11-1）。店舗の「小」規模による品揃えの範囲の「狭さ」という個別店舗の売買の集中の制約性が，異業種店舗の商業集積によって，その全体が売買の集中の原理を実現することを可能にする。その関係は「売買の集中の原理」の集中と分化の「外部化」である。

商店街の「売買の集中」の外部化による問題の内在化

　ただし，その業種店による集積という「売買の集中の原理」の外部化は，個々の独立の業種店による「分化」の「集積」が商店街で，その商店街が全体としての売買の集中機能を果たすにすぎず，その実現は分化を構成する業種店の品揃え形成にかかっている。そのことが消費者のニーズ対応に商店街そのものの根本的な問題を内在化させる。

　商店街の商業集積は歴史的には自然発生的で所縁関係による商業集積であり，そこでは個々の独立の業種店の主体的な集積で成り立っている。個々の業種店の主体性によって成り立ち，自然発生的な所縁型の商業集積という商店街であるから，売買の集中の原理において消費者のニーズ対応に重要な意味をもつ品揃え形成においても不十分である。全体としては「非統一的計画的管理型」の商業集積となるから消費者へのニーズ対応は十分とはいえない。

　また，消費者のニーズに対して，商店街は個々の集合によって全体が形成され，商店街自体は単に集合体にすぎないからスムーズに対応できないこともわかる。商店街は個々の業種店からなるため，商店街全体の意思決定は業種店の集まりを形成する「商店街組合」によって行われる。この組合が任意の参加であり，商店街内のすべての業種店が参加しているわけではないため，その決定は商店街全体の代表性をもたせることはできるものの，商店街の構成員全体の意思決定とはいいがたい難しさをもち，命令系統が上意下達でスムーズに動くとはいえない。さらにその組織は「仲間組織」であるゆえに，それぞれの業種店の個別事情が理解できるゆえに，そのような事情を考慮すればするほど合意形成を難しくさせる。

　以上の内容を見ても，個々の業種店の集積である商店街は保守的（後ろ向き）になりやすく，商店街全体の迅速な革新的な行動の難しさが指摘されるのである。

5. 需要の側による商店街の業種店の取扱い商品の量的・質的拡大要請とその対応

(1) 買物時間短縮・買物費用節約によるワンストップショッピング要請
商店街の売買の集中の消費者利益の実現の困難性

　商店街は原則として業種店の異業種の集積である。需要の側である消費者においては関連購買のために商店街内で商品探索のために買物時間がかかり，購入した商品をもって業種店を転々と買い回ることになる。商店街内部の消費者の商品購買は多くの時間と心理的な労力をともなう。

　その結果，商業の役割である売買の集中の原理でみられた，消費者が達成
される商品探索に購買時間の短縮，購買費用の節約の利点が商店街内部では
機能しない。そこから消費者は関連購買の商品を可能な限り業種店の買物時
間や買物の心理的な労力を短縮化したいという要求が商店街に生じてくる。
つまり，消費者の商店街に対する可能な限りのワンストップショッピング志
向の要請が生じる。

(2) 商店街内部の個別業種店ならびに商店街対応―品揃え形成の拡大
業種店の基礎品目と周辺品目の扱いによる対応―「革新的」な個別業種店の
対応

　消費者からの要請は個別の業種店側において品揃え形成の拡大化となって
現れ，業種店は基礎品目以外の周辺品目の品揃え形成でもって応えようとす
る。つまり，この要請への対応は業種店の部分的商品の品揃えの拡大として
対応するようになる（図 11-2）。

　たとえば八百屋が野菜だけでなく，パン，果物，菓子，調味料，惣菜，鶏
卵など，さらにはたばこというように本業の野菜以外に他業種の商品を取り
扱うことで対応しようとするのである。八百屋の主たる取扱いが野菜だとす

図 11-2：業種店の基礎品目と周辺品目―八百屋の事例

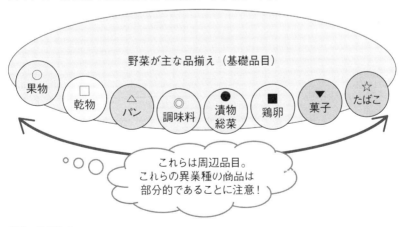

出所：筆者作成。

191

れば，これを基礎品目とよび，上記の他業種の取り扱う商品を周辺品目とい
う。一般に需要の側のこのような可能な限りのワンストップショッピング要
請に応えて業種店の多くは基礎品目に加えて周辺品目を品揃えすることで応
えようとしている。

　だがそこにおいては限界が生じている。一つは業種店の形成論理である，
商品知識の制約性と取扱い技術の壁の問題をどのように突破するかという問
題である。業種店の多くはこの制約性と壁の範囲内（臨界点）を超えて品揃
え形成をしない（投資コストの問題）ということであり，基礎品目の他に周
辺品目の扱いをするということはその範囲内のみ取扱いをするということで
ある。そこに品揃え形成の拡大の限界がある。

　もう一つは基礎品目と周辺品目を取り扱う中で，基礎品目は業種店の主要
取扱い商品であり，市場コードとして消費者が認知している品目であるが，
業種店が消費者にワンストップショッピング志向に対して強調するのは周辺
品目だといわれている。このずれの問題に対する商業者の対応が要請される。

　この周辺品目は主要な取扱い商品として代表される市場コードの認識から
はずれているので，消費者のその品揃えの認知は購買頻度による購買経験か
らのみ知り得る。その意味でも業種店の側は周辺品目は消費者を引きつける
品目であり，業種店の消費者獲得の主たる競争手段として機能するから，業
種店はマーケティング活動によって周知する努力を必要とする[10]。

　さらに，周辺品目は業種店の品揃え形成の主力たる基礎品目ではないゆえ
に，その品目を強調しても消費者の需要側のニーズに対しては根本的に対応
できないという問題が横たわる。業種店における基礎品目と周辺品目の品揃
え形成はこのような限界をもっているということができる。業種店や商店街
全体の品揃え形成を超えていて，このような基礎品や周辺品目による品揃え
形成を行っても十分な対応ができないということである。この点を押さえて
おく必要がある。

10　いろいろな同業種においても基礎品目はもちろんのことであるが，周辺品目が競争手
　　段として機能していることが見て取れる。たとえば，スターバックスやドトールなどの
　　コーヒーサービス業界でも周辺品目がマーケティング戦略の差別的手段として行われて
　　いる。

　しかし，一番重要なことは，需要の側の消費者ニーズによる関連購買のワンストップショッピングで生じる心理的肉体的労力に対する負担の要請に対して，個別業種店が基礎品目を超えて周辺品目まで扱って少しでも対応をしようとした「革新的」対応である。このような動きが革新的小売業者が商店街から派生する土壌となった。基礎品目と周辺品目や異業種商品の組み合わせによる同時的品揃え形成が消費者側から要請され，革新的小売業者がそれに応えるという動きが生まれ，業種店から業態へと転態が生まれてくる。つまり，そのために業種店に内在していた「売買の集中の原理」の制約性の突破へと進展していく要因がここにある。

(3)　異業種と同業種の混在による消費者ニーズへの対応─商店街全体への対応

異業種業種店と同業種業種店の売買の集中による差別的な棲み分け

　これまでの議論は原則として商店街が業種店の「異業種」店の集積と想定していた。しかし，現実には同業種の店舗も存在している。異業種だけでなく同業種の店舗の存在は商圏の量的な規模との関係と業種店の規模の「小」と取扱い商品の範囲の「小」のよって扱われなかった商品を互いにカバーする棲み分けによって同業種の店舗の併存が可能となる。

　消費者に対して供給の側である業種の集積たる商店街が「売買の集中の原理」を果たすことで消費者のニーズに対応する商品を品揃え形成すると論じてきたが，実際には消費者のニーズは多様で幅広く，無限に近いから，その要望のための品揃え形成の範囲は極めて無限大に近く幅が広いので，商店街がいくら幅広い品揃えしても基本的には規模が「小」で範囲も「小」である業種店の集積であるから本来的に不十分である。だから最寄品中心の近隣商店街と買回品中心の広域商店街と商店街の棲み分けが生じたことも理解できる。

　そのような限られた売買の集中機能の役割の中で規模の「小」の業種店は売場面積も「小」であるゆえに，品揃え形成の範囲が極めて「狭」く，品揃え形成の量の限定性がさらに強まるから，消費者のニーズに対応した品揃え形成は異業種のみでは厳しいことがわかる。その強い限定性をカバーするの

が同業種の店舗の品揃え形成による棲み分けである。同業種ゆえに基礎的品目において同じで重なるが，売場面積の狭さから同一の同業種間で重なりあいながらも差異性の品揃え形成が可能となる。双方の間で売場面積の狭さによる基礎的品目の品揃え不足分を互いにカバーすることで同業者でありながら差別化をすることが可能になる。つまり，互いに基礎的品目の品揃え形成の限定性をカバーし，棲み分けを可能にする。同業種の存在は事実上基礎品目の品揃え形成を拡大させることにつながる。同業種の併存と相互による基礎品目の棲み分けは全体としての基礎品目を拡大させ，消費者に対して必要とするニーズ対応を相互で補完するのである。

　しかし，近隣商店街の周辺の商圏は一定の購買力によって支えられているから，その購買力の範囲内で業種店の量的な店舗が立地しているといえ，この量的な全体の業種店総数の中で異業種店舗総数の余力の範囲内で同業種店舗が存立しうる余地を残していると考えるべきである。つまり，小売商圏の量的な総量限定性がまた異業種だけでなく同業種の混在を左右すると押さえておく必要があろう。その条件が消えれば混在も理論上難しくなる。

　重要なことは，これは互いが棲み分けをすることで品揃え形成を補完する形で依存関係が形成されるが，同時に，同一の基礎品目の品揃え形成の差異化によって棲み分けのなかでの緩やかな競争が見られることになる。基礎品目と周辺品目も取扱いによって異業種間の競争が見られるが，同業者間でも競争が見られるという点で商店街内では競争がないというわけではないことに注意を要する。ただし，異業種間であれ，同業種間であれ，競争が見られるものの「棲み分け」を前提とした商圏需要の限定性から極めて「緩やかな競争」になっていることにも注意を要する。本格的な競争とまではいえないからである。これも消費者ニーズに対する商店街の保守性を構成する要因となる。

第11章　参考引用文献

石井淳蔵（1996）『商人家族と市場社会—もう一つの消費社会論』有斐閣。

石原武政（2000）『商業組織の内部編成』千倉書房。

同（2002）「商業の社会性と売買の集中」大阪市立大学商学部編『ビジネス・エッセンシャルズ5　流通』有斐閣。

同（2006）『小売業の外部性とまちづくり』有斐閣。

出家健治（2002）『零細小売業研究―理論と構造』ミネルヴァ書房。

風呂 勉（1960）「商業における過剰就業と雇用需要の特性――一つの仮説的考察への展望」『商大論集』（神戸商科大学）通巻37-39号。

藤本寿良（1983）「わが国商業における就業構造について」『経営研究』（大阪経済大学中小企業・経営研究所）第19号。

松田温郎（2017）『小売商のフィールドワーク―八百屋の品揃えと商品取扱い技術』碩学舎。

マルクス, K.（1952）『資本論9』（エンゲルス編, 向坂逸郎訳）第3巻, 第9分冊, 岩波文庫。

同（1970）『剰余価値学説史』（岡崎次郎・時永 淑訳）第3分冊, 国民文庫。

森下二次也（1960）『現代商業経済論』（旧版）有斐閣。

同（1967）「商業の分化と商業組織」森下二次也編『商業概論』有斐閣。

同（1977）『現代商業経済論』（改訂版）有斐閣。

自然発生的な所縁型商業集積の保守的性格と消費者ニーズ対応の難しさ

この章では自然発生的所縁型商業集積である商店街の問題点について考察する。消費者の買物行動は商店街から業態へと移行していく。その傾向が強まるにつれて商店街の疲弊が顕著になってきた。そこで商店街が消費者のニーズにスムーズに対応できない保守的な構造的要因を見ていく。そして業種店を構成する零細小売業の問題を最後に考察し，業種店たる零細小売業の資本的性格を論じながら，零細小売業の業種店が革新的な小売業として業態への橋渡しをする関係性を考察する[1]。

1. 自然発生的所縁型商業集積である商店街の問題点 ―その原理から派生する保守的性格

(1) 商店街の保守的な性格とは？

企業家精神の弱体化と「満足利潤」

個人店の零細小売業で形成される業種店の商業集積である商店街が売買の集中機能を果たし，消費者の購買の利便性を果たすことを見てきた。しかし，この商店街を構成する業種店の構造的な問題から需要の側の消費者のニーズに十分対応しきれない問題を内在化することも指摘してきた。

商店街を構成する業種店は小規模で売場面積は小さく，商品の品揃え形成

---

1 この章の前半は石原武政の論稿にそって展開している。以下を参照のこと。石原武政 (2000)『商業組織の内部編成』千倉書房, pp.154–161；同 (2002)「商業の社会性と売買の集中」大阪市立大学商学部編『ビジネス・エッセンシャルズ5　流通』有斐閣, pp.100–102。

の範囲は狭く，その範囲は商品知識の制約性と取扱い技術の壁によって制約性が生じ，どの業種店も部分的な商品の品揃えであった。消費者の要望するニーズは業種店だけなく集積としての商店街が品揃え形成の範囲を超えているので，これらをもってしてもカバーできない状況にあった。

　ここで問われているのは，仮に，限定的であれ当面の消費者のニーズに対応できたとしても，日常生活のなかで新たに生じるニーズに対して業種店やその構成員で形成される商店街がスムーズに対応できるか，という点である。品揃えの豊かさと経済的な価格（低価格）をはじめ，購買の心理的な労力の回避が短時間のワンストップショッピングでできないかなど，商店街に対する消費者ニーズの買い物利便性の要求は多種多様であった。

　このような消費者が次々と要求するニーズに業種店や商店街はその構造的な特徴からスムーズな対応は難しく，後ろ向きで，保守的な性格をもっているから困難であるといわれてきた。その理由について考えて見よう。

商店街が保守的な「後ろ向き」になる要因

① 経営理念の問題—最大限利潤志向ではなく満足利潤志向

　商店街や構成する業種店が消費者の要望するニーズに対応できない要因として「経営理念の問題」を指摘している。零細小売業たる業種店は日々の活動が「長期間労働と効率の悪さからくる営業時間の浪費」という経営形態の特徴を本質的にもち，現実の取得する利潤量が少なく，生活費で消えてしまうという状況の持続によって，「やる気を失い」，本来的にもっている資本概念からも派生する企業家精神は喪失していくのである。そして「最大限利潤志向」の経営はみられず，生活さえできればよいという企業家精神の欠如の「満足利潤志向」の経営になっていく。その結果，現状維持の経営に堕し，余裕のない周期性の労働の持続によって，消費者の新しい要望によるニーズに対して後ろ向きとなり，十分に対応できないという。

　業種店の「内なる問題」（「内なる敵」）[2] も加わってより後ろ向きとなる。つまり，経営者の後継者難による高齢化の存在は将来における経営年数の持

2　石井淳蔵は商店街問題の「外の敵（大型店）」と「内なる敵（小売業の内部問題）」という表現で説明をした。石井淳蔵（1996）『商人家族と市場社会—もう一つの消費者社会論』有斐閣，第1章を参照のこと。

続的な限界と新規設備投資などの支払リスクを考慮した抑制意識によって，革新的な対応は難しく，満足利潤に徹して後ろ向きになる。

　さらに業種店の経営の多様な形態の存在も「満足利潤志向」となる。経営の悪化は専業から離脱して兼業化・副業化の経営と進展し，商店主は商業以外に収入を求め，残った人による「三ちゃん化」（じいちゃん・ばあちゃん・母ちゃん）が担い手となる。その意味で，商店主の経営が生活の維持もしくは補助的な維持を目的としたものとなり，結果として，企業家精神喪失による「満足利潤志向」の経営になって，消費者の新たな要望に対する態勢そのものが喪失する。

　この業種店のこのような「内なる問題」と「経営のあり方」の多様性は商店街全体の消費者の新たなニーズに対する提案や行動指針に対して内部の合意形成が難しくなる。商店街は業種店で構成され，「仲間型組織」であるから，個々の業種店の経営事情を熟知しているゆえに，無理な要請はできず，業種店の意思を尊重することによって無理で強引な合意形成を行わない。そこから，商店街全体が無難な選択を行い，結果的に消費者ニーズ対応抜きの満足利潤志向へと流れが定着していく。商店街全体の保守的性格は，このような商店街を構成する業種店の零細小売業としての経営的行動の特質からもたらされている。

② モラルハザード（「ただ乗り」）の問題―恩恵に依存する惰性的な依存・補完関係の持続

　だが，商店街を構成する業種店がすべて企業家精神を失ってやる気がなく，後ろ向きで構成されているというわけでもない。業種店の零細小売業経営において経営者年齢が若く，専業で，生活がかかっている場合は，消費者のニーズに対応して利潤量が生活費を超え，やる気をもって経営をしている業種店も少なからず存在している。そこから，当然ながら，商店街の構成メンバーのなかでは企業家精神に富む業種店とそうでない業種店の混在により，温度差があり，業種の店舗間の消費購買行動の流れの集中度において格差が生じる。消費者は前者に多く集中し，後者は集中しないということになる。

　しかし，商店街は異業種の店舗の集まりで相互の「依存と補完の関係」があり，消費者は多目的購入なので1店舗のみで買物行動が完結することに

はならない。他の店舗にも足を伸ばすことになる。その場合，少なからず企業家精神に富んだ業種店を中心に消費者が多く集中して，その周りの企業家精神が富んでいない業種店にもついでに足を伸ばすことになる。つまり，商店街のなかの企業家精神に富んだ業種店を軸に消費者の購買行動の流れが作りだされ，そうでない業種店もその周りに立地することでついでの消費者が流れてきて，努力をしなくてもただ乗りの恩恵を受ける。

このことは，満足利潤志向の業種店が最大限利潤志向の一生懸命頑張っている業種店の周辺に立地することによって恩恵を受けることを意味し，いわば「ただ乗り状態」（それはモラルハザードでもある）のメリットを享受することである。その状態の恒常化は，恩恵を享受する業種店がますます満足利潤志向に甘んじて，最大限利潤を志向するような企業家精神をもつ業種店には転換しないという。

商店街において満足利潤志向の経営の業種店が多ければ多いほど，この「ただ乗り」構造の惰性的な依存・補完関係が定着し，このような要因によって内部の水面下でしばしば不調和音が生じ，不満の土壌が形成され，このような関係性に甘んじることで，意思決定に影響を与え，商店街全体が決定性の弱さにより企業家精神を弱体化させ，後ろ向きの保守的な性格を帯びることになる。

③ 商店街内の競争圧力の弱さ―競争原理の弱さと「ゆでガエル」論

商店街の商圏が最寄品主体の商業集積であることから，商店街は近隣型の小商圏で，基本的には周辺の固定された消費者需要から成り立っている。つまり，近隣型商店街は最寄品主導型の商店街であるがゆえに，品揃え形成の特性から購買頻度が高く，遠くの商店街まで買い回ることはないことから，周辺の消費者は近くの商店街を否応なく恒常的に利用するという「安定的」な閉鎖商圏である。

そこから，商圏の需要を支えている消費者の一定量の安定的な購買力が支えとなって，商店街が基本的に業種店の異業種からなり，そこにおいて棲み分けが固定化していれば，全体の業種店の利益分配の棲み分けが安定的に固定化され，業種店の経営は努力の前に安定化が図られる。そのような経済的環境におかれている商店街は，商圏の安定化による需要の固定化によって，

商店街が原則的に異業種の商業集積ということもあり，利益分配の棲み分けが形成されて，商業者自身が特別に努力をしなくとも，商店街を形成する業種店の利益は相対的に安定的に配分され，商店街内部の業種間の利潤を巡る争奪は起こりにくい。

そこから，当然ながら，商店街内の異業種店間の内部競争圧力は少なく，業種店は企業家精神を発揮しなくとも経営は相対的に安定していた。もちろん，商店街内において競争が全くないというわけではない。業種店の基礎品目以外に他業種の周辺品目を扱うことや，同業種の混在で商店街といえども競争は存在したが，商店街全体の需要の一定性・安定性と業種店の異業種，同業種の棲み分けによって，その競争は極めて緩やかであった。

そこから商店街内部の競争は極めて緩やかで，ぬるま湯状態にどっぷりつかっていることが指摘され，そのようななかで経営をしていたから，競争原理の弱さによって，経営の安定化が保証され，企業家精神を生み出す余地はなく，現状維持の保守的な性格が定着したと指摘される。また，この商店街内の競争圧力のない「ぬるま湯状態」は環境変化にも鈍感であることが「ゆでガエル」論で説明され，外部環境の激変が生じたときには対応できず，商店街の自滅化論理として広く論じられることになる。

④　店舗数の制約性─立地移動困難な植物型の業種店

業種店の商業集積である商店街は一定の場所にまとまって集中して形成されている。ここで注目する点は，商店街の商業集積の立地における場所的・空間的制約性である。

中世あたりでは，港町や宿場町，門前町などにおいて自然発生的に所縁関係により集積し，漠然とした場所的空間的なまとまりであったが[3]，戦後，商店街のアーケード化が進展し，集積した商店街を囲むように行われたことで，商店街に立地する業種店の店舗数の固定化が「見える化」されるようになった。商店街の店舗数の制約はこのような理由から生じた。

また，商店街を構成する業種店は零細小売業であり，その特徴は住宅と店舗が自己所有で未分離であり，当初は「家商未分離」の構造で商店街内部に

3　宮本又次（1939）『商業史』龍吟社を参照のこと。

立地していた（その後，家商分離になる）[4]。商店街の業種店が場所を移動することなく，固定的であり，その地に根を生やしている植物に譬えられる理由がここにある。

　そこから，商店街内部でやる気のない業種店を外して，やる気のある業種店を導入しようとしても，店舗と土地の所有権をもっているがゆえに追い出すことができず，商店街の外部から参入しようとしても店舗の制約性から自由にできないのである。

　もちろん，店舗所有者が廃業し，空き店舗にして店舗の不動産のオーナーになって，新しく業種店を誘致するということは可能である。しかし，その空き店舗の商店街の立地状態，空き店舗を利用するにあたって店舗内部の仕様の制約性（広さや使い方）や家賃などから，必ずしも入居する業種店と条件が一致することの困難もあり，いつでも自由に参入できるわけではない。

　したがって，商店街内部に存在するやる気を失い，満足利潤志向の業種店をやる気のある最大限利潤志向の業種店と簡単に容易に入れ替えるということは難しい。その結果，やる気を失っている満足利潤志向の業種店の存在が商店街の後ろ向き志向を強め，商店街全体の保守的性格を強めていくといわれる。

⑤　品揃えの一貫性・統一性の困難─自然発生的所縁型商業集積による要因

　商店街の多くは歴史的な自然発生的所縁関係によって形成され，その場所の多くは古くは港町や宿場町，門前町などで，市が形成され，たまたまそこでの所縁によって互いに集まって立地して発展してきた。そのような理由から，商店街の業種店の品揃え形成は不揃いで，一貫性はなく，本質的に商店街は非計画的・非統一的な品揃え形成の商業集積である。ゆえに，消費者の生活から生じる多様なニーズに対応できるような品揃え形成には本来的になってはいない。

　だから，商店街の品揃え形成の不統一は当たり前であり，構成する個々の業種店は独立の主権をもった小売業であるがゆえに，勝手に品揃え形成の変更の要請はできない。個々の業種店の自発的な品揃え変更によってのみ可能

4　石井淳蔵（1996）を参照のこと。

であるが，業種店の論理的な特徴である商品知識の制約性と取扱い技術の壁が災いになって，容易に業種転換もままならない。外部から品揃え形成の不足の店舗を導入することも可能であるが，空間的な店舗数の制約性もあって簡単ではない。

　かくして，消費者の生活から生じるニーズの様々な要請に対して商店街は基本的に品揃え形成の統一的計画的な一貫性に不向きであり，原則的に無理なのである。そこから消費者のニーズへの対応は後ろ向きとなり，保守的な傾向が避けられないと指摘されている。

商店街の非計画的・非統一的品揃え形成による保守的な性格

　商店街の保守的な性格について指摘されている内容を見てきた。それは商店街を構成する零細小売業である業種店の本質的な問題（非資本／非資本主義的性格）とそこから派生する経営姿勢の有り様にいきつく。経営上では業種店の取得する利潤が生活費で消えてしまうという，利潤量の少なさの恒常化が大きな要因といえる。それによって，企業家精神が喪失し，商店街を構成する多くの業種店が「満足利潤志向」の経営を行っているからである。

　そこでは，そのような業種店の多くが，日常業務に追われ，仕入れ，荷受け，陳列，接客，売り上げ管理，在庫管理などの周期的なルーティン作業などを朝から夕方までこなすことに精一杯で，「長時間労働による営業時間の浪費」を繰り返し，「向上心や探究心」に時間を割くような精神的な余裕もなく，毎日決まった仕事を漫然と繰り返すという経営を行っているゆえに[5]，革新的な消費ニーズ対応に時間を割くような余裕もない。その経営視野は日常的な取引における地理的，空間的な経営環境の限定的な狭隘性・閉鎖性にあり，個々の「商人の孤立性」化のなかで経営をしているのである[6]。

　そこから，消費者が要請する多様なニーズへの対応に対して，品揃え形成の中途半端さ，不十分さ，無理という否定の姿勢の問題が業種店の経営姿勢に現れ，そこに業種店の後ろ向きによる保守性の問題が横たわると指摘され

5　石原武政・石井淳蔵（1992）『街づくりのマーケティング』日本経済新聞社，pp.301–303；茂木六郎（1979）「零細小売商論によせて―マルクス経済学の立場から」『中小企業季報』（大阪経済大学中小企業・経営研究所）1978 No.4, pp.4–5。
6　石原武政・石井淳蔵（1992），pp.301–303。

ているのである。商店街を構成する業種店の本質から派生する非企業家精神の欠如がこの問題の最大の要因となっている。

　こうして，商店街が業種店からなる自然発生的な所縁型の商業集積であり，またその商業集積の多くが企業家精神を失った独立の零細小売業の業種店から構成され，前向きの消費者ニーズの積極的な対応について，個々の業種店の経営事情が理解できるゆえに，商店街の全体の合意形成は容易でない。商店街自体が非計画的・非統一的管理で全体が覆われ，商店街の後ろ向き姿勢は強く，保守的性格となり，革新性が乏しいという理由はこのような様々な要素から起きる。

(2) 先進的商店街の存在と商店街の公共性
革新的な小売業の存在と商店街と，まちづくりへの関わり

　これで終わると商店街そのもののイメージは「古い」「暗い」「活気がない」「後ろ向き」といったイメージで終わってしまう。だが，商店街の実態が衰退化へと進むなかでも頑張って繁栄を維持している先進的な商店街も存在している[7]。

　そこでは「まちを活かしたイベントづくり」「手づくりと誘致イベント」「店揃えとまちなみ整備などまちを経営する（タウンマネージメント）」「組織のリーダーによる商店街のまとまった行動」「まちの自主的な資源づくりや多様な組織連携」などを中心に活発な商店街も存在していることを知っておく必要がある[8]。

　そこにおいて支えているリーダーは「対内視線」だけでなく「対外視線」の意識が強い業種店である。それだけではない。商業者のための商店街ではあるが，地域としての商店街がどうあるべきかという「社会的意識」，つまり商店街と公共性をつねに念頭においている。商店街と外部性を射程内に入れて商店街活動をしている。商店街の生き残り，活性化はこの方向である[9]。

7　石原武政・石井淳蔵（1992）を参照のこと。
8　石原武政・石井淳蔵（1992）を参照のこと。
9　出家健治（2008）『商店街活性化と環境ネットワーク論—環境問題と流通（リサイクル）の視点から考える』晃洋書房，pp.26-33。

それは「消費者（経済活動）」ではなく「生活者（非経済的活動＋経済的活動）」という市民意識にそうことでもある。「日常的な買い物施設としての商店街」から「地域施設としての，あるいは生活インフラとしての商店街」である[10]。

　石原武政たちが指摘しているように，商店街は一方で公共性をもっている[11]。宇沢弘文や宮本憲一が指摘しているように都市を「社会的共通資本」[12]と捉えれば，商店街は都市における「公共的共同消費手段」であり，阿部真也のいうように「消費過程の非個別性＝集合性」[13]をともなう「公共的集合消費」[14]の場所であるといえ，純公共的な組織と民間の市場組織の中間に位置している準公共財としての位置づけであるという[15]。

　石原武政たちはいう，まちづくりは商人の力だけではできないといい，地域コミュニティの支援なくしては難しく，地域コミュニティに開放することが必要であるという[16]。そうすることで「商人が起こしたまちづくりの運動は地域コミュニティのなかで大義を獲得する。商店街の公共的性格が地域コミュニティから，そして承認される。そこで初めて，行政を含めて，多様な協力者が期待できるようになる」[17]という。商店街の活性化はこのような方向で進展している。そこには「対内視線」と「対外視線」をあわせもつ業種店の強みが活性化の力となる。

10　石原武政（1991）「消費者からみた商店街」『都市問題研究』（都市問題研究会）第43巻，第3号，p.17。

11　石原武政・石井淳蔵（1992），pp.333–352。

12　宇沢弘文（2003）「プロローグ」宇沢弘文・薄井充裕・前田正尚編『都市のルネッサンスを求めて―社会的共通資本としての都市1』東京大学出版；同（2000）『社会的共通資本』岩波新書；宮本憲一（2003）『公共政策のすすめ―現代的公共政策とは何か』有斐閣を参照のこと。

13　阿部真也（1993）「『社会的集合消費』と生活の質」阿部真也監修『現代の消費と流通』ミネルヴァ書房，p.68。

14　阿部真也（1993），p.69。

15　阿部真也（1988）「社会経済環境の変化とマーケティング概念の拡張」『流通研究』（日本商業学会）第1巻，第2号，pp.6–13を参照のこと。

16　石原武政・石井淳蔵（1992），p.351。

17　石原武政・石井淳蔵（1992），p.352。

2. 業種店である零細小売業の理論的検討とその成長の可能性について

(1) 零細小売業の「非資本」と「資本」の論争からみる本質的な企業家精神の存在

業種店たる零細小売業の特徴と「資本的性格」[18]

　ここで論じるのは業種店が本質的に消費者ニーズの要請に応えられない存在であるかを検討する。商店街を構成する業種店の特徴は，①規模が小さい，②売場面積が狭い，③取扱いの品揃え形成の範囲が狭いことによる限定性，④販売額が少ない（低生産性），⑤商店主もしくは家族で経営（零細性），⑥土地と建物が自己所有，⑦店舗と生活空間が建物の同一性，⑧家商未分離，⑨経営における家計と利潤の未分離である，という内容をもっている。

　このような特徴のなかでも業種店の本質に関わる部分は，商店主もしくは家族従業からなるという特殊性にある。本来，商業は労働者を雇用しなくても成り立つのであり，商業者と販売する品揃えの商品があれば成り立つ。つまり，商業者は生産者から安く商品を仕入れて消費者に高く販売をして売買差益を得るのであり，たった一人でG–W–G′という資本の運動を行うことができる。自営業といわれる理由である。

　そこから，資本の運動を行うという点で，資本家であり，業種店は商業資本であるといえる。また彼はたった一人で売買活動を行うことから，資本家であると同時に労働者でもあり，資本と労働が未分離状態にあることがわかる[19]。そこから「資本としての機能」をもつものの，資本と労働の未分離によって「生産関係」が形成しないから，「非近代的な性格」の「資本」なのである（零細小売業の「資本」説）。

18　零細小売業の資本的性格ならびその批判については出家健治の一連の研究を参照のこと。主なものは出家健治（2002）『零細小売業研究—理論と構造』ミネルヴァ書房；同（1991）「零細小売業の一般的規定＝本質規定の再検討—『資本的性格』の喪失に対する批判」『熊本商大論集』（熊本商科大学）第38巻，第1号；同（1993）「零細小売業研究の潮流」『熊本商大論集』（熊本商科大学）第40巻，第1号を参照のこと。

19　出家健治（2001）「売買労働と商業労働—売買活動と売買操作の関係」鈴木　武編『現代流通論』多賀出版を参照のこと。

定説たる零細小売業の非資本的性格の見解

　だが，業種店は資本規模でいえば極めて小規模で，小規模以下の零細であるといわれ，これらは零細小売業とよばれているが，一般的に理論上では，得られる利潤量が生活費で消えてしまい，利潤が形成されないことから，「資本ではない」というのがこれまでの定説である（零細小売業の「非資本説」）。利潤量が生活費で消えてしまうほどの少なさで，手元に利潤が残らないということから，その額は労働者の賃金相当の性格であるゆえに，資本とはいえないという理由からである。また商店主もしくは家族からなることによって自営業という表現が与えられ，労働力を雇用しない，つまり商店主もしくは家族従業という経営形態が近代的な資本主義的経営形態ではなく，非近代的な経営形態であると説明されてきた。

零細小売業の非資本的性格の問題点

　この説明は正しい部分もあれば間違っている部分もある。零細小売業は明らかに G–W–G′ の運動をとっている。本来，商業そのものは G–W–G′ の運動をとるから，規模の大小にかかわらず「資本の運動」をとるゆえに，商業は生まれながらにして「資本」である。さらに得られる利潤量が少なくて，家計と利潤が分離していないこの商業は，得られた利潤が生活費に消えて利潤が手元に残らないからといっても，その生活費の原資は売買差益である利潤に間違いないはずである。利潤は売買差益（G′–G ＝△g）をいうのであって，生活費に向けられようと利潤であることに問題はない（単純再生産の場合を想定すればすぐにわかる）。だから，この議論の誤りは利潤量の少なさによってそれが生活費に消えてしまうから，手元に利潤が残らないゆえに資本ではないと主張したところにある。量の問題を質の問題に置き換えたところに誤りがある。本来的に生活費に消えるような少なさであっても，それは売買差益による利潤であるという点で，本来的に利潤なのであり，そこからそれを産み出す資本として機能していたということができる。その意味で零細小売業の「非資本説」は誤りであり，零細規模といえども資本なのである。

　それだけではない。この誤りは自営業の小企業と同じく自営業の小商人を「自営業」として同一視した結果の誤りでもある[20]。自営業の「小企業」は W–G–W という単純商品生産を行うという点で「資本」とはいえないが，

自営業の「小商人」は G–W–G′ という商業の資本として機能するという点で決定的に異なる。多くのこの理論の誤りは前者を後者に当てはめて小商人も W–G–W であると捉えたところにある。その誤りは零細小売業が資本ではないという見解から生じた。

　この議論に関して実態調査を行った際に，商業を営んでいる人が話したことを忘れることができない。彼は次のようにいった。商売人が利益を求めて営業をしていないなんていうことはありえないと。商売人は誰もが利潤を求めて売買活動をしていると。ただ残念ながら，その利潤量の少なさにより，零細小売業が基本的に生活費と利潤の未分離であるから，利潤が生活費に消えてしまうのであると。そこには，零細小売業たる業種店の現実的な経営実態が日常化された周期性による恒常的な規則性[21] という売買活動によって，「長期間労働と効率の悪さから営業時間の浪費」[22] という経営形態により，利潤が生活費で消えるほどの少なさになっている要因であることに注意すべきである。これは零細小売業たる業種店の固有で本質的な経営的特質であることを明記すべきである。

　なお，正しい部分は，業種店が零細な小売業で小，中，大規模の小売業と決定的な違いが他人労働を雇用していなく，商店主もしくは家族従業によって支えられている点にあり，非近代的な小売業として，中，小の小売業と質的に区別すべきであるという点である[23]。商店主や家族からなり，構成員が商店主を中心に滅私奉公する経営であり，家業中心にすべての生活が動いていることである。商店主である家長を中心とした家族の「忠誠心」によって

20　出家健治（2009）「零細概念における小生産者と小商人の同一視批判—中小企業・中小商業研究者の誤り」『熊本学園商学論集』（熊本学園大学）第 10 巻, 第 2 号を参照。

21　石原武政・石井淳蔵（1992）；矢作敏行（1997）『小売りイノベーションの源泉—経営交流と流通近代化』日本経済新聞社を参照のこと。

22　茂木六郎（1979）を参照のこと。

23　レーニンはいう，「『家長，父兄弟などの経営ではたらく家族員』。いいかえると，ここで問題になっているのは家族労働者であって，ほかの小グループ（C）で問題となる賃金労働者とは異なっている。それゆえ，人口の社会的構成（およびその資本主義的発展）を研究しようとするならば，普通おこなわれているように，この家族労働者を賃金労働者に参入すべき」でない（レーニン, N.（1971）『農業問題と「マルクス批判家」』（谷村謙作訳）国民文庫, p.164）。

支えられ，それは封建制の君主と家臣といった生産関係に類似した形態が見られる。そこから「前期性」が特徴づけられ，このような経営形態から「非近代的な小売業」として認識される。

　しかし，業種店たる零細小売業の前期性・非近代性は「非資本」としての本質的特徴からではなく，「経営形態」の問題である。つまり，労働者を雇用しない非近代的な生産関係の経営形態の問題からそのようにいえる[24]。零細小売業は商業資本として「資本としての性格」を本質的にもっているが，零細小売業という現実的具体的な形態においては経営形態から前期的な商業資本として特徴づけられる。このような二重性を業種店たる零細小売業は持つ[25]。そこに零細小売業の特殊性がある。

(2) 業種店（零細小売業）の企業家精神の喪失とそこからの脱出による可能性

零細小売業の「資本的性格」による革新的小売業への途

　かつて商店街の実態調査で行政やコンサルタントの関係者が零細小売業の業種店の多くは「やる気がない」「起業家精神が失われている」という言葉をよく聞いた。別の言い方をすれば「生活ができさえすればよい」という「満足化志向」である。そこから後ろ向きの姿勢が強く表れているというのである。

　しかし，そのような話を商店街の人にしたところ次のような答えが返ってきた。「商業者はもうけることを考えない人は誰もいない」，「本来的に企業家精神は誰もが持ち，最大限利潤を求めている」と。むしろ問題がどこにあるかといえば「一生懸命頑張っても生活費で消えるほどの利潤しか手に入らない現実にある」と。この状態が続くと誰もが諦めて生活費程度の利潤に甘んじてきて，次第に「やる気が失われるのである」と。前で述べた商業者の台詞である。

　要するに，企業家精神の喪失は生活費を下回る利潤量の少なさとその持続にあるとのことであり，そのような現実の状態の持続から発生するというの

24　出家健治（2002）を参照のこと。
25　出家健治（2002），第10章を参照のこと。

である。頑張っても報われない現実からやる気が失われ，本来的にもっていた企業家精神が喪失していくという。

　そのことは，逆にいえば，得られる利潤量が生活費を超えるものであれば「やる気」がでてくるということになる。つまり，取得する利潤量が持続的に生活費を超えれば，本来的に商業がもっている「資本」がそのまま発揮して最大限利潤を求めるようになり，企業家精神は喪失することなく，逆に生まれて持続することになる[26]。実際に零細規模といえども消費者のニーズを押さえた領域の品揃えをすれば，成長することが可能である[27]。したがって，そのような経営を行えば零細小売業といえども生活費を超える利潤を取得することができ，企業家精神を失うことなく前向きな姿勢で頑張ることができる。

　もちろん，その成長性は規模の「小」ささと売場面積の「狭」さによる商品の品揃え形成の範囲の制約性によって，生活費を超える利潤量も制約を受けることを押さえておく必要がある。その意味で置かれている状況の厳しさがその成長性を難しくさせる。

　圧倒的に多くは成長性のある小売業ではなく，規模の小ささと売場面積の小ささによる取扱い範囲の狭さという「規模と範囲の制約性」によって低生産性が避けられず，生活費程度，もしくはそれ以下の利潤量しか取得できない状態に追いやられていき，それが持続することで企業家精神は失われ，やる気を喪失していくのである。そして小売経営が日常的な周期的課業の継続となって向上心や探究心は消えていき[28]，満足利潤志向の経営になっていく。

　しかし，商店街の業種店の活性化の前提条件は，少なくとも，①経営者年齢が若く，②専業で経営をし，③生活費以上の利潤取得の持続可能な商業者の企業家精神をもつ[29]ことであり，そのような業種店がどれくらいあるかという，これらの構成要因の程度・割合がカギとなる。生活費を超える利潤を

26　田村正紀の指摘を見よ。田村正紀（1981）『大型店問題―大型店紛争と中小小売業の近代化』千倉書房, pp.169-196。
27　出家健治（1994）「零細小売業の成長の可能性について―熊本市の小売業から」『経営研究』（熊本商科大学産業経営研究所）第13号を参照のこと。
28　石原武政・石井淳蔵（1992），第5章の2―(2) を参照のこと。
29　田村正紀（1981），p.195。

得ることができる業種店の零細小売業は「やる気」をもち，企業家精神を失わず，その飽くなき利潤の追求姿勢によってその条件が実現できれば，その延長線上において「革新的な小売業者」へと転換し，これらの小売業が業態への転換による大規模化へと進んでいく。

業種の多くの中で最大限利潤志向経営をする数少ない革新的な小売業者によって消費者の需要側の要請に対する問題解決へと動き出す。この革新的な業種店の小売業が「規模の拡大」と売場面積の増加による品揃え形成の「範囲の拡大」を図ることで，商店街ができなかった計画的統一的管理型の商業集積を実現するという方向へ展開していく。その展開が「業態」であり，小売業の大規模化の動きである。

しかしそれは一企業の単線型の成長発展によってもたらされるという単純な論理ではないのである。そこに革新的な小売業者の経営に対する苦悩と努力があったからであり，それはまた個人的な努力ではなく，革新的な小売業者の経営交流によってその展開が行われ，その共同作業に近い形で業種店から業態へ展開していく。業種店から業態への移行・転換過程は革新的小売業者の協働による共同事業としての様相をもっていたのである[30]。

第12章　参考引用文献

阿部真也 (1988)「社会経済環境の変化とマーケティング概念の拡張」『流通研究』(日本商業学会) 第1巻, 第2号。

同 (1993)「『社会的集積消費』と生活の質」阿部真也監修『現代の消費と流通』ミネルヴァ書房。

石井淳蔵 (1996)『商人家族と市場社会——もう一つの消費者社会論』有斐閣。

石原武政 (1991)「消費者からみた商店街」『都市問題研究』(都市問題研究会) 第43巻, 第3号。

同 (2000)『商業組織の内部編成』千倉書房。

同 (2002)「商業の社会性と売買の集中」大阪市立大学商学部編『ビジネス・エッセンシャルズ5　流通』有斐閣。

石原武政・石井淳蔵 (1992)『街づくりのマーケティング』日本経済新聞社。

宇沢弘文 (2000)『社会的共通資本』岩波新書。

同 (2003)「プロローグ」宇沢弘文・薄井充裕・前田正尚編『都市のルネッサンスを求めて——社会的共通資本としての都市1』東京大学出版。

田村正紀 (1981)『大型店問題——大型店紛争と中小小売業の近代化』千倉書房。

30　矢作敏行 (1997) を参照のこと。

出家健治（1991）「零細小売業の一般的規定＝本質規定の再検討─『資本的性格』の喪失に対する批判」『熊本商大論集』（熊本商科大学）第38巻，第1号。

同（1993）「零細小売業研究の潮流」『熊本商大論集』（熊本商科大学）第40巻，第1号。

同（1994）「零細小売業の成長の可能性について─熊本市の小売業から」『経営研究』（熊本商科大学産業経営研究所）第13号。

同（2001）「売買労働と商業労働─売買活動と売買操作の関係」鈴木　武編『現代流通論』多賀出版。

同（2002）『零細小売業研究─理論と構造』ミネルヴァ書房。

同（2008）『商店街活性化と環境ネットワーク論─環境問題と流通（リサイクル）の視点から考える』晃洋書房。

同（2009）「零細概念における小生産者と小商人の同一視批判─中小企業・中小商業研究者の誤り」『熊本学園商学論集』（熊本学園大学）第10巻，第2号。

宮本憲一（2003）『公共政策のすすめ─現代的公共政策とは何か』有斐閣。

宮本又次（1939）『商業史』龍吟社。

茂木六郎（1979）「零細小売商論によせて─マルクス経済学の立場から」『中小企業季報』（大阪経済大学中小企業・経営研究所）1978 No.4。

矢作敏行（1997）『小売りイノベーションの源泉─経営交流と流通近代化』日本経済新聞社。

レーニン，N.（1971）『農業問題と「マルクス批判家」』（谷村謙作訳）国民文庫。

第13章

統一的計画的管理型商業集積である業態の形成

ここでは商店街のなかの業種店が業態へと転換する過程を考察する。そのような動きを推し進めたのが，需要の側の消費者の無限と思えるような欲望を充足するための商品購買とその商品探索における買物時間の容易性ならびに買物費用の節約行動，さらに心理的な購買労力の削減である[1]。

そのためには小売業に商品の品揃えの種類と量の拡大対応が基本的に要請される。消費者の欲望を充足させるニーズ対応の品揃え形成であり，短時間で商品探索が可能て購買が終わるというワンストップショッピングの要請てある。

この消費者の要請は小売業者の大規模化を引き起こし，小売業のなかの革新的業種店が業態へと展開して近代的な小売業への転換てある。業種から業態への転換過程をここで考察する。

1　矢作敏行は，消費者の購買は貨幣，時間，生理の3つの要素の負担であるという。「貨幣支出」は商品価格と買物費用，「時間支出」は情報探索時間，来店所要時間，購買時間を含んだ買物時間，「生理的な支出」は心理的な快適さや肉体的疲労であるという（矢作敏行（1996）『現代流通―理論とケースで学ぶ』有斐閣，p.40）。最後の非経済的要因は消費者にとって大きな意味をもつといってよいであろう。このような3つの要素の短縮化であり，生理的支出の商品購入の満足度や快楽性である。

1. 業種店から業態への移行プロセス─革新的業種店の登場と経営交流と業態移行

(1) 需要の側の消費者の品揃えの拡大要求

ワンストップショッピング志向と革新的小売業者の対応

　理論的には，商業におけ「売買の集中の原理」によって多くの生産者の販売を集中させ，多くの消費者の購買を集中させることで，流通はスムーズに動くという内容であった。そこにおいては「売買の集中の原理」の無限性が前提にされていた。

　だが実際には商業が店舗商業であるがゆえに，規模と範囲の制約が生じ，「売買の集中の原理」の制約性が生じて，そのようなことは困難であった。売買の集中の「制約性」が存在するなかで，限りなく近い形で実現したのが商店街と業種店であった。商店街という一定の場所的・時間的・空間エリアにおいて業種店が集積し，売買の集中機能を「集中」と「分化」の「外部化」で実現させた。その範囲内で可能な限り消費者の無限な欲望の充足に対して制限的な範囲内で商品提供を行った。

　しかし，個々の業種店の店舗規模の「小」ささ，売場面積の「狭」さによる品揃え形成の少なさ，取扱い量の少なさは，消費者の無限に近い欲望の充足を満たすニーズの商品の探索は容易ではなかった。そこから消費者の限られた所得において効率的な商品購買が要請され，商品探索ならびに商品選択の容易さと経済性を考慮した購買意識が強く生まれた。

　こうして消費者は商業の品揃え形成の豊かさ，低価格という経済性を考慮した要求が生じた。さらに女性の社会的進出は，買物時間を短くさせ，短時間で買物を強いられるようになり，ワンストップショッピング志向が強まってきた。

　とくに消費の豊かさは消費者の意識行動を変化させる。一般的に日常的に必要とされる購買頻度の高い商品の関連購買から購買頻度のそれほど高くない商品まで，つまり非関連購買の商品まで広がりをもって商品探索をするようになる。消費者の欲望の充足を満たす制約性のある使用価値の商品は頻度の高い購買関連だけでなく頻度の低い非関連購買までも広がり，これら商品

をワンストップショッピングで商品探索できるような方向に動き始めた[2]。そのような消費者の買物行動が，品揃えのより豊かさ，経済性による合理的な購買志向，短時間の購買，さらに購買労力の削減というワンストップショッピング志向を要請し，業種店や商店街では対応が困難になってくる。

　経済性や合理性の追求を要請する消費者の要求は，そのようななかで企業家精神に富んだ革新的な小売業がより多くの利潤を求めて動き出すことになる。その方向は経営や組織の領域に足場をおいた拡大志向であった[3]。消費者の欲望の無限性・流動性・不確定性による気まぐれな動きから生まれる，関連購買から非関連購買の商品までの幅広い一括的商品探索要請を，革新的な小売業者が汲み込んで，規模の大規模化と売場面積拡大による品揃え形成の範囲の大規模化に向けて，革新的な経営技術を土台にした小売経営イノベーションで対応するような動きが始まった。当初は経営技術を軸とした単線型の品揃え形成の規模拡大という方向が主であったといわれている[4]。

　百貨店や既存の伝統的な小売業は1960年代以降の消費者の所得の増加や合理的な商品による生活要求の近代化，そして人口増加による郊外への人口移動といった変化に対して目前に広がる新たな需要を積極的に掴もうとしなかった[5]。食料品，家庭用品，雑貨，衣料雑貨，医薬品など日常需要生活必需品を扱う企業家精神に富んだ革新的な業種店が自己の単一商品部門を拡大す

2　石原武政は，商品の探索時間と探索費用の短縮という観点からすれば，関連購買の商品や購買機会が似かよっている商品が一つの集合体になった方が便利であって，非関連購買の商品の取扱いはその利便性に距離が離れた無関係の商品の品揃え形成が増えれば増えるほどワンストップショッピング機能は効果的ではないという（石原武政（2000）『商業組織の内部編成』千倉書房，pp.117-118）。だからといって否定しているわけではない。品揃え形成の問題であろう。そこに消費者の利便性と品揃え形成の間の矛盾をはらんでいるということである。

3　矢作敏行（1981）『現代小売商業の革新―流通革命以降』日本経済新聞社，p.19。

4　矢作敏行（1981），p.22。中野 安は，当初は「一段式ロケット型」の「価格切り下げ型」の展開であったと指摘している（中野 安（1997）「巨大小売業の発展と流通革新―日米比較」近藤文男・中野 安編著『日米の流通イノベーション』中央経済社，pp.4-5）。

5　矢作敏行（1981），pp.21-22。中野 安は，全く百貨店業界がスーパー業態に無関心であったわけではなく，本業が好調の時には新規参入は消極的もしくは部分的であったと指摘している（中野 安（1995）「小売業」産業学会編『戦後日本産業史』東洋経済新報社，p.668）。

る方向で動き始めた[6]。その革新的方向は店舗規模の拡大と商品部門の拡大という,「規模の経済」を実現する単線的な一元的方向へ進んでいく。

　なかでもスーパー業態は,百貨店のように立地条件（人口規模）や投資条件（高コスト）の制約がなく,中小零細小売業の業種店が取り得る可能性のある形態であった。革新的小売業者である業種店はスーパー業態を採用する方向で転換していくことになる。

（2）革新的小売業の形成と経営交流—制度と組織研究の学習とその実施
業種店から革新的な小売業の出現

　業種店から業態への転換はその中間項として革新的小売業の存在とその発展が不可欠になる。業種店は規模に関係なく商業を行っているから G–W–G′ という資本の運動をとっているので,本来的に「資本」としての性格をもち,企業家精神を持っているので,その意味で業種店の革新性は原則的に潜在的に内在していた[7]。問題はそれが発現するか否かであった。

　しかし,すでに見てきたように,店舗商業であるという現実的形態は業種店が基本的に小規模で取扱商品の範囲も狭いために,その規模と範囲の制約性によって販売成果の利潤量は原則的に少ない。その経営形態が家計と利潤が未分離で,「長時間労働で営業時間の浪費」であることによって,資本としての運動によって売買活動をするものの,売買差益は量的に少なく,取得した利潤量の量によっては利潤が残ったり,残らなかったりした。

　その意味で売買差益による利潤量が問題となった。売買差益の利潤量が少なければその多くが生活費に消えてしまい,あとに利潤が残らないことになり,そのケースが業種店には多く見られたのである。いわゆる,拡大再生産志向と対比される単純再生産志向状態であった。営業時間の非効率な浪費が売買差益の利潤量の少なさにつながり,その持続によって,本来的に資本としての性格（G–W–G′）をもっているにもかかわらず,やる気を失い,企

6　矢作敏行（1981）, p.22。
7　これは「商業資本」でありながら,自己雇用＝自己労働という「特殊性」をもつ零細小売業から派生する問題である。自己搾取をして得られた利潤量が単純再生産志向を超えて個人的な再生産である生活費を超えた多さが生じるか,否かが,企業家精神の生まれる境界である。

業家精神が消失して，現状維持の満足利潤志向になっていったのである。利潤の少なさが拡大再生産志向の企業家精神を眠らせたままであった。

　このような結果になっているのは，石原武政・石井淳蔵が指摘するように[8]，業種店の零細小売業の「日常業務の周期性」にあった。小売業者は仕入れから荷受け，陳列，在庫管理，接客，売上金管理，販売促進まですべての業務に従事し毎日決まったことを繰り返し行う。そのために商店街内部の「地理的・心理的・経営的・孤立性」[9]に甘んじていて，新しい情報に接し，異質な経験を積む機会が乏しく時間的，空間的に狭隘な世界に綴じ込められて「向上心や探究心」が生まれてこなかった。これが成長機会の制約性の要因であった[10]。

　それはまた零細小売業の特徴でもあった。茂木六郎のいうように，零細な店舗の無限の分散や業者としての集団化できずに孤立化する状態や労働の浪費ともいうべき営業努力，店舗の老朽化，商品回転率の低下，業者や家族の肉体的限界まで小売業にしがみつく（店舗維持＝存続）ことが「法則」となる，特殊な小売業である[11]。

　逆に，成長性思考は日常の業務だけでなく，時間を割きながら，商店街内部の「地理的・心理的・経営的・孤立性」を超えて「経営交流」を行ってきたことが大きいといわれる。商店街の中から「向上心や探究心」をもつ業種店がやる気のある革新的な業種店への転換は「長時間労働と営業時間の浪費」という経営のあり方を改善して効率のよい経営を行うことで可能となった。

　つまり，業種店の中の革新的小売業者はその基礎的な土台に恒常的な生活費以上の利潤を生み出すことを可能にし，現状維持の満足利潤志向で行われていた経営とはひと味違った前向きの経営意識と最大限利潤志向の小売経営を展開していった。業種店によく見られる長時間労働の改善，効率的な仕入

8　石原武政・石井淳蔵（1992）『街づくりのマーケティング』日本経済新聞社, pp.301-302。

9　矢作敏行（1997）『小売りイノベーションの源泉—経営交流と流通近代化』日本経済新聞社, p.25。

10　矢作敏行（1997），p.25。

11　茂木六郎（1979）「零細小売商によせて—マルクス経済学の立場から」『中小企業季報』（大阪経済大学中小企業・経営研究所）1978 No.4, pp.4-5。

れ，的確な消費者への販売を行う経験と知識による経営努力，営業時間の効率性によって実現が可能となった。

　鶏と卵の関係でよくいわれるように，売買差益の飽くなき量的拡大というやる気が先行するのか，売買差益の量的な拡大の実現の結果によってやる気が先行するのかわからないが，いずれにしても業種店が売買差益で取得する利潤が生活費を超えるような量になるということと，その持続的な実現によって確実に企業家精神が生まれ，現状維持の満足利潤志向（単純再生産志向）から最大限利潤志向（拡大再生産志向）へと経営意識が変わっていったことは間違いであろう。

　個別の業種店における企業家精神の経営こそが業種店の革新性を生み出し，このような革新的な小売業の登場とこの原動力が，業種店から業態へと進展していく本質であるとみてよい。だから業態の登場はこのような革新的小売業の存在を抜きには語れない。

革新的小売業者の経営交流と革新的な小売イノベーションの定着

　革新的小売業の業態への転態は零細小売業のもつ長時間労働や営業時間の浪費といった経営の特質を改善し，新業態の合理的な経営手法を導入して完全に効率的な経営ｓへと転換する方向へ進むことになる。だが，その効率化とその新業態導入の努力は業種店という小規模の狭い範囲という制約性の中では限界が生じて困難となる。その限界性を突破するために革新的小売業者は，規模の拡大と取扱い範囲の拡大を図っていくための新業態の導入を図り，効率的な経営，そして効果的な売買差益である利潤量の急激な増加を求めて，制約性であった規模と範囲の問題を解決すべく，資本の投資のあり方，経営組織のあり方など様々な根本的な変革へと進んでいくことになる。

　そのために「商業労働者の雇用」や「チェーンシステム」による多店舗展開，売場面積の拡大にともなう商品の品揃え形成の拡大，そして商品の陳列や取扱い商品の技術や店舗設備などの様々な合理的な工夫によって，大量に仕入れて大量に販売する効率的なシステムを採用する方向へと向かうことになる。しかし，このような合理的な近代的経営の導入は業態そのものが海外で展開されたものであるだけに，その導入における店舗や制度などの小売経営のイノベーション導入は個人では容易ではない。その習得に時間をかけて

努力する必要があったが個人ではなかなか難しかった。

　周知のように，多くの業態は海外で生まれ，発展してきた。百貨店業態は
フランスであり，スーパー業態やコンビニエンスストア業態はアメリカであ
る。だから多くの業態は海外の小売業の業態移転であった[12]。革新的な業態
は業態の国際的移転，制度的な業態開発など全く新しいシステムを導入する
ことが必要なので，特定の個人企業のみでは困難なのである。戦後の流通近
代化に大きく貢献したスーパー業態の国際的な移転も，革新的な小売業者に
よって海外視察をしたり，経営交流も競争相手でありながらともに学ぶとい
う呉越同舟さながらの共同学習を行うことで知識を吸収し，それを実施しな
がら切磋琢磨をして日本の流通環境に移転させ，導入させようと努力したの
である[13]。

　矢作敏行は，このような新業態や業態開発は革新的な小売業者といえども
個人では難しく，経営交流なくしては業態の定着は困難だったであろうと指
摘されている[14]。革新的な小売業者が率先して革新的な販売方式や立地戦略
を展開したことは事実であるが，この習得は単独では難しく，長い時間をか
けて，同業者や他業界，設備機器メーカー，外国企業，コンサルタントなど
の多くの人たちとの経営者交流で互いに学び取り，切磋琢磨をして競い合い
ながら，彼らの相互作用によって新業態の開発にたどり着き，社会的に定着
させることに貢献したという[15]。業態革新や業態開発の発展と安定的な成長
の展開は「孤立した特定企業ではなく，多様な人間関係，組織的関係のなか
で学ぶ」[16]人たちがいて，「革新が多様な個人・組織の関係を通して業界全体
に伝播」[17]したと指摘している。

　スーパー業態の日本的な移転において革新的な小売業者は経営者交流をし

12　矢作敏行（2007）『小売業国際化プロセス―理論とケースで考える』有斐閣，とくに
　　第1章を参照のこと。
13　矢作敏行（1977），p.42。
14　矢作敏行は戦後日本の小売業革新は小売商人たちの自主的な経営交流であると指摘し
　　ている（矢作敏行（1977），p.13）。
15　矢作敏行（1997），p.12。
16　矢作敏行（1997），p.12。
17　矢作敏行（1997），p.12。

ながら情報を共有し学ぶことが見られた。なかでも経営指導を担ったのが日本 NDC（日本ダイナミックチェーンの略），商業界，公開経営指導協会，主婦の店運動（小倉，丸和フードチェーン）の４つであるといわれている[18]。商業界ゼミナールや公開経営指導協会，NDC，互栄会，東レサークルなどでは衣料系の革新的小売業者，日本流通科学研究会，六社会，AJD（オール・ジャパン・ラッグ），AJS（オール・ジャパン・スーパーマーケット協会），北水会（関西スーパーを中心とした会），ニッショウ・サミット情報交換会，ペガサスクラブ（渥美俊一主宰）などでは食品・医療系の革新的小売業者というように，企業の垣根を越えて経営交流をしながら新業態の導入に関わる具体的なノウハウ，たとえば，経営方法，店舗設備などを共有し，それを業界全体に伝播させながら業態の定着化へ努力したのである[19]。仲間意識をもった人たちが経営交流することで経営者たちはとてつもなく開花してスーパー業態の定着と発展に寄与した。

　業態への移行はこのように業種の革新的な小売業者の集団的な相互知識や制度研究の成果として業態革新ならびに業態開発がシステムの定着に貢献したことは特筆すべきことである。

（3）業種店から業態への経営近代化プロセス

業種店から業態へ転換の近代化プロセスと条件

　業種店から業態への転回におけるプロセスは田村正紀によって説明されている。田村正紀はやる気という企業家精神が生業志向からいかに形成されていくかを，実態調査をもとに整理して説明している。

　それによれば，業種店である零細小売業は生業志向で，定説の非資本的性格に立脚しているが[20]，いまその議論はおくとして，生業志向から近代化志向にいたる途は２つの経路があるという。

　一つは同族志向である。多くの小売業業態が同族志向で，同族のカリスマ

18　矢作敏行（1977），p.43。
19　業態革新と業態開発の日本の導入プロセスは矢作敏行（1977）を参照のこと。
20　田村正紀（1981）『大型店問題─大型店紛争と中小小売業の近代化』千倉書房，pp.176-178。

の経営者によって発展したことはよく知られている事実である。同族の経営
は創業以来，家業として同族が事業継承して経営を持続してきたのであり，
創業以来の同族による家業の家訓の経営精神を柱に発展して近代化したとい
える。そこには，生業志向が後ろ向きで環境変化においてできないと戦略的
な否定を行うのに対して，同族は創業以来，いろいろな苦労を乗り越えなが
ら事業継承して経営の継続をしてきたのであるから，その経験から環境適応
する能力をもっているという。

　たしかにそうでないと事業継続は難しかったであろう。経営の近代化にお
いて環境適応の問題は有力なキーワードとして設定され，同族志向は創業以
来経営を持続してきた要因として環境適応の能力の存在と一致するというの
である。実際にスーパー業態の多くは同族系が多い。

　もう一つは危険負担志向である。業種店から，とりわけ零細小売業の生業
志向から飛び出すためにはすべての戦略を否定するようでは離陸できないの
であり，賭けに似ていて離陸するための冒険が必要であるという。

　さらに業種店の資本家意識の形成には3つの条件が必要であると指摘す
る[21]。一つは企業家精神を生成・発展させるに十分な売上成長速度の維持，2
つ目は売上速度の依存の維持に必要な後継者の確保，3つ目は後継者への経
営交代による店主年齢の若返りの促進であるという。

　業種店の経営意識の近代化の方向の条件はこのような内容で形成されると
いう。零細小売業の取得する利潤量が生活費で消えてしまい，その状態が続
くと，本来もっていた商業資本としての革新的な企業家精神が芽生えず，逆
に生活費を超える利潤量の持続が革新的な企業家精神が生まれるということ
を証明している内容である。

業種から業態に向けて商人家族から組織的商業への転換─経営者意識と行動

　伝統的な商人から近代的組織的商人への移行は経営者の対内視線と対外視
線の関係[22]，家商未分離から家商分離の関係[23] が関わっている。

21　田村正紀（1981），pp.194-195。
22　石原武政（2006）『小売業の外部性とまちづくり』有斐閣，第4章，終章を参照のこと。
23　石井淳蔵（1996）『商人家族市場社会─もうひとつの消費社会論』有斐閣を参照のこと。

　石井淳蔵によれば，伝統的な商人は土地と建物が一体化し，自己所有の土地と建物で，店舗と住居が同居している形態であり，それはまさに家商未分離の形態である。この家商未分離は知らず知らずのうちに生活を通して商人教育が行われていたという。

　その多くは商店街内部に居住して店舗を構えていることから，生活基盤と商業活動基盤は同じであった。だから，彼らのほとんどは自分の店舗だけでなく，商店街全体のことも当然関心をもって生活をしている。そこには石原武政のいうような，商業者が対内視線（店の内部）と対外視線（店の外部）の両方の視点をもっていたという。この状況を「商業の外部性」として，「まち」や商店街に関心をもつ視点としてまちづくりの重要な視点であると指摘した。商店街が業種店による依存と補完関係から成り立っているということは同時に対内視線と対外視線をもつことであり，地域重視による商店街活動やまちづくりに参画協働する根拠をここに求めた。

　伝統的な商人から近代的組織的商人への近代化への移行は，家商未分離から家商分離（どこでも場所があれば出て行く）への変化であるという。つまり，「資本の論理」が働くことによって営業場所はどこでもよく，儲かるところがあればどこにでも行くという自由な店舗進出であり，特定の商店街に固執しないということである。

　また住居は商売人からサラリーマン化へと変化していき，商店街の外へ居住が移り，店舗のみが商店街に置かれるようになる。生活基盤と商売の基盤の分離である。この分離は家族内の商人教育が弱まり，サラリーマン家庭のような教育が進展することであるという。

　さらにこの家商分離は地元の商店街に固執しないということから，自店舗の売上を優先するという対内視線が重視し始め，地元意識は弱まり，対外視線は弱体化していくことになるという。こうして近代的な組織小売業（業態）になればなるほど対内視線重視へと移って商業の外部性についての関心が薄れるというのである。このような視点は近代的な小売業（業態）がまちづくりに関心をもたないことを暗示しているという。その立地や閉店・撤退がそのことを示している。革新的な小売業の近代化・拡大化は対内視線を強め，家商分離の方向へと進んでいくのである。

　最後に本質的な視点から業種から業態への転換は小売業の近代化＝資本主義化（資本主義経営化）であるということの意味について説明する。業種のような個人店が前近代的な商業であるのは，業種店といわれる自営業の個人店は商店主ないし商店主と家族従業から成り立っている。それはそこには「家」への忠誠という封建的な生産関係（君主と家臣の関係）と類似した状況があり，家族は商店主のもとに商業活動を行い，家族はすべて商業活動中心の生活を強いられる。結婚してきた女性は無償の商業労働を担い，商業活動のついでに家事労働をする状態におかれている。子供たちも手の空いたときにはその手伝いをする。このような商店主もしくは家族労働からなる商人家族としての零細小売業は「家」に対する忠誠心のもと商店主を中心に商業活動 G–W–G′ という資本の運動をしている点で，封建的な生産関係を投影した非近代的な商業資本（前資本主義的な商業）といわれる。

　伝統的商人家族から近代的商人家族への移行はその視点からいえばそのメルクマールは家族労働以外に他人労働を雇用するかどうかである[24]。家族労働と他人労働の混在は資本主義化の一歩でもある。業種店でも店舗規模によって人が足らず，家族労働力のほかに他人労働を雇用するようになると，その混在は業種店の性格を決定的に変質させたと見るべきである。古い形態と新しい形態の混在であり，その混在は資本主義的な進化においてどこにでも見られる形態である。そこでは古い形態の比重は全く問題ではない。古い形態と新しい形態の混在そのものが資本主義的進化そのものである。そのような構造的視点が必要である[25]。

　業種店の他人労働力雇用は古い形態と新しい形態の混在であるが，多くの業態は間違いなく新しい形態の近代的な他人労働力雇用の商業資本である。業態は資本の規模の大から生じる売場面積の拡大と品揃え形成における範囲の大を必要とする。資本の大規模化は法人形態の組織的商業への転換であり，品揃え形成の拡大は商品知識を知っている従業員の拡大を必要とする。そこ

24　レーニンは，「家長，父兄弟などの経営ではたらく家族員」は家族労働者であって，賃金労働者とは異なっていて，同列に扱うべきでないことを指摘した（レーニン，N.（1971）『農業問題と「マルクス批判家」』（谷村謙作訳）国民文庫，p.164）。
25　出家健治（2002）『零細小売業研究―理論と構造』ミネルヴァ書房，第10章を参照のこと。

から商業資本は商品取扱資本だけでなく，売買を促進するために売買操作資本を投入し，人的な投下による商業労働者の雇用を必要とする。その意味で，業態は大規模化を不可欠とするので他人労働（商業労働者）の雇用なくしては不可能である。他人労働の雇用を前提としているという点で商業領域に雇うと雇われるという資本主義的な生産関係（資本家対労働者）が商業領域に持ち込まれることになる。業態が近代的ないわば資本主義的な商業形態であるというのはこのような意味からである。

　業態の大規模化による商業の「法人化」「企業化」「組織化」，そのための商品取引資本だけでなく売買操作資本の投入は資本主義的商業の典型的な形態である。その物的な投資は組織の近代化のための小売経営イノベーションに向けられる。その意味で業種店から業態への転換は資本主義的商業への質的な転換を示している。

　業種店の革新的小売業における組織の方向は，①取扱い商品の拡大と②多店舗展開に大きく分かれ，前者は百貨店業態で，企業内組織は部門別経営管理の異業種補完型であり，後者はスーパー業態で，企業内組織はチェーンシステムの同業種累積型である[26]。

2. 業態への転換と業種店総合化の形成

(1) 業種から業態への転換と売買操作資本
業種店の制約性突破に必要な売買操作資本の投下

　業種店から業態への転換は，まず商店街における業種に見られた制約性や壁の克服がある。その克服のために新たな資本投下（売買操作資本）が必要となる。

　これまで自然発生的所縁型商業集積である商店街の問題点を指摘し，消費者のニーズに対応する難しさを述べてきた。業種店の業態への転換は，いう

26　石原武政（1989）「［流通における企業間組織］流通の多様性に応じる企業間組織」
　田村正紀・石原武政編『日本の組織　戦略と形態8　流通と販売の組織─消費文化のインターフェース』第一法規出版，pp.336-337。

までもなく，業種に見られる２つの制約性，つまり「商品知識の制約性」と「取扱い技術の壁」の克服なくしては品揃えの拡大は不可能といえる。

そこにおいて商業者は商品買取資本のほかに売買操作資本の投入が必要で，そのために小売業は組織形態の法人による資本調達を必要とし，それによって資本の大規模化を図ることが可能となる。その結果，小売経営イノベーションによって，大きくは百貨店型小売業資本蓄積とチェーンシステム型小売資本蓄積形態を作り上げることになる。

商業者は本来，生産者から商品を仕入れるための「商品買取資本」が本質であった。業種店は基本的にこの商品取扱資本のみであった。業種店から業態への転換はこの資本以外に，販売を促進するのに必要な「売買操作資本」の投入が必要となる。この新たな資本の調達問題はいうまでもなく内部調達では十分といえないから外部調達へ求めることになる。そこから個人店から法人店へと移行させ，株式会社による他人資本の調達に向かう。それはいうまでもなく資本規模の拡大（つまり大規模化）であり，個人店から法人店（会社形態）へ，家族的商業から組織的商業へ，業種店から業態への移行である。

業種店は規模の「小」，取扱い範囲の「小」である場合は，商品取扱資本で充分に商業活動をすることができる。規模の「大」，取扱い範囲の「大」になると，より多くの販売が必要であるために商店主や家族だけでは十分とはいえない。また店舗のあり方，つまり経営組織，経営管理技術など多様な問題も生じてくる。そのような理由から人的物的な投資が必要になる。

このような投資の必要性から新たに商品取扱資本のほかに売買操作資本を投入するのであるが，その投資内容は，上で述べたように，①人的要因と②物的要因への投入である。いうまでもなく，前者は多くの人を雇用すれば販売力は拡大する。販売量の格段の増加のために自己労働ではなく他人労働を増やすのである。後者はその販売を促進するための店舗施設，什器，広告宣伝費など近代的な販売拡大支援投資に向けられる。

人的要因の投資は他人労働の雇用に向けられた。他人労働の販売労働者の雇用は，商店主や家族労働による限られた労働力から派生する業種店の商品知識の制約性の限界を克服する。雇用により一人当たりの商品知識の拡大し，取扱い商品知識は格段に増えて，品揃えの量的・質的拡大に対応可能になる。

また取扱い技術の壁も，雇用者の技術修得によって克服を可能にし，できなかった商品の品揃えの取扱いの壁を突破した。

　物的要因の投資は取扱い商品の拡大における取扱い技術の壁を経営設備のイノベーションで克服し，品揃えの集中拡大による効率的かつわかりやすい分化をするために，商品や店舗管理システムや施設を導入してその問題を克服する目的である。小売経営に関する革新的な店舗経営・技術の導入，つまり百貨店型小売業の部門別経営管理やチェーン型小売業のチェーンシステムによる集中（本部）と分散（支店）による管理方式，近代的な経営管理・経営組織・経営技術，販売促進などの資本投下である。

　規模の小・範囲の小から規模の大・範囲の大への転換は業種店のシステムをそのまま大きくすることで対応できるのではない。そこに新たな小売経営のイノベーションをともなう。これらの資本投下が小売経営イノベーションをともなった内容によって，業種店の商品の品揃え形成の取扱いの制約性を克服することが可能になった。

(2) 業種店の総合化・統合化と統一的計画的管理型商業集積の業態の形成
消費者の欲望と小売業の売買の集中の原理の制約性

　基本的に消費者の欲望は無限に湧き出し，しかも流動的で不確定である。しかし，全く無限で不確定でとりとめなく，制御できないというわけでもない。我々は生活をしているのであるから，そこから基本的には生活から派生する欲望であり，必要なものである。その意味で少なくとも欲望から派生する商品は，少なくとも生活に関わる「関連購買の商品」とそこから外れた「非関連購買の商品」という範囲からの派生する欲望の商品と大きく考えてよいであろう。その点で欲望から生じる商品はその範囲内の欲望という点で限定性がある。限定性はあるものの無限に生み出され，つかみどころのない不確定であるというのは，石原武政の指摘のように[27]，欲しいと思う商品自体を消費者自身が具体的に知らないということから派生する。

　生活の中でこんなものが欲しいとか，あったらよいというように創造的な

27　石原武政（2000），p.88。

欲望が湧き出るけれども，日常の生活で使っていて不足が生じ，同じ商品を購入するという場合を除いて，日常使っているものでも同じ商品以外のものに変えようとする場合もそうであるが，そのほとんどが抽象的で具体性をともなわないということである。チラシやカタログをみて事前に具体的な商品を確定するというような場合を除いて，消費者は直接に商品を店頭で商品を見つけて，その商品と事前に想定した抽象的な欲望から生じた商品像と摺りあわせながら，一致するかどうかを判断して購買を決める。

　消費者は欲望からすぐに具体的な商品がどのようなもので，それがいつ，どれだけ必要になるかというようなことをあらかじめ知っているわけではない。消費者が事前に想定した抽象的な欲望から生じた商品像と，使用価値の制約性を伴う商品を店頭の商品探索によって遭遇した商品と摺りあわせながら（もちろん交換価値表示の価格の面も含めて），一致したときに売買が成立するといえる。消費者は店舗選択をして商品選択をすると前の方で論じたが，その含意は逆で自ら求める商品が探索の目的であって，その商品探索を通して店舗選択をするのである[28]。

　そのような消費者の欲望にもとづく生活という範囲の制約性から派生する，つかみどころのない抽象的な欲望の内容の無限性は，その意味で商業者にとって原則的に不特定多数のつかみどころのない消費者像として描かれるのである[29]。そこから理論上の商業の売買の集中に見る無限性によってのみ対応が可能であることがわかる。

　だから，生活関連の範囲内での欲望がどのようなもので，いつどこで商品が欲しくなるかは消費者自身もわからないのであるから[30]，ましてや小売業の側も消費者需要を小売業者は捉えきれず，確定できないのであるから，消費者の湧き出る流動的で不確定な無限の欲望に対してその品揃え形成の対応の難しさがわかる。さらに小売業が店舗商業であることから生じる規模と範囲の制約性はさらに限定性を加えることによってより困難となる。このような理由から根本的に現実の具体的な小売業はどんなに大規模化した店舗でも

28　石原武政（2000），p.88。
29　石原武政（2000），p.80。
30　石原武政（2000），p.140

消費者の欲望に対応しきれないのである。

消費者の関連購買や購買機会，仕入れの親和性から多様な業態の総合小売業形成

　この図13-1は業態の登場による売買の集中の原理を図にしたものである。革新的な小売業である業種店が自らの企業において一カ所で売買の集中を行うことで生まれた形態である。商店街と業種のように売買の集中機能が集中と分化に「外部化」していたのに対して，業態は売買の集中機能のうちの集中と分化が一企業の内部に押し込められることによって，集中と分化を「内部化」させたのである。業態はこのような革新的小売業である業種店が統一的計画的管理的な視点から一カ所で売買の集中を行う形態として登場したものである。

　業種店と商店街は売買の集中機能における集中と分化の「外部性」の関係

図13-1：売買の集中の原理と業態の一業種から業態へ

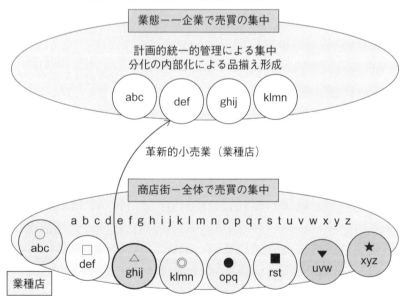

業種店の中から革新的小売業者が生まれる

出所：筆者作成。

性から，売買の集中機能が全体としては見られるものの，個々の業種店の集積であるゆえに，それぞれの事情を知っている緩やかな仲間組織で横断的な合意による意思決定であるがゆえに，時には個々の事情が反映して合意形成は難しく，全体の管理コントロールは難しかった。

しかし，革新的小売業者の登場と業態の形成は売買の集中機能の内部化によって，仲間型組織から本部による店舗運営管理，強い統制力・指導力による企業型の強力な上意下達組織に代わり，全体として管理コントロールができるようになった。業態が統一的管理的商業集積といわれる理由である。

けれども，統一的な管理コントロールができるようになったことと，「売買の集中の原理」が理論のように無限の機能を果たすようになったこととは別である。売買の集中機能の内部化により全体として管理コントロールが可能になったものの，店舗小売業という小売業のあり方が，「売買の集中の原理」の機能の制約性から逃れられないのである。

とくに消費の豊かさは消費者の意識行動を変化させ，消費者の欲望の多様化は一般的に日常的に必要とされる購買頻度の高い商品の関連購買から購買頻度のそれほど高くない商品まで，つまり非関連購買の商品まで広がりをもって商品探索をするようになる。消費者の欲望の充足を満たす制約性のある使用価値の商品は頻度の高い購買関連だけでなく頻度の低い非関連購買までも広がり，これら商品をワンストップショッピングで商品探索できるような方向に動き始めるのである。

そのような消費者の買物行動が，品揃えのより豊かさ，経済性による合理的な購買志向，短時間の購買，購買労力の削減，ワンストップショッピングを要請し，業種店や商店街では対応が困難になってくる。経済性や合理性の追求を要請する消費者の要求は，そのようななかで企業家精神に富んだ革新的な小売業がより多くの利潤を求めて動き出すことになる。その方向は経営や組織の領域に足場をおいた方向であった[31]。消費者の欲望の無限性・不確定による気まぐれな欲望から生まれる，関連購買から非関連購買の商品の幅広い一括的商品探索要請を汲み込んで，規模の大規模化と売場面積拡大によ

31　矢作敏行（1981），p.19。

図13-2：業態から業態への品揃え統合―一つの事例

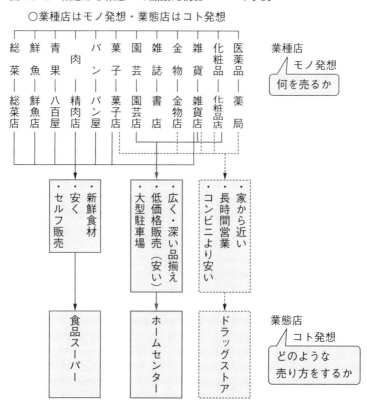

〇業種店はモノ発想・業態店はコト発想

出所：小林隆一（1994）『ビジュアル流通の基本』日経文庫, p.33。

る品揃え形成範囲の大規模化対応から，革新的な経営技術を土台にした小売経営イノベーションで対応するような動きが生まれて，業種店と異なり，複数の業種を一つにまとめる業態が業種店から生まれた。

　この業態も店舗商業であるゆえに大規模化しても売場面積の制約性から規模と範囲の制約性を免れられなかった。大規模化による無差別な品揃えの拡大は，売買の集中の利益が生じ，一見して消費者の多様なニーズ対応，ワンストップショッピング対応にみえるが，消費者にとっては一度の購買で求める商品種類は限られているし，多くの商品と出会うことは消費者の商品探索の時間と費用を増大させ，消費者の購買の利便性を逆に疎外する要因になり

かねなかった[32]。無関連な商品の集中はワンストップショッピングの効果は上がらないと[33]。

　そこから，業態の複数業種の統合は消費者の商品探索の時間と費用の短縮化の観点から，ただひたすら多くの商品を集中させるというのではなく，使用状況が互いに関連する商品や購買機会が似ている商品を統合することが[34]売買の集中機能における「集中」と「分化」の合理的な内部化として機能するので，そのような対応がとられた。さらに仕入れの取引の親和性も統合性の要因となる。

　業態は売買の集中機能の集中と分化の内部化によって一企業の統一的計画的管理型の商業集積が登場し，店舗商業という規模と範囲の制約性が売買の集中の原理に影を落とし，消費者の以上のような対応，仕入れの親和性などの要素が重なって，百貨店業態，スーパーストア業態，スーパーマーケット業態，総合スーパー業態，コンビニエンスストア業態，紳士服・家電・薬品・DIYなど専門店量販店業態など多種類の業態が形成された（図13-2）。

　このような多業態の形成に対して，中野　安は小売業において重要な位置を占め，主要業態として定着する画期的タイプの業態，つまり百貨店業態やスーパー業態，さらにコンビニエンスストア業態など小売業の頂点に立ち時代をリードした業態と，比較的小規模市場で経済的影響の小さい新業態開発や，ある業態の基本的枠組みのなかで競争維持やその向上のためになし崩し的に行われる些細なイノベーションによる業態の修正のようなものに大別できるという。さらに「革命」という以上は大規模なマスマーケットを押さえ，小売業全体の編制を基本的に変えるような画期的タイプの，いわゆる主要業態であること，経済的にも社会的にも衝撃を与えるようなものであることを指摘している[35]。百貨店業態，スーパー業態，コンビニエンスストア業態を扱った理由はここにある。

32　石原武政（2000），p.117。
33　石原武政（2000），pp.117-118。
34　石原武政（2000），p.117。
35　中野　安（1989）「現代日本小売業の構造と動態」糸園辰雄・中野　安・前田重朗・山中豊国編『転換期の流通経済1　小売業』大月書店，pp.2-3。「小売イベーションと流通革命」の箇所も参照のこと。

　売買の集中の原理が商店街の業種店による商業集積と業種店の「集中」と「分化」の「補完と依存の関係」によって実現されたように，業態においても店舗商業という売場面積の制約性からたった一企業の業態で消費者の無限のニーズを一手に引き受けて対応することができるわけではない。消費者のニーズは供給の幅をつねに超えているから業態は商品構成の広さと深さを軸に業種の品揃え形成のまとまりを考慮しながら多業態による棲み分け（補完と依存関係）によって売買の集中機能の「集中」と「分化」を果たしている。

　商業者が業種の壁を越えて売買の集中をして品揃えを総合化するときそれを総合小売業という。その際の総合化は，①完全品揃え志向と②部分的品揃え志向に分かれ，それがある程度の業種特化型の総合と部門すべて型の総合に分かれるといえる[36]。

　そして大きくは業種の家電や紳士服や DIY やドラッグなどの専門品グループと専門品以外は買回品群と最寄品群の2つに分かれる。ここでは専門品を含めた買回品群を上位グループに，最寄品群を下位グループにというように便宜的に分けるとすれば，もちろん，業態の現実の品揃え形成は上位グループか，下位グループ化というようにきれいに棲み分けされるのではないが，百貨店業態は基本的に上位グループであり，取扱いの品揃え層は下位から上位へと幅広く双方の品揃えを取り込みながら，業態としての品揃え形成をしている。

　他方，スーパーマーケットやスーパーストアなどのスーパー業態やコンビニエンスストア業態は基本的に下位グループであり，百貨店業態とちがって下位グループのところに品揃え形成の中心をおいている。そこから多業態間においても集中と分化ならびに補完と依存関係が形成されているのである。

　このように業態の品揃え形成の中心にはこのようにちがいがあるが，現在ではスーパー業態のなかの総合スーパーやショッピングセンターは百貨店業態と同様に上位から下位へと品揃えを拡大して幅広い品揃え形成を行い，業態の差異性から同質性への移行によって類似化しつつも，業態間の立地上の棲み分けをしつつ，激しい競争関係を展開している。

36　石原武政（2002）「商業の社会性と売買の集中」大阪市立大学商学部編『ビジネス・エッセンシャルズ5　流通』有斐閣, pp.99–104。

第13章 参考引用文献

石井淳蔵（1996）『商人家族市場社会─もうひとつの消費社会論』有斐閣。

石原武政（1989）「［流通における企業間組織］流通の多様性に応じる企業間組織」田村正紀・石原武政編『日本の組織 戦略と形態8 流通と販売の組織─消費文化のインターフェース』第一法規出版。

同（2000）『商業組織の内部編成』千倉書房。

同（2002）「商業の社会性と売買の集中」大阪市立大学商学部編『ビジネス・エッセンシャルズ5 流通』有斐閣。

同（2006）『小売業の外部性とまちづくり』有斐閣。

石原武政・石井淳蔵（1992）『街づくりのマーケティング』日本経済新聞社。

田村正紀（1981）『大型店問題─大型店紛争と中小小売業の近代化』千倉書房。

出家健治（2002）『零細小売業研究─理論と構造』ミネルヴァ書房。

中野 安（1989）「現代日本小売業の構造と動態」糸園辰雄・中野 安・前田重朗・山中豊国編『転換期の流通経済1 小売業』大月書店。

同（1995）「小売業」産業学会編『戦後日本産業史』東洋経済新報社。

同（1997）「巨大小売業の発展と流通革新─日米比較」近藤文男・中野 安編著『日米の流通イノベーション』中央経済社。

茂木六郎（1979）「零細小売商によせて─マルクス経済学の立場から」『中小企業季報』（大阪経済大学中小企業・経営研究所）1978 No.4。

矢作敏行（1981）『現代小売商業の革新─流通革命以降』日本経済新聞社。

同（1996）『現代流通─理論とケースで学ぶ』有斐閣。

同（1997）『小売りイノベーションの源泉─経営交流と流通近代化』日本経済新聞社。

同（2007）『小売業国際化プロセス─理論とケースで考える』有斐閣。

レーニン, N.（1971）『農業問題と「マルクス批判家」』（谷村謙作訳）国民文庫。

計画的統一的管理型商業集積である業態と「売買の集中原理」のシステムの内部化

この章では「売買の集中の原理」と業態の関係性を見ていく。商店街や業種店が「売買の集中の原理」の制約性のもとて「外部化」の関係性てあったのに対して，業態は「売買の集中の原理」の同じく制約性の中で小売経営イノベーションによるシステムの「内部化」の関係性てあった。そしてそのような特徴という点て共通性は見られるが，百貨店業態，スーパー業態，コンビニエンスストア業態はそれぞれ特徴によって差異性が見られる。その内容をこの章て考察する[1]。ここては小売イノイベーションが業態につながるという視点て論じる[2]。

1. 売買の集中の原理と業種・商店街──集中と分化の外部化

(1) 商店街と業種店による売買の集中機能の外部化

商店街と業種の売買の集中機能の「外部化」

間接的流通システムにおいて商業は「売買の集中の原理」により流通をスムーズにさせるという機能を果たすことを論じてきたが，小売業も同様である。また売買の集中の原理は理論上では多種多様な商品を量的にも質的にも無限に取り扱うことが可能であるが，現実は商業が店舗商業であるから，店舗規模と売場面積により取扱いの制約性が避けられなく，取扱い量（量的）においても，品揃え形成における商品種類の幅や深さ（質的）においても制約性が原則的に働く。

商業の「売買の集中の原理」は店舗規模が「小」さいと，売場面積も「狭い」ことから，品揃え形成は取扱い量において少なく，品揃え形成の取扱い

の幅と深さにおいても狭く，そこから「売買の集中の原理」は極めて「制約性」が強く働く。これが業種店であった。

　規模の小さい店舗は小さいがゆえに商店主もしくは家族労働者のみで行われ，取扱い量も少なく，商店主のみもしくは家族従業によって店舗が運営され，取扱いの商品に対する商業者の個人的な能力による商品知識の制約性や取扱い技術の壁によって特定の部分的な取扱い商品に限定されたというのが業種店であり，その形成の論理であった。

　また「売買の集中の原理」は「集中」と同時に「分化」がセットでないと合理的に機能しない。業種店は売場面積の狭さから取扱い商品が少量で限定

1　ここでは石原武政（2000）『商業組織の内部編成』千倉書房，とくに第２部を参照のこと。なおこの章は石原武政と中野 安の一連の研究成を念頭に入れて抽象化の理論化を考察していることを断っておく。このテーマに関わる石原武政の一連の研究について散見されるものを挙げておく。石原武政（1989）「［流通における企業間組織］流通の多様性に応じる企業間組織」田村正紀・石原武政編『日本の組織　戦略と形態8　流通と販売の組織─消費文化のインターフェース』第一法規出版；同（1991）「消費者からみた商店街」『都市問題研究』（都市問題研究会）第 43 巻，第 3 号；石原武政・石井淳蔵（1992）『街づくりのマーケティング』日本経済新聞社；石原武政（2000）；同（2002）「商業の社会性と売買の集中」大阪市立大学商学部編『ビジネス・エッセンシャルズ5　流通』有斐閣；同（2006）『小売業の外部性とまちづくり』有斐閣。
　中野 安の一連の研究について散見されるものを挙げておく。中野 安（1979）「低成長経済と巨大スーパーの動向」『季刊経済研究』（大阪市立大学）第 2 巻，第 3 号；同（1983）「現代資本主義と流通機構」森下二次也監修，糸園辰雄・中野 安・前田重朗・山中豊国編『講座現代日本の流通経済3　現代日本の流通機構』大月書店；同（1985）「80 年代巨大小売業の歴史的位置」近藤文男・中野 安編著『流通構造とマーケティング・チャネル』ミネルヴァ書房；同（1989a）「現代日本小売業の構造と動態」糸園辰雄・中野 安・前田重朗・山中豊国編『転換期の流通経済1　小売業』大月書店；同（1989b）「小売イノベーションと流通革命」糸園辰雄・中野 安・前田重朗・山中豊国編『転換期の流通経済1　小売業』大月書店；同（1995a）「小売業」産業学会編『戦後日本産業史』東洋経済新報社；同（1995b）「価格切り下げ型小売業イノベーションの新展開と商品開発」大阪市立大学経済研究所 / 明石芳彦・植田浩史編『日本企業の研究開発システム─戦略と競争』東京大学出版会；同（1997a）「巨大小売業の発展と流通革新─日米比較」近藤文男・中野 安編著『日米の流通イノベーション』中央経済社；同（1997b）「ディスカウント革命の進展と雇用問題」『季刊経済研究』（大阪市立大学）第 20 巻，第 3 号；同（2007）『アメリカ巨大食品小売業の発展』御茶の水書房。
　なお，「小売イノベーション」については同（1995b）の「現代日本の小売イノベーションを捉える視角」pp.173-177 を参照のこと。
2　中野 安（1995b）の「現代日本の小売イノベーションを捉える視角」pp.173-177 を参照のこと。

的に特化されているので，1店だけでは消費者の多様なニーズに対応できないことから，業種店が一カ所に集積をして商店街を形成することで商業の「売買の集中の原理」の役割を担うということであった。

そこから「売買の集中の原理」は業種店が「分化」の機能を果たし，その集合である商店街が「集中」の機能を果たすという関係性が見られた。業種店と商店街の「売買の集中の原理」は「集中と分化」の「外部化」の関係性によって成り立っていた。

(2) 商店街と業種店による売買の集中機能の外部化と細くて長い流通システム

間接的流通システムの細くて長い卸主導型流通システムと売買の集中の外部化

間接的流通システムの初期形態は生産のあり方と個人的消費の特性のあり方から流通システムのあり方が決まっていった。一つは，川上の側の生産が中小零細規模の生産が支配的だったことである。生産の単位当たりの規模が小さいことと分散的な生産の存在によって少量生産，少量流通が流通システムのあり方の主流になった

また，川下の側の消費者は個人的な消費特性が小規模，分散，個別性ということから，小売業のあり方が規定され，小規模，分散，零細性，低生産性という形態にならざるを得ず，小売業の多くは業種店で担われ，その集積である商店街が売買の集中という原理としての機能を担っていた。このような分散的少量生産と小規模分散的な消費，さらにそれに規定された小売業の間で効率的につなぐために流通システムは収集，中継，分散という多段階の流通組織になった[3]。

その流通システムは「分散→集中→分散」という流れを形成し，その中心部分の仲継卸売業が集中機能を果たすことからこの流通システムのチャネルリーダーとしての役割を果たすゆえに，卸売主導型の流通システムといわれた。この細くて長い伝統的な流通システムの流通環境の中で小売業の「売買の集中の原理」は，「集中」である「商店街」と「分化」である「業種店」

3　細くて長い流通システムについては，森下二次也（1977）『現代商業経済論』（改訂版）有斐閣，第4章；同（1967）「商業の分化と商業組織」森下二次也編『商業概論』有斐閣，第4章を参照のこと。

が「外部的な集合分立」関係によって小売機能を実現していた。そこからこ
こでは売買の集中機能の「外部化」とよんだ。

2. 業態の「売買の集中の原理」による集中と分化の「システム」をともなう「内部化」

（1）業態の革新的な経営システムを組み込んだ売買の集中機能の「内部化」
業態と売買の集中機能の内部化と小売経営イノベーション

　業態は商店街の業種店のなかから革新的な小売業者が一カ所で多様な品揃
えによって消費者のワンストップショッピングの利便性を考慮して形成した
ものである。

　それは商店街のように部分的なものの「分化」が一カ所に「外部」的に集
合させることで「集中」させるというのではなく，一カ所の大きな店舗内に
大量の商品を「集中」させて，「内部」の表示形式で商品分類をすることで「分
化」させるという，売買の集中の「内部化」が業態の特徴である。

　しかし，注目すべきは，小売経営のイノベーションによって小売業自体だ
けでなく，川上と取引先を巻き込んだ「外部システム」を組み込んだ内部化
でもあった。

業態の成長と間接的流通システムの短縮化─企業主導による内部化

　業態の形成とその成長発展は，「流通革命」といわれるように，間接的流
通システム全体が「売買の集中の原理」の制約性を突破し，大量仕入・大量
販売へと動き出し，流通システム全体が短縮化の方向へ動き出したことを意
味する。

　生産の大規模化は販売の大規模化を要請し，消費への大規模消費を促すこ
とになる。そこにおいては，少なくとも生産の大規模企業，流通の大規模企
業，消費の大規模消費市場という３条件が整っていなければならない。少
なくとも日本の経済発展は二重構造といわれた強固な状態が解消されて，次
第に古い形態が取り崩されながら，古い形態と新しい形態が重なりあいつつ
資本主義化が進展していったといえる[4]。

　生産の中小規模の分散的な立地によって，また川下の消費者の個人的な消費特性によって小規模・分散的要求ということから小売業の小規模・分散性ということもあって，そのなかをつなぐ流通システムは細くて長い流通システムを形成し，この環境下では合理的システムであった。だが，生産の大規模化による大量生産，小売業の業態の成長発展による大量販売の登場によって細くて長い流通システムは不合理となった。

　この生産と小売の間の相克は，小売業の業態が競争関係のなかでこれまで小売を支えていた業種店や商店街を駆逐することで，一時的に細くて長い流通システムを温存・利用して業種店や商店街を販売先としていた生産の側の大規模企業は売上を落とし，スーパー業態に対して対立から妥協の白旗を上げることになる。しかし，流通システムの短縮化の進展は 1990 年代まで待たねばならなかった。そしてコンビニエンスストア業態が支配的な位置につくことで完成することになる。

　資本主義の発展は新しい近代的な要素が一挙に拡大し，急速に広域に進展する場合もあれば，古い非近代的な要素が強く残存し，近代的な要素が緩やかに少しずつ展開する場合もあり，そのテンポに差異がある。戦前の日本は資本主義の発展が遅く，緩やかであったために，資本主義的商品市場の発展は不十分であった。生産の発展も不十分であったために細くて長い流通システムが定着し，小売業の発展もまた不十分で小規模な業種店が消費者に対峙し，商店街で売買の集中を担っていた。大都市市場を軸とした百貨店も買回品を中心とした品揃え形成ゆえに少量仕入，少量販売ということから細くて長い流通システムに適合していたので，このシステムは主流のシステムとして戦後の 1960 年代まで定着した。

　戦後の資本主義の発展は急速となり，資本主義的な商品市場は一挙に全国に拡大して巨大な消費市場が形成され，消費の近代化が進行した。生産の側も生産の近代化が一挙に進行し，その狭間で細くて長い流通システムの近代化が要請された。小売業の近代化が遅れて中小零細小売業である業種店と商店街で担われていた，「分散（生産・収集卸）—集中（仲継卸）—分散（分散

4　出家健治（2002）『零細小売業研究―理論と構造』ミネルヴァ書房，第 1 章を参照のこと。

卸・小売」という流通システムは，卸段階から流通経路の短縮化が緩やかに進行した。大規模生産の支配的体制は収集卸の縮小へとまず進み，「集中（生産）―集中（仲継卸）―分散（分散卸・小売）」という流通システムになった。小売業の大規模化の進展は，1980年代初頭を境に商店街の衰退にともなう業種店の閉店が加速化するにつれて，競争対立を繰り返しながらも大規模生産企業と取引が増加するにつれて，徐々に分散卸や仲継卸が縮小して，流通経路の短縮化が進展する。そして1990年代に入って，大規模生産企業と業態としての大規模小売業の直接取引が本格化するにつれて，卸売業排除の「集中（生産）―集中（小売・本部）―集中（小売・支店）」の流通システムになり，一挙に短縮化して，太くて短い近代的な流通システムが完成するのである。このように業態の成長は本格的な流通革命とよばれる短縮化した小売「企業」主導型の流通システムを作り上げていく[5]（図14-1）。

（2）百貨店業態と売買の集中機能の「システム」をともなう「内部化」

百貨店業態の盛衰の経済環境—登場の背景の経済と伝統的な流通システム

　百貨店業態は資本主義初期の時代の大規模小売業であった。歴史的には，

図 14-1　3つのタイプの流通構造

●流通チャネルリーダーの変遷（流通革命と本格的な 流通革命 / 流通の近代化）
　―卸売業（仲継卸）主導型 → メーカー主導型 → 小売業主導型

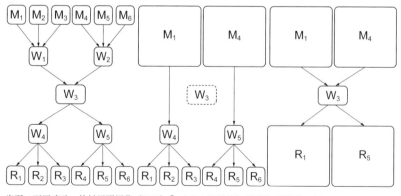

出所：石原武政・竹村正明編著（2008）『1からの流通論』（旧版）碩学舎, p.99。

最初の百貨店は1852年にフランスで登場したアリスティド・ブシコーによるボンマルシェである。百貨店業態はフランスで誕生してアメリカで発展した。

　百貨店業態はこれまでのような手工業商品ではなく，資本主義の工業生産の商品の標準化・画一化・単純化による均一的同質的な商品を扱うことで，「正札性」「定価販売」「現金販売」「返品自由」という近代的な販売方法を可能にした。また，百貨店業態は高級な品質の買回品を扱っているから，消費者の購買頻度が低いので店舗に多くの人口を集中させるためには大都市なみの人口規模を必要とし，そこから人口集中の密度の高い大都市に立地展開した。百貨店が大都市と双子であるといわれる理由がここにあった。

　さらに百貨店業態は資本主義の発展の初期段階に登場した業態である。資本主義の初期は消費財生産の多くは中小企業が主流の経済構造であった。その意味で中小規模生産による少量生産，少量販売が主流であることから，流通経路も細くて長い流通システムが主流であった。そして消費市場でも大都市市場は少なく，その市場を主たる販売先としていた百貨店の販売市場は都市部に限定された。このような生産と流通，ならびに消費の関係性から百貨店の背景の市場領域は狭隘化していた。このような経済と流通，市場の関係から，百貨店は業種店を一つ建物に組み込んだ部門別経営であったゆえに，部門ごとに少量仕入，少量販売を基本として，少量販売の積み上げによる大量販売の実現であったから，細くて長い伝統的な流通システムとは親和性があり，この流通システムのなかで百貨店は生存し続けたのである。

　逆に言えば，経済環境が大量生産・大量販売の時代になると，標準化・画一化・単純化の少品種大量生産の進展は百貨店が少量商品生産，少量販売対

5　この流通革命論の問屋無用論は実際のところ，大手スーパー業態の本部のマーチャンダイジング機能の弱体化で，現実には仲継卸を利用せざるを得なかった。中野　安は，スーパー業態の巨大小売業は価格切り下げ型の時も，その後のサービス・アピール型を取り入れた時においても旺盛な成長志向による積極的な店舗展開と多角化への経営資源の傾斜配分によって後方支援体制やマーチャンダイザーの人材育成が手薄で，零戦型の経営構造だったと指摘している（中野　安（1995b））。その意味で問屋＝仲継卸が全く消えたわけではない。しかし，仲継卸は流通におけるチャネルリーダーの位置から降りていった。

応が原則であったゆえに，時代の変化によって，主要な小売業態として地位を確保することが困難になっていくのである。日本でも戦後に 1960 年代から大量生産体制が確立し，国内の商品経済市場が一挙に拡大して，大量生産，大量流通，大量消費の規模による経済が浸透するにつれて失速し，1972 年に百貨店業態はスーパー業態に主要な業態としての位置を譲るのである。

百貨店業態のシステムを組み込んだ売買の集中機能の「内部化」—部門別経営

　百貨店業態は「縦型」による売買の集中の「内部化」である。百貨店が基本的には買回品を中心にした品揃え形成であるから，毎日が大量に購買されるものではなく，少量仕入，少量販売となる。その買回品の性格から，一カ所の建物の中に集中させるものの，少量販売ゆえに少量仕入をせざるを得ないから，また買回品の商品種類の形状の多様さからスーパー業態のように標準化・画一化・単純化による一括大量仕入，大量販売は困難であるゆえに，商品種類ごとに部門に分化させ，部門ごとに仕入れて販売をするという形式をとらざるを得ず，そこから百貨店は部門別経営という革新的な経営システム方式を作り上げた。デパートメントストアとはこの部門別経営の内容そのものの名称であり，その経営組織のより統一的計画的管理的なシステムを作り上げることで，一企業内において「売買の集中の原理」機能の「集中」を「内部化」させていくのである。

　また百貨店の店舗内部でも買回品という特性から各階ごとに商品種類を業種ごとに分類させながら配置し，また階ごとにも業種別分類をして配置し，さらに階の内部においても細かな業種別の分類をすることで，建物全体の「分化」を内部で作り上げた。

　こうして百貨店業態は，部門別経営という小売経営イノベーションを採用し，各階に商品分類をして配置を行うことで「分化」を行い，一つの建物全体で品揃え形成全体の「集中」を行うという，つまり「集中」のなかに「分化」を入れ込んだ売買の集中機能の「内部化」を実現した。それは「集中」のなかに「分化」が内包した売買の集中機能である。部門別経営の意味する内容はここにある。そこからまた百貨店型は「縦型」の資本蓄積形態であることもここから読み取れるのである。

　さらにこの売場面積の大きさによる品揃え形成の種類や幅の広さや深さの

質的・量的な拡大，そして買回品の購買頻度の低さによる商品回転率の悪さから，販売危険の確率の高さを避けられなかった。そこで販売危険を回避するために，川上の生産者や卸売業者の取引者に対して「返品制度」という特殊な仕入制度（委託仕入や消化仕入）を構築して，優越的な取引制度システムをつくり，取引先に強要する形で問題を解決しようとした。また売場面積の広さから対面販売方式をとる百貨店は人件費の増大が避けられなかった。そこから派遣店員制度を導入し，取引先に固有の売場をテナント貸しという形で用意して，従業員を派遣させることで人件費の節約を図った。

　百貨店はこのように，店舗自体の内部システムにとどまらず，このような川上の取引先を巻き込んだ外部の「システム」化を構築した売買の集中機能の「内部化」でもあった。

(3) スーパー業態と売買の集中機能の「システム」をともなう「内部化」
スーパー業態の盛衰と経済環境―登場の背景と経済・流通システム

　スーパー業態はチェーンシステムによって大量仕入，大量販売が可能である。そのことは背後に生産レベルでの大量生産体制の確立が不可欠となる。アメリカでは1920年代にチェーンシステムを組み込んだ小売業（とくに食品）が登場し，ディスカウントを組み込んだスーパーは1930年代にマイケル・ジョセフ・カレンによるキングカレンが登場した。いずれにしてもアメリカの1920年代は独占段階以降の「フォードシステム」による大量生産体制が確立した経済システムを背景とし，前者は高圧的なマーケティングが展開された時期であり，後者は1929年の大恐慌以後の1930年時代に，アメリカ経済がその不況からの脱出を試みようとする不安定な経済状態のころに，その経済環境に対応しようとして消費者志向のマーケティングが展開するなかで消費者目線のディスカウントを標榜して登場した形態であった。

　日本では戦後に生産の近代化が推し進められ，1960年代の早い時期に消費財を中心に大量生産体制が確立した。チェーンシステムとディスカウントの安売りを同時にともなった業態として海外から，1950年代半ばないし後半にスーパーマーケット・スーパーストアが入ってきた。そして徹底した価格切り下げ型のアピールの戦略で競争に勝った企業は地域エリアを独占し，

全国展開へと展開していく。スーパーマーケット・スーパーストアは大規模化へと進み，総合スーパー（GMS）として急成長した。1972年には百貨店業態を追い越し，小売業の頂点へと君臨していき，百貨店と並んで「Ｍ字型」支配を小売業において形成し，小売流通の主導権を握ることになる。

　大量生産と大量消費をつなぐ「流通革命」の議論が盛んにいわれ，両者をつなぐ大量販売の企業としてスーパー業態に白羽の矢が立てられ，盛んにその役割について議論された。チェーンシステムが生産レベルの大量生産体制の流通版として位置づけられることでそのような議論が展開されたが，それは実際は不発に終わった。

　その理由は大きくは２点である。一つは生産レベルの大量生産は確立したのは1960年代で，流通レベルの大量販売体制は1970年代であることから，この間に10年のギャップがあった。そこから独占的な寡占企業は古い細くて長い流通経路を温存・利用することで，メーカー主導型の垂直的な流通システム網（末端までの系列化組織）を構築して，全国に張り巡らすことで大量販売を実現した。そのためにスーパー業態は不要であった。もう一つは独占的寡占企業は自社商品を独占価格で優先的に販売し，自社のマーケットシェアを維持拡大するところに目的があったから，スーパー業態といえども商業資本で，どのような生産者とも対等に扱うという売買の集中の原理とは相容れなかった。独占的な寡占製造企業の自社商品の商品を優先的に販売する「個別的要求」と商業の売買の集中による「社会的性格」とが矛盾して本来的に相容れない性格だったということである。

　このような理由から第１次革命は絵に描いた餅で，実現はしなかった。本格的な流通革命は1990年代ごろからである。一つはスーパー業態がメーカーの垂直的な流通システムの破壊のためにナショナルブランドを低価格販売で対抗したことや，スーパー業態が消費者の利益を旗印にして低価格販売という透明性のあるわかりやすい価格訴求型の販売を強化して消費者を引きつけたことである。そしてモータリゼーションによる「ドア・ツウ・ドア」によるワンストップショッピングなどの利便性から郊外に巨大な駐車場をもつ大規模な店舗を展開をすることで消費者に対する利便性を提供し，販売領域の地域支配の制覇を実現し，系列化店舗の販売の主体たる業種店の集積で

ある商店街の衰退化が進展した。その結果，独占的寡占製造企業の販売力は弱まり，その問題解消のために独占的な寡占製造企業はスーパー業態と取引を強めることで，次第にバイイングパワーの強いスーパー業態の軍門に下る。メーカー側はバイイングパワーの利用と極端なナショナルブランドを中心とするメーカー商品の安売りの禁止要求，スーパー業態の側は専用窓口の設置とプライベートブランド商品の生産依頼という要求を互いに飲むことで，win-win の関係を構築することで双方が妥協した。その結果，対立と協調を繰り返しながら互いに対抗力関係を形成しつつも，流通において激しい主導権争いをしながら，互いにもちつもたれつの関係を形成することで，流通において生産独占と小売独占による均衡的なパワー関係が形成され，寡占的製造企業と独占的な小売業が互いに必要な存在として相互利用関係を構築した。そして次第にその相互取引が強まり，「太くて短い」流通システムが形成され，本格的な流通革命が進行したのである。このような歴史的過程がスーパー業態の成長条件であった。スーパー業態は少品種大量生産という「規模の経済」という背景においてのみ成長が可能だったといえる。

スーパー業態の内外のシステムを組み込んだ売買の集中機能の「内部化」──小売り主導型流通システム

　スーパー業態は，百貨店と異なり，原則的には「横型」による売買の集中の「内部化」である。スーパー業態は基本的には最寄品を中心にした品揃え形成であるから，買回品と異なり，比較的標準化しやすい。また買回品と比べて，毎日，大量に購買されるものであるから購買頻度が高く，商品回転率も高い。その意味で買回品よりも大量仕入が容易であることから，一括大量仕入をチェーンシステムの本部機能で行うことが可能になった。

　また最寄り品は消費者が自身の再生産に必要な商品であり，その生活のために毎日購買するものであるから，買回品と比べて商品回転率は高く，販売危険は極めて低い。生活のために毎日多種類の購買する商品であるから，高価格設定が原則的に困難で，初めから買回品と異なり，低価格設定をしなければならない。当然ながら低価格ゆえに低利潤設定ということになり，薄利多売戦略で利益の拡大を図らねばならない。全体的に最寄品は原則的に低価格を強いられるなかで，競争戦略がより一層の低価格志向になるのがこの業

態の競争手段である。この競争手段の実現はより安く仕入れてより安く販売するということである。低価格仕入は規模のメリットによって実現することから大量一括仕入によって低価格仕入を行う。大量仕入は大量販売を必要とする。大量販売の実現は規模のメリットで実現した低価格仕入の成果を，同じく規模のメリットを活かしながら大量の低価格販売で実現させることである。そのために「チェーンシステム」が効果的な役割を果たした。

　スーパー業態は百貨店業とちがって，仕入と販売が分離している。チェーンシステムの本部で低価格の大量の商品仕入機能による「集中」を行い，消費者の小規模・分散性要求に対応して支店で「分化」させ，その店舗展開という「分化」の量的な拡大によって，商品を低価格で大量販売を行うことを実現させた。とくに消費者の小規模・分散的要求が消費者購買の基本的な動きであるから，消費者の近くに支店展開をすることで対応した。

　その意味でチェーンシステムを売買の集中機能からみれば，売買の集中機能は本部で「集中」，支店で「分化」という関係から，商店街と業種店の関係性と似て「横型」の「外部化」が見られる。それは一見して，百貨店のように縦型の「集中」のなかに「分化」が包摂されるという単線型の「内部化」による構造の売買の集中機能ではない。それはチェーンシステムが百貨店と異なり横型だからである。

　たしかにチェーンシステムゆえに本部で「集中」させ，支店で「分化」させる点で，集中と分化は「外部関係」にある。だが，チェーンシステムがレギュラーチェーンで本部と支店が同一資本であることによって，チェーンシステム経営という観点から本部機能によって支店機能が動くという命令関係が存在し，外部化した関係に見えるものの，本部の集中のなかに分化が統合され包摂され，内部化されるという関係性があり，外部化を内部化で統合するという複雑な構造である。そこに百貨店の業態と共通性をもつと同時に業態そのものの特性から「売買の集中」機能の集中と分化が「外部化」の「内部化」という関係性があるという点でちがいが見られるのである。その意味でチェーンシステムも，一応，売買の集中機能の集中と分化を内部化した小売経営イノベーションの産物であるが，百貨店業態とは異なり「横型」と「縦型」を統合的にコントロールした複雑な売買の集中機能の「内部化」であっ

た。

　すなわち，本部仕入れ機構が売買の集中機能の「集中」であり，支店の販売機構は売買の集中機能の「分化」に相当し，支店展開による「分化」の量的販売が大量販売を実現することで外部化に見えるが，全体を経営統制で「集中」（本部）と「集中」（支店）をつなぎあわせてコントロールする形となり，結果的に「内部化」して売買の集中の原理の制約性を乗り越え，本来の理論的な大量販売に近づく形を実現したといえる。

　本部の集中的な低価格仕入により，分断的な分化としての支店において低価格販売が実現可能になり，支店の展開による「分化」の量的な集積によって大量販売が実現することで，さらに本部のより多くの低価格による大量仕入れが実現可能になるというチェーンシステム機能が大きな意味をもつ。本部の集中仕入と支店の分散的な量的な店舗展開がループする形でうまく両輪として動いていることがわかる。スーパー業態のシステムの根幹はここにある。スーパー業態はこのような一企業内の「チェーンシステム」を軸とした「集中」と「分化」の連携による「システム」化した売買の集中機能の「内部化」なのである。そこには百貨店と異なり，スーパー業態が横型の資本蓄積形態であることも見えてくる。

　もちろん，大量に仕入れた商品を低価格販売を可能とさせるために，バイイングパワーによる低価格の大量仕入を必要とする。その意味で取引先である川上の生産者や卸売業者に仕入価格の面だけでなく店内作業の店外作業移転を要請している。それはたんにまとまった量の仕入れ要請といったものだけでなく，店頭での商品の標準化，個別パッケージ化などの取扱い商品の標準化・個別化・単純化の本来的な店内作業を外部化するのである。個別パッケージ化，全商品のバーコード化による価格の正札化，根付化，さらにSMLなど重量，計量による分別作業などの様々な作業を川上に「外部化」させた。これは生産，物流，卸売一貫した標準化・機械化がないと効率的な店頭での品揃え形成と陳列がうまく機能しないから，一貫した管理システムが小売店舗の側から外部に向けてできあがっている。

　そこから，百貨店と同様に小売店舗自体の内部システムにとどまらず，このような川上の取引先を巻き込んだ取引先の外部の管理的な「システム」化

を構築した売買の集中機能の「内部化」でもあるといえるのである。

　このチェーンシステムを根幹とする価格切り下げ型アピールの戦略は過当競争構造と疲弊する中小小売業者の経営危機による法的な規制の強化で，さらに高度成長経済から低成長経済の転換にともなう市場の狭隘化と消費者行動の変化によって，サービス型アピールへと変化していくことになる。そこに登場したのがサービス型アピールを主とするコンビニエンスストア業態の台頭である。

(4)　コンビニエンスストア業態と売買の集中機能の「システム」をともなう「内部化」

コンビニエンスストア業態の成長の経済環境—登場と背景の経済・流通システム

　アメリカ型コンビニエンスストア業態が海外から技術移転されて，日本に初めて出店したのは，1974年の豊洲に出店したセブン-イレブンである。それでこの年をコンビニ元年とよぶ。

　コンビニエンスストアの登場とその後の成長は，日本の経済の高度成長が終わって，石油ショックによる低成長経済が始まったころである。高度成長から低成長への経済転換は消費や市場構造に質的な転換をもたらした。年平均10％のGNPの伸び率という成長をもたらしていた高度成長経済は第1次，第2次の石油ショックを通してGNPの成長率に陰りをもたらし，年平均5％からそれ以下の水準に低落することで不況をもたらすことになった。この転換は所得の伸びの低下を引き起こし，これまでのような生活の「ものの豊かさ」という物質至上主義の物質的志向で大量購入・大量消費，流行追随型・浪費型消費のあり方を一変させた。

　高度成長期のような作ったものを売り尽くすという高圧的なマーケティングが機能しなくなった。不況と所得の伸び率の低下は消費者のこれまでのような消費パターンを一変させ，限られた所得の中で，実質的な消費支出の抑制により，消費のあり方が見直され，大量消費，流行追随型のパターンは消えて，「ものの豊かさ」を画一的・標準的商品の量的な豊富化による「物資的志向」に求めるのではなく，自己満足を基底とする自分自身にあった潤い

のある快適な生活を志向する精神的な満足を求めて，「少量消費・堅実的実質本位型の消費パターン」へと転換した。

　そこでは個々の消費者の価値観や「感性」，つまり心理的な意識の側面が消費を決定していくうえで重要性をもった。そこでは十人十色の消費パターンが現れ，消費の多様化・個性化現象が大きな潮流になっていった。消費市場は画一的・同質的・均質的な大衆市場から異質的・細分的・分散的な小衆市場へと大きく変化して，この流れが定着した。消費の成熟化とよばれ，消費の多様化個性化，さらにそのニーズの変化の速さが特徴の市場へと変質し，「規模の経済」から「速さの経済」へと大きく転換した。

　この変化は，これまで小売業に君臨して主導的役割を果たしていた，最寄り品中心の画一的・標準的・少品種の安売り戦略，つまりその単一的主力業態領域を主体としていた少品種の標準的・画一的商品の単線的な量的拡大志向であるスーパー業態は，このような環境の変質によって対応できず，1980年代あたりから不適合の状態に陥り，失速していった。画一化・単純化・標準化商品による規模の利益を目指した合理的商品は「もの不足」の時代に適合し，「ものあまり」の時代の消費の多様化個性化の発現は適合しなくなった。このような商品はこれまでのように売れなくなり，既存市場での売上を大きく低下させ，縮小していき，これまでのような単線型の低価格訴求型の量的拡大戦略に陰りが見えてきた。加えて大店法の規制強化により自由な出店が制約されて，出店至上主義の量的拡大戦略は頭打ちになり，その領域で十分な利益を生み出さなくなった。その結果，効率のよい投資先が見つからず，企業内に内部留保する遊休資本量が増大化して，その新たな利益率の高い投資先を探すことになる。このような状況下でスーパー業態は打開するために新たな市場を求めて，内部留保された遊休資本を本業以外の他の効率のよい領域に向けて多角化・多業態戦略でもって積極的に展開し，営業利益ではなく経常利益を上昇させることで利益体質の改善を図るという打開策をとった。

　しかし，その行き着く先は，多角化や多業態の適合システムの不十分から，進出先の成果に濃淡が現れ，また他方で巨艦店舗主義による自社企業の中核とした地域独占のまちづくり化を進めたが功を奏せず，結局のところ，売上

の好転が見えなく負債の重荷が重なって，スーパー業態は一層の経営悪化を引き起こした。価格切り下げ型アピール戦略の頭打ちから生まれたサービス型アピールへの併用という形で環境変化を乗り切ろうとしたけれども後者は高コスト投資をともない巨艦化することで利益が上がらず，それを支える前者も経営悪化となり，財務体質の弱体化がスーパー業態にのしかかっていく。

　このような形で支配的な地位にあったスーパー業態が失速する中で，多角化・多業態化の一環で取り入れた「コンビニエンスストア業態」のみが消費の多様化個性化の市場環境に対応してうまく適応し，唯一利益を生み出していくことにより，スーパー業態はこの業態にウェートを移していく。

　その先頭を切ったのがイトーヨーカ堂のコンビニエンス部門だったセブン−イレブンである。イトーヨーカ堂から切り離され，コンビエンスストア業態の独自市場を切り開くことで，スーパー業態の市場とは異なる独自の固有の市場形成に成功し，成長軌道に乗り，スーパー業態を追い越すまで業態の成長を果たした。セブン−イレブンの成功に追従する形でダイエーの経営するローソン，西友の経営するファミリーマート，イオンの経営するミニストップというように大手スーパー業態がコンビニエンスストア業態へ続々と参入し，コンビニエンスストア業態は大きな市場領域の形成に成功した。

　こうして消費の多様化・個性化によって新たに生じた多品種少量生産，多品種少量販売に適合した「サービス型アピール戦略」をとったコンビニエンスストア業態は 2000 年にスーパー業態を押さえて小売業態の頂点に躍り出て，小売業の主導的な位置に着くことになる。

　さらにこれまで均衡状態だった，小売独占であるスーパー業態と生産独占であり寡占的製造企業の流通過程のおけるチャネルリーダー争いの拮抗力関係は，コンビニエンスストアの開発した，生産と販売の同時調整という多様化・個性化に適合した革新的な小売経営イノベーション「システム」によって，しだいに独占的な製造企業の生産主導型の流通システムは破壊され，コンビニストア業態の軍門に下り，コンビニエンスストア業態による小売主導型の流通システムが主導権を握る流通へと転回していった。商業独占としての小売商業主導型の売買の集中機能による間接的流通システムが復活したのである。

　コンビニエンスストア業態の経済と流通の背景はこのような存立の経済的な背景によって登場し，消費の多様化・個性化へのコンビニエンスストア業態の適合という革新的な小売経営イノベーションは大きな役割を果たした。

コンビニエンスストア業態の外部のシステムを組み込んだ売買の集中機能の「内部化」

　コンビニエンスストア業態はスーパー業態と同様にチェーンシステムをとるので，「横型」と「縦型」を連動させた効率のよい売買の集中の「内部化」である。ただし，コンビニエンスストア業態はフランチャイズチェーン形式で本部の開発した商品や店舗経営のノウハウを独立の小売業が傘下に入って利用させてもらうシステムである。その意味で「外部」の独立店舗の形態を利用しながら，フランチャイズシステムに参加することで本部小売業のチェーンシステムの支配的なコントロールによる売買の集中機能の傘下に「内部化」させていく構造である。独立性を残しながら内部化させていくという特殊な売買の集中機能は，その点でスーパー業態の横型とは異なる。そこにはレギュラーチェーンとは異なるフランチャイズチェーンシステムを採用することで質的なちがいがあり，チェーンシステムの支店部分の独立化による分化がスーパー業態の売買の集中機能の「内部化」と大きなちがいを引き起こしている。

　とくにフランチャイズチェーンはコンビニエンスストア業態にとって重要な意味をもつ。それはコントロール下にありながらもチェーンシステムの支店にあたる部分が契約でつながる加盟店としての独立店舗で，その独立店舗のロイヤリティが本部利益を得る重要な利潤の源泉だからである。独立の加盟店を増やす，あるいは利益を上げるように自主的に加盟店が頑張るように操ることが重要で，そこには「集中」する本部と「分化」させる支店関係の「独立性」を許す直接的な資本関係の切り離しがこのシステムの特徴である。チェーンシステムであるから「縦型」と「横型」のシステム統合による売買の集中機能の内部化であるが，「縦」と「横」を切り離しながらも，両者をシステムによって「縦型」で支配従属を経営コントロールで統合しながら行うという，「鵜飼い」と「鵜」の関係性の譬えにぴったりの極めて変速的で特殊で異例の形による売買の集中機能の高度な「内部化」である。フランチャ

イズチェーンという特殊性がそのようなシステムにさせるのである。

　しかし，それだけでは終わらない。小売業主導型の外部システムにまで及ぶ川下から川上に向けてネットワークによるコントロールでチェーンシステムの「支店」に相当する独立の加盟店が効率よく利益を上げることのできるように「内部化」した縦型のシステムを構築している。それはまたさらにここでの「縦型」は百貨店業態やスーパー業態とはちがい，情報ネットワークシステムによる「目に見えない」情報の「見える化」による組織化の管理コントロールによる「縦型」である。

　コンビニエンスストア業態の消費や市場状況は，百貨店業態やスーパー業態の場合と大きく異なり，消費の成熟化にともなって消費の市場構造は激変し，消費の多様化個性化が進展し，市場の細分化が進んだ。そして消費者のニーズは速く動き，多様なニーズの「速さ」に対応する時代に入った。この消費と市場の状況に対応するために多種類化が推し進められた。小売をはじめとする流通レベルでは多品種少量販売が，生産レベルでは多品種少量生産が支配的になった。いずれも商品種類の多さと生産量の少なさから規模のメリットは働かず，効率の悪い経済流通環境が定着化していく。この状況は生産，流通ともに起きて，経済全体を覆っている問題であった。そこから規模の経済に対応してきたあり方の転換が求められ，多様で個性的な消費者のニーズの速さに対応する必要が迫られ，「規模の経済」から「速さの経済」へと転換していくことになる。この変化に素速く対応したのがコンビニエンスストア業態であった。

　狭い売場面積に約3000品目を並べて販売をする形態であるコンビニエンスストア業態は狭い売場面積であるがゆえに効率性が求められた。そこで情報システムを使って単品管理を行い，売れ筋商品と死に筋商品を識別し，店頭の売場面積のすべてを売れ筋商品でかためることで効率を上げる方法をとった。この効果に最も有効だったのがPOSシステムを使った情報システムであった。

　小売業は生産をしないのであるから，ニーズに対応した多様な種類の商品のなかから死に筋商品を外して売れ筋商品を作って素速く店頭に並べなければこの機能はうまくいかない。そこからコンビニエンスストアの店頭と生産

との間で売れ筋と死に筋商品を共有しないとこのシステムはうまくいかない。こうして小売店頭と生産との，下から上への情報ネットワークの連携を構築することで「速さ」に対応するシステムを作り上げた。

　小売店頭の販売に合わせて生産を行うという生産連携を可能にする情報ネットワークを使った効率のよい経営システムで，また小売店頭から生産だけでなく，そこから小売店頭まで短リードで全体を機能させねばならないことから小売の店頭に素速く，必要な商品を必要な量だけ配送するという効率的な物流システムも組み込まれた。その点で商的流通とは異質の物的情報的流通が大きな役割を果たすことになる。

　以上から，スーパー業態は本部の集中仕入と支店の集中販売が行われて，商品の販売という命がけの飛躍たる販売の実現が重要であるから，大量販売の重視により店舗展開の拡大を重視する「横型」であるが，その場合は同一の資本による本部と支店の関係で同質の内部化であった。しかし，コンビニエンスストア業態は経営権をもって仕入れ機能をする本部（「集中」）と資本関係のない独立の小売業によって販売機能をする異質の加盟店（「分化」）とフランチャイズ契約という形態で「資本関係」をつなぐことで，内部の縦型のコントロール管理（「集中」）による売買の集中機能の内部化を実現している。さらに同時に「小売（加盟店・本部）―生産―小売（加盟店・本部）」という川下から川上，そして川下に向けてのループ型「短リード」システムを目的とした効率的な情報・物流システムを構築して，売買の集中の原理を一企業が川下から川上に向けて「縦型」コントロール管理をシステム全体で速度で内部化するという，極めて特異で高度な売買の集中機能の業態であった。

3. 業態と「売買の集中の原理」の総括―店舗（リアル）と無店舗（バーチャル）の相克・融合

売買の集中の「無限性」と「制約性」―論理と現実の矛盾

　それぞれの業態について売買の集中の原理について考察してきた。「売買

の集中の無限性」は生産者の販売の偶然性による困難性（いわば生産者に
とっての W–G 命がけの飛躍の問題）や消費者の購買の困難性（商品探索の
困難性による買物時間と費用問題）を解消して流通全体をスムーズにする論
理であった。

　しかし，理論上における「売買の集中の原理」の取扱いの量的な側面や取
扱い種類の質的な側面の「無限性」は，現実の具体的商業が店舗商業である
ことによって，店舗規模と品揃え形成の範囲から量的にも質的にもその制約
性をもたらし，「売買の集中の原理」の制約性をもたらすことを見てきた。
その制約性は業種店と商店街という外部的な集中と分化の関係から，百貨店
業態やスーパー業態・コンビニエンスストア業態によって内部化が試みら
れ，売買の集中の原理の制約性の範囲内で，計画的管理的な経営イノベーショ
ンによってその制約性を突破すべく，販売の偶然性の解消や消費者の商品探
索の利便性を試みたが，結果的には店舗商業による規模と範囲の制約性が作
用して，売買の集中の論理の「無限性」にまではいたらず，その制約性の持
続によって生産者の販売の偶然性や消費者の商品探索の困難性は解消されな
かった。

　その困難性は，①最終購買者である消費者が商品の購買と消費が最終的に
生産者の商品の使用価値を実現（販売の命がけ飛躍の飛び越しの成功）する
という点で，消費者の購買の最終行動が重要性もつ。その消費者においては
欲望が無限であり，しかも抽象的な欲望にとどまり，曖昧で具体的な欲望を
描くことができず，具体的な商品を実際に見ることで欲望が具体的になり，
購買にいたるという要因が大きな理由である。

　さらに②消費者の欲望の無限性から，欲望を充足するために購買しようと
する商品の使用価値の制約性によって，購買の第一条件である使用価値レベ
ルの一致が困難性を極め，根本的に解消できないという要因がさらに生じる。

　加えて③生産と消費をつなぐ商業の「売買の集中の原理」の「無限性」が
上記の問題を解決していたが，店舗商業によって「規模」と「範囲」による
「制約性」が生じて，売買の集中の原理の「制約性」が生じて，最終的に生
産と消費がスムーズにならないという結果を引き起こしたことである。

　これらの結果として購買の第二条件である価値視点からの商品の交換価値

実現もその一致が不安定であった。

　その点で現実の具体的な商業が店舗商業である限りは「売買の集中の原理」の「無限性」機能は果たし得ず，そこに商品の使用価値と価値の矛盾が解消できないといえる。

店舗と無店舗の相克もしくは融合は消費者の無限の欲望による購買をスムーズにさせるか？

　消費者の飽くなき無限の欲望とその充足のためのスムーズな商品探索と商品購買という問題は，店舗商業の制約性からその問題解消には困難であると論じてきた。その代替として情報システムによる無店舗販売が台頭して，この業態の成長が店舗販売の業態の脅威となってきている。

　果たして，この台頭は消費者の飽くなき無限の欲望とその充足のための商品探索と商品購買を短縮させる救世主として，つまり売買の集中の原理の「無限性」を代位するものになるのであろうか。それは直接的流通システムへの先祖がえりであり，そのシステムの抱えていた問題性，販売の困難性と購買の困難性を情報システムによって解消するであろうか。もちろん，これは背後に信用，輸送・保管，決済などの技術の構築が前提になっているだけに，このシステムの安定性は不可欠となるが，その効率的な安定性は保証されるであろうか。また店舗商業を歩き回って欲望を満たす商品に出会うという消費者の楽しみ（快楽的消費）を消費者は放棄するであろうか[6]。

　さてこのように考えると店舗商業（リアル店舗）と仮想店舗（バーチャル店舗）の相克が指摘され[7]，あるいは双方の弱点を補強する意味からオムニチャネルといわれて双方の融合も生じているが，いずれにしても論理上で想定された商業の役割である売買の集中機能の「無限性」が解消されるかどう

6　石原武政（2008）「流通とは」石原武政・竹村正明編著『1からの流通論』碩学舎，pp.4-6, 10-11。石原武政（2000），第3章を参照のこと。

7　田村正紀（2008）『業態の盛衰―現代流通の潮流』千倉書房，第7章を参照のこと。ここでは，ネット通販がマルチチャネル小売業として進んでいくことを示唆している（田村正紀（2008），p.257）。いまや「覇権市場の辺境市場でのニッチャー」（同（2008），p.256）を飛び越して覇権市場の一翼を担っている。中野　安はネット販売を小売業の第3の蓄積形態として位置づけ，近年のコンビニエンスストアに代わる主要な小売業態になることを的確に予測している（中野　安（1985），pp.114-115）。その見通しは当たった。

かにかかっている。無限性が解消されず「制約性」を突破できないならば，業種店と商店街やそれぞれ発達してきた業態と同様に消費者の「無限」の欲望の実現と商品の使用価値の制約性の矛盾の克服困難という帰結になるであろう。

第14章　参照引用文献

石原武政（1989）「［流通における企業間組織］流通の多様性に応じる企業間組織」田村正紀・石原武政編『日本の組織　戦略と形態8　流通と販売の組織—消費文化のインターフェース』第一法規出版。

同（1991）「消費者からみた商店街」『都市問題研究』（都市問題研究会）第43巻，第3号。

同（2000）『商業組織と内部編成』千倉書房。

同（2002）「商業の社会性と売買の集中」大阪市立大学商学部編『ビジネス・エッセンシャルズ5　流通』有斐閣。

同（2006）『小売業の外部性とまちづくり』有斐閣。

同（2008）「流通とは」石原武政・竹村正明編著『1からの流通論』（旧版）碩学舎。

石原武政・石井淳蔵（1992）『街づくりのマーケティング』日本経済新聞社。

田村正紀（2008）『業態の盛衰—現代流通の潮流』千倉書房。

出家健治（2002）『零細小売業研究—理論と構造』ミネルヴァ書房。

中野安（1979）「低成長経済と巨大スーパーの動向」『季刊経済研究』（大阪市立大学）第2巻，第3号。

同（1983）「現代資本主義と流通機構」森下二次也監修，糸園辰雄・中野安・前田重朗・山中豊国編『講座現代日本の流通経済3　現代日本の流通機構』大月書店。

同（1985）「80年代巨大小売業の歴史的位置」近藤文男・中野安編著『流通構造とマーケティング・チャネル』ミネルヴァ書房。

同（1989a）「現代日本小売業の構造と動態」糸園辰雄・中野安・前田重朗・山中豊国編『転換期の流通経済1　小売業』大月書店。

同（1989b）「小売イノベーションと流通革命」糸園辰雄・中野安・前田重朗・山中豊国編『転換期の流通経済1　小売業』大月書店。

同（1995a）「小売業」産業学会編『戦後日本産業史』東洋経済新報社。

同（1995b）「価格切り下げ型小売業イノベーションの新展開と商品開発」大阪市立大学経済研究所／明石芳彦・植田浩史編『日本企業の研究開発システム—戦略と競争』東京大学出版会。

同（1997a）「巨大小売業の発展と流通革新—日米比較」近藤文男・中野安編著『日米の流通イノベーション』中央経済社。

同（1997b）「ディスカウント革命の進展と雇用問題」『季刊経済研究』（大阪市立大学）第20巻，第3号。

同（2007）『アメリカ巨大食品小売業の発展』御茶の水書房。

森下二次也（1967）「商業の分化と商業組織」森下二次也編『商業概論』有斐閣。

同（1977）『現代商業経済論』（改訂版）有斐閣。

業態論研究と業態の概念定義
―売買の集中の原理の制約性から

> この章は業態とは何かということを考えてみる[1]。これまでの商業の役割
> である「売買の集中の原理」の制約性を踏まえて，業態研究を考察しな
> がら業態概念の定義を考察する。

1. 業態とは何か？―業態論研究からみる業態の キーワード

(1) 業態研究を取り上げる意図

小売業業態の発展の歴史を刻印―主要3業態

　業態研究の意義はどこにあるか。この点について中野 安はいう。業態の
発展は生産手段の（労働手段）の発展に似ていて，小売レベルでいえば，業態
の発展は生産手段の発展と同様に歴史的な発展段階を刻印するという[2]。そ
の意味で業態には主要業態と亜種の業態に分かれるが，歴史的・時代的・制
約性から，その時代の革新的な確固として支配的な地位についた業態とそこ
からの模倣である亜流の業態を区別しておく必要があり，歴史的に小売業態
が主要な地位について流通構造上の支配的な役割を果たす主要業態が考察の
中心におかれるべきであるという[3]。

　その意味を踏まえて，ここでは百貨店業態，スーパー業態，コンビニエン

1　業態の定義は中野 安の見解に依拠する。中野 安（1989a）「現代日本小売業の構造と
　動態」糸園辰雄・中野 安・前田重朗・山中豊国編『転換期の流通経済1　小売業』大
　月書店，p.2.

2　中野 安（1979）「低成長経済と巨大スーパーの動向」『季刊経済研究』（大阪市立大学）
　第2巻，第3号参照のこと。

ススストア業態の 3 業態を扱う。百貨店業態（1971 年まで）やスーパー業態（1972–1999 年まで），そしてコンビニエンスストア業態（2000 年以降）のこれらの業態が小売業界において主体的かつ支配的な地位に君臨してきたからである[4]。これらの業態を取り上げた理由がここにある。

　ディスカウント業態は大きな影響を及ぼしたけれど，小売業の頂点に上り詰めるほど強くはなかった[5]。そしてスーパー業態が戦略的に手段を用いていたので省略をする。

　またこれらの店舗業態（リアル店舗）を脅かしているのが無店舗形態（バーチャル店舗）のアマゾンなどの「プラットホーム」企業である。この企業は急速な成長をとげて小売業の頂点へ上り詰める可能性をもつ有力な業態である。その有力な企業であるアマゾンジャパンの小売業ランキングは 2015 年10 位から 2021 年は 4 位に上昇している（日経流通新聞 2021 年度）。いまやバーチャル店舗がリアル店舗を席巻し，リアル店舗とバーチャル店舗との融合しながら店舗小売業と無店舗小売業が激しい競争を展開している。その意味で店舗の業態は，今後，無店舗の関係性が研究対象へと移行するであろう[6]。

　業態は資本主義的における典型な小売業形態で，組織小売業であり，商品取扱い資本のほかに売買操作資本の投入による大規模化・法人化を必然的にともなう。現実的具体的な形態から業態について考えて見る[7]。

3　中野　安（1989a），p.2。

4　中野　安（1995）「小売業」産業学会編『戦後日本産業史』東洋経済新報社を参照のこと。

5　中野　安（1997）「ディスカウント革命の進展と雇用問題」『季刊経済研究』（大阪市立大学）第 20 巻，第 3 号も参照のこと。

6　ここでは店舗商業を対象にし，無店舗商業は扱わない。しかし，無店舗商業が主要業態に躍り出る傾向が強くなった。その予見をした中野　安論文を参照のこと。中野　安（1985）「80 年代巨大小売業の歴史的位置」近藤文男・中野　安編著『流通構造とマーケティング・チャネル』ミネルヴァ書房，pp.114–115。

7　近年，業態研究は盛んになり，業態に関して多くの見解が生じているが，ここでは中野　安，石原武政の見解を軸に展開することを断っておく。

(2) 業態─小売経営のイノベーションによる業態革新

小売業態研究の見解と業態概念規定

　小売業態論研究は古くから行われているが，現実の小売業態を説明するのに適していると評価した見解は少ない。古くはよく知られている見解として「小売りの輪理論」や「真空地帯論」，「アコーディオン理論」などが有名で，低価格志向から品質志向に移行した百貨店や低価格志向をめざすスーパー業態などの説明に適用されたけれども，多業態展開のなかで具体的な業態を前にしてその説明には無理があるなどと指摘されて，十分な説明ではないといわれている。

　一般に業種店は「何を取り扱うかという品目の種類」によって概念規定され，業態は「いかに販売を行うかという販売方法」によって概念規定されるといわれ，業種と業態の大きな概念区別が論じられている。だが，これらの理論は「何をいかに販売するか」という抽象的な説明は理論的に何も説明をしていないのに等しく，よく考えれば業種店にも通用し，業種店との区別において有効性をもたない。むしろ，業種店との比較で「何をいかに販売するか」という「販売方法」に相違を求めるのであれば，業種店とは異なる「販売方法」の説明が必要であろう。

　その点で古くから見られる「小売りの輪」理論や「真空地帯」理論,「アコーディオン」理論などは，小売業の販売戦略が商品の「価格」,「サービス」,「品質」の３つに収斂されるところから，この「３つの販売方法」を組み合わせて「いかに販売するか」という説明がされたといえる。そこではその組み合わせによる，ディスカントによる低価販売か，品質・サービスによる高価格販売かという２極対比の業態説明であった。当時の主要業態たるスーパー業態と百貨店業態がこの代表的な業態として想定されて説明されている。価格による販売形式の説明は消費者にとって透明性をもつがゆえに，消費者の業態選考のわかりやすい基準となっている。しかし，両方を採用するような業態にはうまく説明できない。またコンビニエンスストアのような百貨店業態やスーパー業態とは異質な業態は高価格で定価格販売の百貨店とも異なり，ディスカウントの低価格競争を目的とするスーパー業態とも違って，低価格であるけれど定価販売を行う業態であるゆえに，あてはまらないのである。

つまり，これらの理論は価格と品質・サービスに力点をおいた主要2業態を前提したものであり，また小売業の店頭のアウトプットのところで説明したフラットな議論であるところに特徴がある。そこでは「商品」自体の説明がなく，所与の前提になっていて考慮されていない。

　ここでは業態を取り上げる際に，取り扱う「商品」によって業態の固有な性格の差異性が生じるので，取り扱う「商品」内容を考慮する。またなぜ業種店から業態へ質的に転回してきたか，多業態へ展開したかという具体的な現実にそった「動態」プロセスや，業態における競争構造の戦略的な差異の説明が十分といえないのでこの点も考慮する。

　業態の説明においては，業種から業態への質的な「販売方法」の転回の説明が必要で，零細小売業のような個人的な業種店と異なり，企業形態の組織的な小売業の出現という「近代化」をともなう質的な変化のプロセスの説明が必要である。ここではこれを「売買の集中の原理」から説明しようと試み，小売業が規模の拡大化を図り，大規模化させるためには商品買取資本のほかに，あらたに人的・物的な売買操作資本を必要とし，重要なことはその資本投下が業種店にはみられない「業態革新」に向けられることで「どのような新業態」が「どのように異なって生まれるか」というプロセスの本質的な内容が必要である。さらに業態間における戦略的な競争構図がなぜ生じるのかという説明をしないと現実的形態の説明にはならないから，この視点からの説明も必要である。ここでは論じないが，これは現状分析の領域に入る問題である，現実的形態の本質部分としてこの内容の説明が必要である。

　その意味で新業態の説明は「業態革新」がキーワードであり，その業態の革新において近代化や組織化がどのような「小売経営のイノベーション」によるものであるか，さらに業態間の「小売経営のイノベーション」の差異，異質性はどこにあるかという説明をする必要もある。その意味で，最近の多くの研究の業態概念の説明における理論構築認識は新しい「業態革新」＝「小売経営のイノベーション」がキーワードになり，これを軸に説明が行われている。問題はそれで具体的な業態をどのように説明できるかである。それがここでの課題である。ここでは以降の章で，小売業の大規模化による業態は「売買の集中」における「制約性」，つまり「商品知識の制約性や取り扱い技

術の壁」[8] の克服によって，品揃え形成の質量における商品の取扱いの拡大が可能になり，その克服がどのような小売経営イノベーションで可能になったかを明らかにする。

2. 業態とは？

(1) 業態を理解する構成要素—商品・価格・サービス・店舗形態・販売態様・価格設定方式

店舗の店頭販売水準と革新的な店舗管理システム

　さて，そのように考えたとき小売経営におけるイノベーションを考慮した業態概念をどのように説明すべきか，ということが問題となる。

　業態は「小売りミックス」のイノベーションといわれ，①品揃え（品目と構成），②価格（価格水準と価格設定），③プロモーション（広告や接客），④雰囲気（店舗施設の特徴），⑤アクセス（立地場所，営業時間帯）というこれらの要素のミックスが構成要素であるといわれているが[9]，これは羅列的な項目の列挙にすぎないのである。

　小売りミックス論の説明には多様な見解がある。たとえば，これらの小売りミックスのバランスの違いと，これらの小売りミックスのイノベーション（革新）がその業態の差異を創り出すと指摘しているものもある[10]。消費者の欲求に小売店舗が革新的な絶えざる欲求への対応のできるシステムの説明に力点をおいて，小売業務と商品供給と組織構造のトライアングルの連携で競争優位を構築するという小売店舗経営の観点から，業種，品揃え，店舗規模，立地，販売方法，付帯情報サービスなどの小売りミックス戦略で，百貨店とスーパー，総合スーパーと食品，小型食品スーパーとコンビニエンスストア

8　石原武政（2000）『商業組織と内部編成』千倉書房，第 2 部ならびに第 4 章；石原武政（2002）「商業の社会性と売買の集中」大阪市立大学商学部編『ビジネス・エッセンシャルズ 5　流通』有斐閣，pp.99–104。
9　渡辺達朗・原頼利・遠藤明子・田村晃二（2008）『流通論をつかむ』有斐閣，pp.124–126。
10　髙嶋克義（2002）『現代商業学』有斐閣，pp.220–225。

などの類型化が可能であるという見解の説明も見られる[11]。

　同じく，業態の店舗差別化のために店舗が利用する手段を小売りミックスとよび，小売りミックスの要素はアクセス，品揃え，価格，販売促進および接客サービス，雰囲気と差別化の側面の要因とし，消費者の店舗イメージを重ねることでその相互関係が小売りミックス形成の基本的パターンを引き出し，立地指向と品揃え指向の組み合わせて店舗の業態マップを作り，小売りミックスの各領域とその背後でそれが支えており，業態間競争は地理的空間にまたがる多様な生活文化を反映した差別的競争として現れるという。そして管理方式まで広がっている多極的な原理（孤立立地，狭い品揃え，サービス指向，価格指向，広い品揃え，集積立地を大型店か小型店を展開する）が業態革新の方向性を定めるという。そこから新業態は多極化原理の要素である，価格，品揃え，立地のいずれかを武器に登場すると説明される[12]。

　一般に，小売業者はある目標とする市場を対象として，「店舗立地」，「商品の品揃え形成」，店舗の売場面積や品揃え形成の量的・質的な「規模」，「価格政策」，「販売方法」，「付帯サービス」，「店舗施設」などの「店舗形態」についての意思決定を行い，さらにそれらの組み合わせによって特徴を作り出し，その情報を消費者に伝達することで経営を運営している。これを集約すれば，「商品の品揃え」，「商品の価格」，「サービス」といった小売業の店頭における基本的な販売水準要因と，経営組織運営でいえば具体的な店舗販売における店舗施設，店舗立地などを含む「店舗形態」，広告宣伝サービスなどを含む「販売態様」，「価格販売方式」に収斂される。

　このような視点から業態の具体的な説明を試みる。

（2）業態概念規定

小売経営イノベーションと業態革新─業態

　ここではこれらの議論を参考にしながら，中野 安の見解にそって業態を次のように定義する。上でみてきたように，小売業の販売方法は「商品」と「価格」と「サービス」の３つである。それは小売業のアウトプット水準で，

11　矢作敏行（1996）『現代流通─理論とケースで学ぶ』有斐閣，p.178。
12　田村正紀（2001）『流通原理』千倉書房，pp.221-233。

すべての業態に共通するものである。店頭での共通する店頭の「販売」水準である。しかしここで終わることは業態を説明できないと論じてきた。業態は経営組織にちがいが見られ，そのちがいは管理的なシステムにおける革新であり，それが小売経営のイノベーションによって業態革新されている点にあった。その業態革新が店舗形態と販売態様と価格設定方式に見られるということであり，そこでの革新的な統一的計画的管理システムにおいて内容の大きな差異がみられるということができる。

　小売イノベーションは業態として現れる[13]。かくして，ここでは業態を「小売経営技術のイノベーション」を反映した革新的な小売形態であり，「商品（品揃え），価格，サービスの面で何らかのイノベーションを体現した，店舗形態，販売態様，価格設定方式の統一体」が業態であると定義する，中野 安の見解[14]をもとに，主要な業態である百貨店業態，スーパー業態，コンビニエンスストア業態を見ていくことにする。

第 15 章　参考引用文献

石原武政（2000）『商業組織と内部編成』千倉書房。
同（2002）「商業の社会性と売買の集中」大阪市立大学商学部編『ビジネス・エッセンシャルズ 5　流通』有斐閣。
高嶋克義（2002）『現代商業学』有斐閣。
田村正紀（2001）『流通原理』千倉書房。
中野 安（1979）「低成長経済と巨大スーパーの動向」『季刊経済研究』（大阪市立大学）第 2 巻，第 3 号。
同（1985）「80 年代巨大小売業の歴史的位置」近藤文男・中野 安編著『流通構造とマーケティング・チャネル』ミネルヴァ書房。
同（1989a）「現代日本小売業の構造と動態」糸園辰雄・中野 安・前田重朗・山中豊国編『転換期の流通経済 1　小売業』大月書店。
同（1989b）「小売イノベーションと流通革命」糸園辰雄・中野 安・前田重朗・山中豊国編『転換期の流通経済 1　小売業』大月書店。
同（1995）「小売業」産業学会編『戦後日本産業史』東洋経済新報社。
同（1997）「ディスカウント革命の進展と雇用問題」『季刊経済研究』（大阪市立大学）第 20 巻，第 3 号。
渡辺達朗・原 頼利・遠藤明子・田村晃二（2008）『流通論をつかむ』有斐閣。
矢作敏行（1996）『現代流通―理論とケースで学ぶ』有斐閣。

13　イノベーションと小売業態の関係については中野 安を参照のこと。
14　中野 安（1989a），p.2。

主要業態の特徴とその小売経営イノベーションの差異性

小売イノベーションは業態として現れる[1]。この章では業態を「商品」「価格」「サービス」と，そのそれぞれのところで統一的計画的管理的な小売経営イノベーションが作用して，それが「店舗形態」や「販売態様」や「価格設定方式」に機能して現れるという業態の概念[2]にそって，主要業態の具体的な特徴を考察する。ここで扱うのは百貨店業態とスーパー業態とコンビニエンスストア業態である[3]。これらの業態は戦後日本の小売業の主要業態を形成していたからである[4]。それぞれの特徴を明らかにしてその差異性を考察する[5]。

1 　小売イノベーションと業態については，中野 安（1995b）「価格切り下げ型小売業イノベーションの新展開と商品開発」大阪市立大学経済研究所 / 明石芳彦・植田浩史編『日本企業の研究開発システム―戦略と競争』東京大学出版会の「現代日本の小売イノベーションを捉える視角」pp.173-177 を参照のこと。

2 　中野 安（1989a）「現代日本小売業の構造と動態」糸園辰雄・中野 安・前田重朗・山中豊国編『転換期の流通経済 1　小売業』大月書店，p.2.

3 　第 3 の蓄積形態である無店舗小売業は対象から外している。外しているからといって重要ではないというのではない。店舗商業を扱っているからである。中野 安は，この無店舗小売業はここで論じている業態を「かなりの程度」で代替し，既存の社会的編成が重大な影響をうける可能性が高いと，この当時，的確に指摘している（中野 安（1985）「80 年代巨大小売業の歴史的位置」近藤文男・中野 安編著『流通構造とマーケティング・チャネル』ミネルヴァ書房，pp.114-115）。

1. 百貨店業態とは？―部門別経営管理の縦型の店舗

(1) 百貨店業態の小売経営技術イノベーションによる特徴―高品質志向と部門別経営管理

　百貨店業態のまず最初に小売店頭における基本的な販売戦略の中心戦略である①「商品」，②「価格」，③「付帯サービス」について特徴をみてみよう[6]。

百貨店業態独特の商品・価格・サービスについて

① 商品

　百貨店業態の「商品」の主力の品揃え形成は，すでに述べたように，「買回品」が中心である。その買回品は低価格ゾーンの日常衣料の範疇の品揃え商品ではなく，「上級の所得層」対象とした高価格ゾーンの高級で高品質なブランドを多く扱う範疇の品揃え商品である。この点が他業態と差別化する競争領域と競争ポジション領域の独自なエリアを築くことになる。

② 価格

　そこから百貨店業態の商品の「価格」は，高価格・高利潤である。本来，買回品は消費者が毎日買うものではなく，購買頻度が低いから，最寄品と比

4　小売業の歴史的分析は中野　安の一連の研究に依拠していることを断っておく。中野　安（1979）「低成長経済と巨大スーパーの動向」『季刊経済研究』（大阪市立大学）第2巻，第3号；同（1983）「現代資本主義と流通機構」森下二次也監修，糸園辰雄・中野　安・前田重朗・山中豊国編『講座現代日本の流通経済3　現代日本の流通機構』大月書店；同（1985）；同（1989a）；同（1989b）「小売イノベーションと流通革命」糸園辰雄・中野　安・前田重朗・山中豊国編『転換期の流通経済1　小売業』大月書店；同（1995a）「小売業」産業学会編『戦後日本産業史』東洋経済新報社；同（1995b）；同（1997a）「巨大小売業の発展と流通革新―日米比較」近藤文男・中野　安編著『日米の流通イノベーション』中央経済社；同（1997b）「ディスカウント革命の進展と雇用問題」『季刊経済研究』（大阪市立大学）第20巻，第3号；同（2007）『アメリカ巨大食品小売業の発展』御茶の水書房。
　　なお，「小売イノベーション」については中野　安（1995b）の「現代日本の小売イノベーションを捉える視角」pp.173-177 を参照のこと。
5　石原武政・矢作敏行（2004）『日本の流通100年』有斐閣；中野　安（1995a）を参照のこと。
6　藤岡里圭（2006）『百貨店の生成過程』有斐閣；同（2009）「百貨店の革新性とその変容」石井淳蔵・向山雅夫編『シリーズ流通体系1　小売業の業態革新』中央経済社を参照のこと。

べて相対的に高価格・高利潤設定の商品になった。なぜならば，購買頻度の低い商品は商品回転率が低いから，利益を上げるためには高価格・高利潤にならざるをえない商品だったからである。その買回品が高級で高品質のブランドを多様に扱うようになり，高価で高利潤設定の価格になった。高級化と高価格化はセットになる。

　高級化・高品質化は高価格を消費者が意識しないようにする効果があった。消費者は，「高級であること」「高品質であること」「ブランド商品であること」が通常価格の買回品との対比関係において歴史文化・伝統・品質・信頼性などの特別に付与された商品として「高付加価値の特別な商品」であると認識し，高価格が当たり前の商品であると摺り込まれることによって，価格が高いのも当然であるという消費者意識が植え付けられ，価格意識が消えていくのである。百貨店の品質の高級化ブランド化志向による高級化高品質化戦略はここからくる。

③ サービス

　さらに百貨店業態の付帯する「サービス」は，取扱い商品が買回商品で，消費者にとって購買頻度が低い商品であるために，商品知識が不十分で，学習効果が十分ではなく，また買回品は最寄品以上に「品質，形状，形，柄，デザイン」など商品の幅や深さが広く，多様で多彩であるゆえに，消費者に対して商品知識や取扱い技術など多様で多種類の商品をきめ細かにかつ丁寧に説明する人が必要になる。このような理由から消費者に対して従業者による対面サービスが行われた。この人材戦略は百貨店業態にとって人件費の高コスト化をもたらし，経営の圧迫要因となる。

百貨店業態独特の店舗形態・販売態様・価格設定方式について

　さてこれらの上記の3要因に独自の小売経営イノベーションが，①店舗形態や②販売態様や③価格設定方式のうえに体化することで，百貨店業態独特で固有の特徴が生まれる。

① 店舗形態

　百貨店業態の店舗形態は高級化，高品質化，ブランド化という買回品の戦略の高級感を商品だけでなく建物全体に行き渡るようにする必要があり，建物全体の高級化志向を要請されるようになって，豪華で華麗な外形の形態の

店舗施設となる。同時に売場の陳列においてもその高級な商品が際立つように商品や季節ごとに売場のリニューアルを行う。

　また百貨店業態は部門別の業種の多様な商品を縦型の大きな一つの店舗の売り場ごとに陳列して販売するシステムである。そのためには，消費者に上から下まで短時間で容易に店舗全体の階を巡回して陳列商品を見てもらう必要がある。そこからエレベーターやエスカレーターなどの店舗設備の設置が行われた。上階には消費者を引きつけるような催し物，ホール，食堂，屋上の遊園地などを設置したのもそのような理由からである。いわばその戦略は下から上に向けての「噴水効果」と上から下に向けての「シャワー効果」といった方法をとっている。

　百貨店業態の主力商品は買回品の高級で高品質の商品であり，1 階やその上位階を中心に，装飾雑貨，化粧品，鞄，ヤング男女衣料，ミセス衣料，紳士服などの高級な高品質の商品の品揃え形成が陳列されている。これも百貨店業態固有の商品戦略である。

　さらに百貨店業態の立地は，大きな人口規模，相対的に 20 万人から 30 万人程度以上の広域人口が必要といわれている。だから百貨店の立地戦略は，地方の所在地都市，もしくは大都市に立地し，なかでも人口が集中する都市の中心部の繁華街や交通センターなどのターミナル，さらに多くの人が乗降する駅のターミナルに立地している。

② 販売態様

　百貨店業態の販売態様は上述で指摘したように，対面販売である。取扱商品が買回商品の商品ラインの幅だけでなく深さの広範な何十万から場合によっては何百万の商品アイテムが陳列されて販売している状況下で，消費者にとって購買頻度が低く，商品知識が不十分で，学習効果が十分ではないので，消費者に対し部門ごとに商品知識や取扱い技術など多様で多種類の商品をきめ細かにかつ丁寧に説明する人が必要であり，そのために対面販売は不可欠になる。だから百貨店業態は対面サービスが行われる。

③ 価格設定方式

　百貨店業態の価格設定方式は，述べたように，買回品の高級な品質でブランド商品などを販売しているゆえに，購買頻度が低いから商品回転率の低さ

により単位当たりの利潤を上げることで採算を考慮する必要があり，必然的に高価格高利潤の価格設定になる。このような価格設定の定価販売である。

　以上のような固有で特徴的な内容を百貨店業態はもっている。このような特徴を踏まえて，百貨店業態を本質的な部分を取り出してまとめていうならば，高級な品質のブランド商品を多数扱う「買回品」が取扱いの中心であり，購買頻度が低く，商品回転率も低い商品であり，形や形状，品質や多様で標準化画一化ができないから統一化が難しく，大量一括購入，大量集中販売が困難で，商品の業種ごとに少量仕入，少量販売を行わざるをえない。そこから高級化高品質戦略が読み取れる。

百貨店業態の小売経営イノベーションたる部門別経営

　百貨店業態は業種店が一カ所にタテに集まった大規模な建物と理解してよく，買回品であるがゆえに形や形状，品質や多様で標準化画一化ができないから一括大量対応が困難なので，フロアを小さく部門ごとに分け，部門ごとに仕入と販売が完結する形で行う形態になり，部門ごとに少量仕入で少量販売という形で経営管理を行う。そこからこの経営管理方式が「部門別経営」であるといわれる。

　部門別に経営管理方式をする必要から，百貨店業態は「部門別ごとに管理」する必要が生じて，部門別経営管理という小売経営イノベーションが経営組織の中に組み込まれた業態ということができるのである。百貨店業態の本質的な特徴の根幹はここにある。デパートメントストア（department store）は文字通りこの意味内容を示す店舗なのである。百貨店という表現は日本で付けられた名称である[7]。

　百貨店は高級な高品質でブランド商品を主力とした買回品を扱うから，商品自体が高コストであり，多品種多種類の品揃え形成は多くの従業員による対面販売や，買回品による高級化を売場・建物店舗全体の高級化高品質に見せることから，全体が高コスト経営になってきて，だれかれなく参入できない投資の障壁を形成するのである。その意味で投資における制約条件をもたらす業態である。歴史的な呉服系老舗百貨店か，電鉄系百貨店に限定される

7　百貨店の名称は商業界の主幹であった桑谷定逸による。小山周二・外山洋子（1992）『産業の昭和社会史7　デパート・スーパー』日本経済評論社を参照のこと。

のはこのような理由からである。

　また高級な高品質でブランド商品を主力とした買回品の扱いは大規模な人口を必要とする広域商圏の小売業であるから，よくいわれるように，大都市や地方県庁所在地の中規模都市に適合する都市型小売業である。その点で店舗展開において人口規模も制約条件となる。

　その意味で百貨店業態は投資条件や人口規模条件に制約されて，どこでもいつでも誰でも店舗展開を行うことができる業態ではないのである。

(2) 百貨店の小売経営イノベーションによる経営管理の特徴

　最後に重複する部分もあるが，百貨店業態の小売経営イノベーションによる経営管理を整理して見る。大きくは①店舗立地イノベーション，②店舗設備イノベーション，③経営コスト削減と販売危険回避のイノベーションに整理できる。

① 百貨店の店舗立地イノベーション

都市型立地構造

　百貨店の多くはまちの中心部の繁華街，バスターミナルや駅に立地している。これは取扱いの中心が買回品によるからである。買回品は広域商圏を必要とすることをすでに述べてきた。百貨店の収益の採算上において必要な人口は少なくとも 20 万人以上といわれてきており，そのようなことから百貨店と大都市や地方の中核都市の中心部に立地していて，町村や農村部には立地していないのである。

② 百貨店の店舗設備イノベーション

高級化品質志向

　品質の高級化ブランド化により店内や外観の高級感の必要性が必然的に生じてくる。そこから売場陳列の高級感や季節ごと商品ごとに絶えずリニューアルを必要とし，建物の高級感・豪華さも必要性が生じてくる。こうして百貨店全体を高級イメージ化させる。

③ 百貨店の経営技術のイノベーション

縦型の部門別経営の特徴

　これは百貨店の業態の根幹に関わる特徴である。すでに見てきたように，

百貨店は一つの大きな建物で，部門別に仕入・販売を行うという部門別経営を行う。そしてサービス重視ということから対面販売を基本としている。店内では原則として正札販売・閲覧自由・返品自由・現金販売を基本として，縦型だから建物の上下しやすいように階下から階上まで顧客の導線を考えている。移動しやすいエレベーター・エスカレーターの設置，食堂・屋上の遊技場・ホール・催し物会場を階上に設置し，地下へは食料品の取扱いを行い，さらに送迎バスや無料配送などを行う。さらには立地していない地域に出張拠点や販売等を行って，都市以外のエリアへの認知活動も行っている。

④ 百貨店の優越的地位による販売危険回避のイノベーション
—特異な仕入れ諸形態と返品制度

買回品の多種多様な高級で高品質・ブランド商品を品揃え形成することによって販売危険が避けられない状況におかれている。そこから百貨店は固有の仕入れ形式を導入している。それが①委託仕入，②消化仕入，③買取仕入である。

委託仕入とは，商品販売を納入業者から委託される形で仕入れ，商品の所有権は百貨店ではなく納入業者（商品購入はしない）の形にして，販売が実現したら，販売金額を納入業者に渡して，販売手数料を納入業者から受け取るという，販売の代理をする仕入形態である。売れ残ったならば委託形態により所有権が納入業者にあるので返品することで販売危険を避ける形態である。

消化仕入とは，仕入れた商品のうち販売された時点で仕入れた，つまり商品購買をしたという形式をとり，売れない場合は仕入れていないということで返品をして販売危険を避ける形態である。

買取仕入れとは，一般に商業者が仕入れる本来のあり方の形態である。ただし，百貨店の場合は取扱い商品も膨大で売れ残ったら，この仕入れ形式では商品の所有権が百貨店であるから百貨店の側の損失は大きく販売危険は大きくなる。その意味でこの方法は特定の戦略的商品であったり，特売商品に採用され，売切りを目的としている。この仕入れ方法であれば買い取るので販売危険があるが，多くまとめて仕入れる方法を行うことで納入業者に販売危険ゼロとなるメリットの効果を梃子に安く仕入れることを要求し，安く仕

入れた差額を自分たちの利益と販売危険部分を補塡する意図で行うのである。そこでは低コストの仕入れと仕入れた商品を売り切るということがカギであり，その範囲内で採用される方法である。

　取扱商品の拡大による売れ残り問題はこのような形で回避する。その際に利用される「返品制度」が販売危険を回避する上で効果的な機能を果たすことになる。これは売買の集中機能の「内部化」による管理主導コントロールの「外部化」である。しかも部門別経営の管理化に包摂されているところに特徴がある。

⑤　百貨店経営の優越的地位による人件費コスト削減のイノベーション

派遣店員制度

　また，高級で高品質の，またブランドの商品は消費者が購買の頻度も少なく，学習効果も少ないから，多種類の商品に対して詳細な説明をする対面販売の従業員が多数必要となり，対面販売多くの人材雇用は百貨店経営の経営コストを圧迫させることになる。

　そのコスト人件費の節減のためにメーカー・問屋から店頭に派遣店員制度を行わせる。それは一方で専門領域からの専門知識をもった従業員派遣であるから適切な対面販売の配置効果があり，またメーカーや納入業者にとって直営の売場の自社商品の専用販売というメリットもあり，一石二鳥の効果を狙った制度である。たんに百貨店経営の人件費のコスト削減というだけではない。

2. スーパー業態とは？—チェーンシステムによる 「規模の経済」に適合した業態

(1) スーパー業態の小売経営イノベーションの特徴の根幹—価格（切下げ） 志向とチェーンシステム

　スーパーの業態も小売店頭における基本的な販売戦略の中心戦略である①「商品」，②「価格」，③「付帯サービス」について特徴をみてみよう。

スーパー業態独特の商品・価格・サービスについて

① 商品

　スーパー業態の商品（品揃え）は最寄品による関連商品・比較商品の品揃えである。最寄品であるから購買頻度が高く，店頭で見ればわかるように，大量販売可能なように大きさ，形状などで商品の標準化・画一化が行われ，多くはパッケージ化されている。

② 価格

　スーパー業態の価格は，すでに説明したように，毎日，多目的関連購買される商品で，購買頻度が高い。多品目の関連購買を行う商品であるから，消費者においては価格負担が強まるので，高い価格設定はできない。そこから基本的には買回品と比べて，低価格設定をせざるをえない商品である。

③ サービス

　スーパー業態のサービス面では，これもすでに述べたように，最寄品は低価格設定を強いられることになるから，商品の単位当たりの利幅は低いのが原則である。単位当たりの利益幅の低い経営を迫られているから，百貨店のような高コスト経営ではなく，低コスト経営を迫られるので，コスト削減に努めなければならない。最大のコストを占める人件費の圧縮のために，サービスの簡略化の方向に進み，消費者のセルフサービス化が図られるようになる。セルフサービスはスーパー業態の特徴になっている。

スーパー業態独特の店舗形態・販売態様・価格設定方式について

　さてこれらの上記の 3 要因によって上記の 3 要因に独自の小売経営イノベーションが，①店舗形態や②販売態様や③価格設定方式のうえに体化することで，スーパー業態固有の独自の形態が生まれることになる。

① 店舗形態

　スーパー業態の店舗形態では，まずチェーンシステムを経営の基盤において本部で大量仕入による低価格仕入の実現をし，支店で低価格販売の大量販売を実現して，価格訴求型の戦略を展開し，薄利多売による量的な利潤の増加による資本蓄積を可能にする。

　また低価格低利潤による量的な利潤拡大戦略であるから，薄利多売の利潤量であるゆえに限りなくローコスト店舗経営を強いられ，それを基本におい

ているので，店舗設計においても標準的画一的な店舗形態をベースとした多店舗展開であり，また一定の店舗展開エリアの店舗でも販売内容や広告内容が標準化画一化して共通利用を行っている。

　最寄品を購入する消費者は毎日購買するので学習効果ができていて，基本的には買回商品のように広域商圏を必要とせず，地域の近隣型狭域商圏が店舗の立地展開戦略で，さらに大量販売の実現のために支店展開を積極的に行う。その意味で，チェーンシステムと支店展開はセットとして現れる。百貨店は縦型の資本蓄積形態であるのに対してチェーンシステムは支店展開という横型の資本蓄積形態である[8]。

　ある意味でスーパー業態は当初，単一主力業態に依拠した，「単線型の売場面積の拡大による売上高増大」という出店展開至上主義による「量的拡大主義」の「量的」な成長パターンで大規模化し，急角度で成長した。極めて硬直的で一元的な量的拡大戦略であったと指摘されている。この戦略が通用したのも，商品経済市場が拡大する過程の「もの不足」状態で，「規模の経済」が働く環境下で，消費者が同質的同一的均質的均一的な合理的商品を欲していた市場だったから成長が可能であったのである。

　さらになかでもスーパー業態の最大の経営イノベーションが店舗形態や店舗設備である。最寄品である商品の野菜類，魚類，肉類などは取扱い技術が異なり相互の間に壁があって一同で処理して陳列するということは業種店では考えられなかった。さらにこれらの商品は商品寿命が短く，取扱いに注意を要する商品であり，これらの取扱い技術の難しさから，一般的に販売リスク率の高い商品であった。

　これらの商品を一つのフロアにこれらの処理技術や商品陳列を鮮度管理しながら販売をするということの難しさがあり，それを実現した店舗形態や店舗設備の革新的な経営イノベーションなくしてスーパー業態は存在し得なかったといっても過言ではない。それほど店舗形態，店舗設備に関わる経営

8　消費の多様化個化は進展するとショッピングセンター化して自社の売場面積は GMS よりも小さくなっている。GMS の時代は全体的に自社の売場面積比率は高かったが，自社の売場面積が全体の面積において縮小しているのは，消費の多様化・個性化の流れのなかで対応できなくなって自社店舗ではなく他社に貸した専門店のテナント化でそれに対応しようとしているからである。

イノベーションは画期的だったのである。とくに店舗設備においては冷凍設備と製品処理技術の場所の隔離によって，魚と肉の隔離による野菜とこれらの同時取扱い・同時陳列を可能にしたことである。冷凍陳列設備によって商品のパッケージ化も加わり店頭での商品の鮮度管理を可能にした。そしてこれらの商品群の販売ロス率を一挙に下げたのである[9]。

② 販売態様

　スーパー業態の販売態様ではコスト削減のためにセルフサービスを基本としている。消費者自身が店頭の陳列から商品を取り出し，用意されたカゴに入れてレジまでもっていき，精算される方式である。それは取扱商品が最寄品であり，消費者が毎日購入することで商品に対する学習効果が働くことで，購買リスクは少なく，購買の際に商品情報はパッケージに印刷され，必要な情報がすべて提供されているので，消費者はとりあえず困らないのである。このような店舗側の消費者に対するセルフサービス販売対応から，百貨店業態のような対面販売を必要とせず，省略することができるのである。

③ 価格設定方式

　スーパー業態の価格設定方式は最寄品が本来的に低価格設定であるから，競争手段はより低価格志向へと向かう。本来，最寄品は消費者自身が多品目の関連購買を行う商品であるから，多品目購入は消費者にコスト負担をかけることになる。そこから消費者にコスト負担を軽減するためにも最寄品は基本的に高い価格設定をすることができないのである。そこから基本的には買回品と比べて，低価格設定をせざるを得ない商品となる。消費者はそのような理由から少しでも安い方向に買物行動をするので，小売業者の対応は価格重視志向の価格切り下げ型アピール戦略になる。それはまた店舗間の競争が

9　関西スーパーマーケットの開発したものが伝播したと指摘されている。矢作敏行（1997）『小売りイノベーションの源泉─経営交流と流通近代化』日本経済新聞社，pp.113-119；石原武政（2000）『商業組織の内部編成』千倉書房，pp.194-213；水野学（2009）「食品スーパーの革新性─製造業的事業システムとその革新性プロセス」石井淳蔵・向山雅夫編著『シリーズ流通体系 1　小売業の業態革新』中央経済社，pp.99-124；岸本徹也（2018）「食品スーパー─仕組みを創り業界に普及させた関西スーパーマーケット」崔　相鐵・岸本徹也編『1 からの流通システム』碩学舎，pp.85-100を参照のこと。

低価格商品のより低価格へ下方修正する方向へ，つまりディスカウント戦略へ展開していく。

　かつては163商法といわれ1割が低価格の目玉商品販売，6割が標準価格販売，3割が標準より高い価格戦略をとり，消費者には1割の低価格で惹きつけ，目玉以外の標準もしくはそれより高い価格の関連購買をすることで利益を結果的に上げる方法をとった。

　現在でも99円，98円，199円，198円などの消費税抜き価格や，さらに78円，79円，118円，138円など端数価格表示，グラム単位が108円表示で実質は324円というというような価格表示戦略がとられ，消費者に価格の安さのイメージ植え付け広告で消費者を引きつける価格戦略をとっている。これはスーパー業態が基本的にはディスカウントによる価格切り下げ戦略を基本とし，低価格訴求型の販売を底流にもち，主流とした低価格・低利潤設定による薄利多売戦略が中心となっているからである。いうまでもなく，その実現のカギはチェーンシステムの本部の大量仕入による低価格仕入にあることはいうまでもない。その意味でチェーンシステムはスーパー業態の要の役割を果たすといえる。

スーパー業態の小売経営イノベーションたるチェーンシステム

　以上から，スーパー業態の固有の特徴は最寄品を中心とする価格（切り下げ）志向重視の低価格低利潤による薄利多売戦略である。その実現は大量仕入・大量販売による低価格仕入・低価格販売を実現する「チェーンシステム経営」である。百貨店業態が高級化ブランド化重視の「質」を中心とした高級化戦略であるのに対して，スーパー業態は価格重視の「量」を中心とした低価格戦略なのである。

　スーパー業態は最寄品を中心にして，チェーンシステムを利用して，本部で大量仕入をして低価格仕入を実現し，支店で低価格販売を行って大量販売を実現するものである。百貨店業態とはちがって仕入と販売が分離し，本部で大量仕入，支店で大量販売を徹底して低価格志向の管理を行うのがスーパー業態である。チェーンシステムの本部と支店の分離と，本部の統合・結合のループは徹底した標準化・画一化・単純化であり，「完全なマニュアル化」による管理システムになっている。

（2）スーパー業態の小売経営イノベーションによる経営管理の特徴

標準化・画一化・単純化による店舗の出店展開と低価格大量販売の管理システム

　スーパー業態の本質的な特徴をまとめれば，生産レベルの標準化・画一化・単純化による少品種大量生産という機能主義原理に対応した流通における適応原理がチェーンシステムであり，生産のレベルのこのような大量生産，大量販売に対応した流通におけるシステムの担い手がスーパー業態であった[10]。それはまた規模の生産に対応した規模の流通を担う，「規模の経済」に適合する業態であった。

　スーパー業態は，最寄品を中心にして，チェーンシステムを利用して，本部で大量仕入をして低価格仕入を実現し，支店で低価格販売を行って大量販売を実現する，価格訴求型の経営戦略を展開する業態である。いかに安く仕入れ，多く販売するかというのがスーパー業態の基本的なマネジメントである。しかし，仕入と販売が分離し，大量仕入，大量販売を可能にするシステムであるから相互の連携管理は不可欠であり，また大量販売の実現は大量仕入を一層可能にし，より安い仕入を実現してさらにより安い販売価格を実現するというループをチェーンシステムはもっていた。その意味でこのループの連続的・持続的・販売は最も重要な経営管理であり，店舗の多店舗展開がそれを一層可能にすることから，経営管理機能は当然ながら出店戦略を極めて重要視した。そこにおいて貫くのは標準化・画一化・単純化の徹底とロスの最小化を基準とした経営管理イノベーションである。それゆえにスーパー業態は前方に力点をおいて，流通革命といわれながらも，後方は仕入れ先である卸業者に依存し，仕入れのマーチャンダイジング努力は不十分であった。

低価格販売の根幹である標準化・画一化・単純化による低価格仕入れの徹底

　スーパー業態は絶えず前方の低価格訴求型志向が経営戦略であり，低価格低利潤ということから薄利多売という量的な戦略が根幹となる。この業態は本部の仕入れにおいて徹底した低価格仕入れがカギである。大手製造企業の個別窓口取引要請や取引業者の仕入においても，結局は仕入取引において優

10　橋本　勲（1972）『現代経済学全書12　現代商業学』ミネルヴァ書房, p.204。

越的地位を利用してバイイングパワーを梃子に圧力をかけて可能な限りの徹底した低価格仕入を行ったり，時にはその強要まで行われてしばしばコンプライアンス違反も生じている。さらに中央卸売市場の中抜きをして「場外仕入」をして産地納入業者との直接取引を行い，商品の確実な品揃え形成を優先的に実現し，さらに自然災害で商品の品薄のときには背景にいる膨大な購買力のための商品仕入が使命であるといって優先的に産地業者から品質のよいもの先取りをして需給のアンバランスをより拡大させ，結果的に価格上昇を引き起こし，さらに中央卸売市場で品質のよくない商品が形成する商品価格より，品質がよいということでさらに高く価格設定をするという2重の価格操作を行うこともしばしばあると，いわれている。

標準化・画一化・単純化による効率的な店舗設備の小売経営イノベーション

　スーパー業態の店舗の画期的な特徴は業種店ができなかった同じフロアで野菜や魚類，肉類などの処理作業部署と販売場所の設備隔離，さらに鮮度管理のための冷凍陳列設備の設置などによる生鮮品の同フロア一括販売を可能にしたことである。

　他業種の商品種類を一カ所に陳列販売するために，セルフサービスを消費者に強いるなかで，集中した商品が一目で商品探索できるように，商品の所在が一目でわかるような棚の陳列所在明示の工夫などが店舗で行われている。商品の陳列配置もある程度標準化されている。商品配置は入り口の日の当たらない北側に置かれ，入って目につくところに野菜が，食事のメインとなる肉類や魚類は一番奥に陳列されて，中間地点にそれ以外の業種の商品が陳列され，酒類などは重量がともなうから，菓子類と同様にレジ近くに陳列されているというように，工夫されている。

　商品の陳列において取扱商品の標準化・画一化・単純化を必要とし，商品の個別パッケージ化，全商品の正札化・値付け・バーコード化による商品の取扱い表示の単純化が行われ，レジでの一括支払いを要請するようなシステムを採用した。レジでの作業の単純労働化のために全商品の正札化・定価根付け・バーコード化をスキャンすることでミスなく価格を打ち込むことができ（いまではスキャンして自動的に読み取る），決済においても省力化・自動化を可能にすることで，正確な処理作業が行われてミスを避ける対応がで

きあがっている。

チェーンシステムによる標準化・画一化・単純化と店舗組織管理の完全マニュアル化

　スーパー業態はローコスト経営であるから，店舗づくり・品揃え・管理・教育・評価などの様々なところでコスト削減の工夫がきめ細かく施されている小売経営のイノベーションである。ここでの基本的な考え方はあらゆるものが標準化・画一化・単純化の発想である。「店舗開発の設計・建設・設置の標準化・画一化」であり，「販売サービス，広告宣伝」の経営方式までも標準化・画一化である。また「企業内分業と商業諸操作の標準化と外部化」もそうである。

　とくに店舗づくり・品揃え・管理・教育・評価などにおいてはコスト削減の対応がきめ細かく施された「マニュアル管理」で行われる。店舗運営における全経営がマニュアル化による標準化・画一化による徹底的なシステム化がされている。とくに完全なマニュアル化は店舗運営の正確な実行の管理において必要不可欠なものである。

　なんども指摘したようにチェーンシステムは本質的に標準化・画一化・単純化が基本であり，その結果，誰もが正確に確実に実行するための手段として多くの現場作業において標準化・画一化・単純化が必要であり，そのためにきめ細かな作業の取扱いのマニュアル化がどうしても必要不可欠だった。いいかえれば，マニュアル化による作業の標準化・画一化・単純化がチェーンシステムの重要な内部構造の実施における根幹である。

　またローコスト経営から限りなく人員削減とセルフサービスによる節約を基本にしており，そこから正社員だけでなく，パート労働者を多く雇用することで経営をしているから，正規従業員だけでなく，多くのパート労働者が店舗内分業で販売管理作業を担当しなければならない。実際において，現場の３分の２近くがパートタイマーで成り立っているから，彼らがスムーズにできるような作業の単純化のためにマニュアル化は不可欠であり，マニュアルの徹底による従業員教育が迅速かつ正確に行うことができることが必要なのである。

　以上から，チェーンシステムにおいて生じる膨大な作業をいかに未然にス

ムーズに，正確に速く低コストでできるかというノウハウの確立がシステムの実施の運営上において不可欠であり，それにはマニュアルとマニュアルにもとづく従業員経営管理が欠かせないのである。その意味でチェーンシステムと管理実施運営におけるマニュアル化はセットなのである[11]。

店内作業の標準化・画一化・単純化の店外作業への外部化とその経営管理イノベーション

この店内作業による必要時間を削減するために生産段階や卸売り段階に店外作業を移転させることはすでに述べてきた。本来，店内作業であるべきものを，多くは取引先へのバイイングパワーによる優越的地位でもって店外作業へと移転させていることである。生産, 物流, 卸売に向けて商品の標準化・画一化作業（SLM，重量・計量による分別作業，商品のプリパッケージ化，商品への根付け・バーコード化）などの作業を移転させ，生産, 物流, 在庫, 店頭の一貫した管理システムを川下から川上に向けて確立させたことである。

これはまさに小売段階による生産段階・卸売段階への関与であり，川下から川上に向けての取引による暗黙の支配関係構築といえる。これは売買の集中機能の「内部化」による管理主導コントロールの川上への「外部化」である。しかも一企業のチェーンシステムの管理の内部に包摂されているところに特徴がある。

3. コンビニエンスストア業態とは？ ―「速さの経済」に適合した業態

(1) コンビニエンスストア業態の特徴―サービス志向のフランチャイズチェーンシステム

コンビニエンスストア業態も小売店頭における基本的な販売戦略の中心戦略である①「商品」, ②「価格」, ③「付帯サービス」について特徴をみてみ

11　渥美俊一（2008）『チェーンストア経営の原則と展望』（全訂版）実務教育出版を参照のこと。

よう[12]。

コンビニエンスストア業態独特の商品・価格・サービスについて

① 商品

コンビニエンスストアといえば24時間・年中無休ということが特徴として強調されるが，その指摘はコンビニエンスストア業態の本質を言い当ててはいない。コンビニエンスストアとは，言葉通り，「便利なお店」ということである。いうまでも24時間・年中無休で開いていることはたしかに「便利」であるが，その「便利」さではない。この便利さはスーパー業態が24時間・年中無休を行えばそのようにいうことができるからコンビニエンスストア業態固有の説明概念にならない。

この便利さの本当の意味は通常不要不急のときの便利さというのではなく，突然，急に必要になったときに「開いててよかった」という意味の便利性のお店なのである。当初のコンビニエンスストアの宣伝文句が「開いててよかった」というキャッチフレーズにしたのはそのような意味を含意していた。

そのようなコンセプトから生まれた業態であるから，コンビニエンスストア業態の商品の品揃えは，スーパー業態のような「素材型」ではなく，「即時的消費（調理済み）の関連商品・比較商品の品揃え」なのである。当然，すぐに消費されるから「鮮度」が問題になる。鮮度管理の品質を軸とした「短リード短サイクル」のシステム構築が行われるのは，この商品特性から必然的に派生するのである。

② 価格

原則的に消費者が困ったときに提供するサービス型志向の商品である。価格はそのような商品特性ゆえに，消費者は急なときに困って，必要とする商

12　コンビニエンスストアについては矢作敏行（1994）『コンビニエンス・ストア・システムの革新性』日本経済新聞社；出家健治（1989）「コンビニエンス・ストア」糸園辰雄・中野　安・前田重朗・山中豊国編『転換期の流通経済1　小売業』大月書店；同（1990）「中小商業問題―コンビニエンス・ストアの展開過程からの考察」『世界の中の日本中小企業』（日本中小企業学会）同友館；同（1995）「コンビニエンス・ストアの成熟過程とその経営戦略」『熊本学園商学論集』（熊本学園大学）第2巻，第1号を参照のこと。

品だから「価格を問題」にしないと踏んで，「定価販売」が可能と考えた。だからコンビニエンスストアは「定価販売」をシステムの基本においている。

そのようなコンセプトの業態であるから，コンビニエンスストアは安売りといった価格訴求型の戦略を絶対にとらない。

③　サービス

サービスは，これまた商品特性による「即時的消費」ということから「鮮度やクリーンネス」ということが強調されて，店舗のきれいな清掃がたえず心がけられ，また店頭に陳列した商品の鮮度にこだわり，賞味期限の３分の２になると店頭から廃棄が行われた。これはコンビニエンスストア業態をはじめ，流通業界の商慣習であったこともあって，食品廃棄問題による環境問題から批判が生じて，改善を迫られた。

また突然，急に必要になったときに「開いててよかった」という意味の便利性の店から，24時間・年中無休で，近隣立地で対応というサービスをとらざるを得なかった。これも環境問題の観点から長時間営業による CO_2 の排出が大きい業態として，環境に優しくない業態として批判された。そのために環境配慮対策が問われるようになった。

また消費者にとって急を要する場合はなにも物販だけではない。物販以外のケースも生じ，そこから物販以外のサービスを提供することで「便利性」をカバーしている。のちに述べるが，多方面で多種類のサービス提供をしている。

コンビニエンスストア業態独特の店舗形態・販売態様・価格設定方式について

さてこれらの上記の３要因に独自の小売経営イノベーションが，①店舗形態や②販売態様や③価格設定方式のうえに体化することで，コンビニエンスストア業態固有の独自の形態が生まれることになる。

①　店舗形態

店舗形態ではコンビニエンスストア業態の利潤の根幹であるフランチャイズチェーンシステムが採用され，チェーンシステムのような本部仕入れと販売部門を担当する支店の「資本の同一性」がみられない特異なシステムである。チェーンシステム自体の原理はこれまで述べてきたように基本的に変わらない。運用方式が異なるのである。本部と支店は同一資本で形成されない。

支店は独立の小売業者であり，それは小売業者の経営の近代化に貢献をした[13]。

　コンビニエンスストアは本部と支店の役割をする独立小売業がフランチャイズ契約で営業をする形態である。本部の開発した商号や商標，屋号，開発商品，店舗運営システムとその経営指導を含んだ「ノウハウ」を加盟店に提供して，加盟店からロイヤリティ（経営指導料という名目の手数料）を受け取り，独立の業種である小売店は本部と契約して，そのノウハウを利用することで利益を上げて，売上の中から「ノウハウ」の利用料として一定額のロイヤリティを支払うシステムである。前者の本部を加盟主（フランチャイザー）といい，加盟店の司令塔の役割を果たし，その司令塔の経営指導に従って契約したノウハウを利用して利益を上げる後者が加盟店（フランチャイジー）とよばれる。両者の間には資本関係のない独立の小売店がチェーンシステムの支店を担い，零細小売業の業種店の近代化，活性化の手段として流通政策に寄与すると「評価」された特異のチェーンシステムである。そこでは，本部の開発したノウハウを使って互いに利益を上げようという「共存共栄」の論理が強調されている。しかし，他方で契約解除という切り捨てが可能なシステムでもある。売上の状況次第では自由に取り替えることができる。

　本部はそのロイヤリティが本部利益となっている。本部は加盟店からロイヤリティを正確に把握して正しく受け取るために加盟店の売上総額を本部に納めさせ，そこからロイヤリティ分と立て替えている仕入れコスト分を引いた残りを加盟店の利益の取り分として加盟店に渡される。このシステムは本部が加盟店からロイヤリティ分を先取りする方式であり，加盟店が増えれば増えるほど利益が上がるシステムになっている。その点で本部は加盟店を増やすことと加盟店管理が戦略上の目的である。コンビニエンスストア業態の利益の根源がこのフランチャイズチェーンそのものにあるといわれるゆえんである[14]。

　コンビニエンスストアの経営戦略は出店至上主義＝量的拡大戦略が基本である。その点でスーパー業態と類似していた。ちがっていたのは，コンビニ

13　出家健治（2002）『零細小売業研究―理論と構造』ミネルヴァ書房，第10章を参照のこと。

エンスストア業態の特性から地域集中的なドミナント戦略だったことである。

　他方，加盟店の方は売上から仕入価格とロイヤリティを差し引いたものが加盟店の収益になる。加盟店はその収益が粗利益であって，そこから加盟店のかかった営業経費を引いたものが純利益となる。その受け取る総額が加盟店の販売総額に比例するから，加盟店の販売総額が少ないと差額の純利益が捻出できないということも起こりうる。本部が黒字，加盟店が赤字というケースもあり，共存共栄のあり方に疑問が投げかけられている。本部と加盟店の対立の要因はこのようなシステムそのものに関わるところから派生している。

　コンビニエンスストア業態をわかりやすくいえば，独立の小売商が，本部の看板を背負って，独立の小売商自体の独立性があるにもかかわらず，独立性は消え，看板である本部の代理店として営業する形態であると表現すればわかりやすい。独占的商業が本部を経営していて，その司令塔の元で本部の企業に代わって販売を代行する形態であり，加盟店同士に競争させて利益を吸い上げる形態である。大規模商業の中小商業の系列化を意味する形態である。

　店舗展開は，在庫と物流問題から「ドミナント戦略」（集中出店）をとっている。店舗自体が100㎡の小規模店舗で3000品目近くの商品を販売して

14　一見してこのシステムは両者間の対等な契約に見えるが，内実は本部有利のシステム運用で不平等の関係性が見られる。本部のロイヤリティは加盟店の売上の粗利益の一定額を受け取るが，問題は個々の加盟店の売上を正確に把握できるかという点にある。加盟店も売上が少なければ一定額のロイヤリティから支払い額は少なくてすむ。どちらもその攻防は加盟店の売上高の把握であることがわかる。それで本部側は加盟店が仕入れた商品が全て販売できたとしてその総額を加盟店の販売額と定め，その総額からロイヤリティ計算をして，ロイヤリティ総額を受け取った。そのために加盟店の店頭で生じる販売ロスは認められない。また仕入れ分は本部が建て替える費用であるから，売上利益から差し引かれるが，加盟店が増えれば仕入において規模の利益が生じてそのコストが下がりそうなものだけれど，コストは下がらないとも指摘されている。そのような点からも加盟店は二重の損失を被っているともいわれている。さらに本部の利益実現のために，自己商圏のフランチャイズエリア内に同業の加盟店が出店して競合するケースも見られ，競合他社も参入することで近接立地による競争を強いられ，エリア内の利益の保証がなされていないという現実がある。本間重紀（1999）『コンビニの光と影』花伝社を参照のこと。

いるから，在庫の場所が狭いので，できるだけ商品在庫を置かないようにしようと考えた。在庫を後方の取引業者に置き，必要なときに必要な量だけ配送するシステムを構築する必要があった。そのために効率のよい在庫が必要から発想を調整在庫から「通過在庫」へ変えて，生産から店頭までを効率よく無駄なく循環させることで「在庫の適正化」をすることを考えた。

　これは生産から販売までの商品取引をスムーズに循環的な流れにする必要がある。その実現は肝心な店頭の売買が効率よく動かないと機能しない。そこから，情報システムを構築して POS システム（販売時点管理 / レジで商品情報を読み取り，「売れ筋」「死に筋」などを的確に読み取る情報システム / 商品のバーコードに組み込まれた情報を瞬時に読み取る）を利用して商品の「単品管理」を行い，売れ筋と死に筋商品を選別し，売れ筋商品のみを陳列販売して商品回転の速い売場の効率化を考えた。しかし，売れ筋商品の陳列ためには生産者にその商品を作ってもらわなければならない。生産者に店頭の売れ筋・死に筋商品を伝えて売れ筋商品を生産してもらう必要がある。そこから小売店と生産者や取引業者に向けて下から上に情報ネットワークを構築して，EOS（Electronic Ordering System/ 電子受注発注システム / 企業内の受注システムを合理化させる / 受注発注業務が合理的に行われ，業務の省力化と的確な商品補充に役立つ），EDI（Electronic Data Interchange/ 電子データ交換 / 特定の企業だけでなくすべての企業と同じ情報を交換できる仕組み）などのシステムで店頭の販売情報を提供し，売れ筋商品を生産するように要請した。

　しかし，店頭で売れ筋商品が販売されて店頭で欠品状態が生じると，商品薄による販売ロスが発生する。そのようにならないように素速く商品を店頭まで到着させ店頭に並べなくてはならない。そこから，小売店頭から生産者へ，さらに店頭へという「短リード短サイクル」のシステムが構築され，商品の輸送・保管に物流システムが情報ネットワークと連動して効率よく動くシステムができあがった。その結果，調整在庫から通過在庫に変わって効率のよいシステムができあがった。

　しかも「短リード短サイクル」の効率的なシステムで流れる商品は，店頭の在庫のスペースが狭いので，陳列の欠品の量だけ必要となり，必要な時間

に必要な量だけ搬送（多頻度小口配送）することが要請される。そこから少量輸送の時間指定配送（ジャストインタイム）がシステム化される。

　1 店舗当たりの必要量のみによる少量配送は物流のトラックの荷台に多くの隙間が発生し，効率が極めて悪くなる。個々の店舗の取扱い量が少なく，取扱い量が小ロットでも店舗密度が高ければ車両の取扱い量は大ロットになり，規模の利益が生み出されることから，店舗を集中出店（これがドミナント戦略）させて 1 カ所だけでなく多くの店舗を回ることで物流効率を高めることに成功した。一点集中主義の，いわばドミナント集中主義による店舗戦略もコンビニエンスストアの重要な経営イノベーションであった。コンビニエンスストア業態は集中出店による店舗密度の向上を最も重視した。

　このようにコンビニエンスストアの店舗形態は，消費成熟化による多様化個性化が進展するなかで多品種少量販売（生産者も同様な多品種少量生産）という避けられない非効率な品揃え形成ゆえに，「消費者ニーズへの適応」という観点に立ち，「システム化」の構築に力を注いだ。「消費の即時性に対応した多頻度少量在庫販売」を「短サイクル短リード」で回すという，最も効率的な「システム産業」を作り上げたことであった。

　コンビニエンスストア業態は，生産と販売の同時調整を図りながら，商品が即時的消費であるがゆえに，品質＝鮮度さらに温度管理（「時間と温度という 2 つの品質管理基準」）[15] を重視した「短リード短サイクル」のシステム[16] を情報と物流システムによって構築した小売経営イノベーションそのものを体化した形態であるといえる。生産と販売の同時調整によって「消費者ニーズへの適応」をさせる売れ筋のみの商品を，効率よく生産して素速く効率よく販売するという考えであった。「品質（鮮度を含む）と時間の管理」

15　矢作敏行（1993）「協働的マーチャンダイジングと取引構造─セブン-イレブンの場合（上）」『経営志林』（法政大学）第 30 巻，第 3 号，p.69。コンビニエンスストアにおける商品物流は温度帯輸送である。コンビニエンスストアの店頭における商品の鮮度管理の度合いによって，弁当，おにぎり，焼きたてパンなど米飯は 20℃，調理パン，惣菜，牛乳などチルド商品は 5℃，アイスクリーム，冷凍食品，ロックアイスなどフローズン商品は−20℃，菓子，カップ麺，酒類，雑貨，飲料水など常温商品は常温というような温度帯別配送がきめ細かく行われている。

16　矢作敏行（1994）を参照のこと。

を軸とした「短サイクル・短リード」システムであった。

　多品種少量販売の短サイクルシステムをどのような商品供給システムで支援され経済的な効率性を最も重視しながら経営管理運営するかという考え方に立脚して，コンビニエンスストア企業だけでなく商品供給する川上のメーカーや取引業者までを管理対象に組み込んで，生産から販売までのトータルシステムを構築した。

　かくしてすべては店舗の効率化から始まった。店頭に置かれている商品を単品管理で売れ筋商品と死に筋商品のPOSシステムで識別をし，情報ネットワークで生産者や納入業者に売れ筋情報を流し，死に筋商品は生産停止と流通ルートからの排除をすることで売れ筋商品のみの流通に特化させることで在庫の効率化を図った。通過在庫をきちんと回すためには必要な商品を必要な量だけ時間指定で配送することが重要になる。つまり，店頭には売れて陳列に商品がなくて，欠品が販売危険を引き起こすことにならないようにするためには欠品の商品の量だけが必要であり，陳列で欠品になっていない商品はいらない。そのために少量配送・小口配送が物流において必要な条件となった。その問題はその商品を配送する側の問題である。輸送トラックに必要とする少量の商品のみの配送の効率が悪くなるのである。そこから一店舗当たりの少量の商品配送を大量に効率よくするためには，その周辺に店舗立地を集中的に展開することでこの問題を解決できることになる。このような視点から店舗の出店の集中的展開，つまりドミナント戦略がとられたのである。小口配送方式による効率的な物流システムのために近隣・集中出店戦略はこのような理由からである。だがドミナント戦略が矛盾を引き起こす。

　一般にコンビニエンスストアの営業エリアは小学校区もしくは郵便局設置エリアを商圏とする。そのことを基準にすればコンビニエンスストアの出店総数は明らかに上回っており，過当競争状態にあるといえる。本部の出店政策はそのエリアを守り加盟店の利益を保証することで共存共栄の意味があるが，その関係性はすでに崩れている[17]。本部の利益は加盟店から取り上げるロイヤリティで成り立っているから，加盟店の増加は本部の利益につながる

17　出家健治（1995）を参照のこと。

ゆえに，出店展開至上主義は重要な戦略であり，地域の加盟店が利益確保できる出店エリアの限界と本部の採算利益による店舗数とは必ずしも一致しない。むしろ，「本部の採算に必要なエリアにおける必要最低限店舗数＞加盟店利益を保証する限定エリアの店舗数」の関係が本質的かつ構造的に存在するのである。そこから本部の計画する出店戦略は同一企業の加盟店の利益採算エリア周辺に重なる形で出店展開をする。この戦略は他企業も同じであるから，その結果として加盟店のエリアでは同一企業だけでなく，競争企業の加盟店が出店することで，コンビニエンスストア企業の超近接立地状態が形成されるのである。店舗のドミナント戦略は本部利益確保という戦略的な意味合いがそこに含まれているのである。各企業の本部による出店戦略によって加盟店の激戦区を形成させられたエリアで加盟店は競争を強いられ，十分な利益を確保できない構造がそこにある。共存共栄という虚構がいろいろなところで見られるのである。

② 販売態様

　販売態様はスーパー業態と同じくセルフサービスである。コンビニエンスストアの便利性は困ったときに利用する店舗で，そのために「即時的消費」が可能な商品をいつでも提供できるというのがコンビニエンスストアのコンセプトであるから，24時間・年中無休で販売対応をし，またそれによってこまめな発注と納品による店頭の商品の欠品を防いだり，少量のアルバイトを効率よく配置した店舗運営を可能にする。また即時的消費の商品ということから品質＝鮮度，温度を重視し，とくに賞味期限の3分の2ルールの商品陳列厳守などが行われていた。現在ではコンビニエンスストアの商品廃棄の問題がクローズアップされ，食品廃棄の問題が社会的な問題にまでなることによって，賞味期限という表示が消えて，消費期限に変更され，商品の消費期限が近づくと「おつとめ品」という方法で安く提供して販売をする方向に変わった。

③ 価格設定方式

　価格設定方式は原則において定価販売である。これも述べたように，コンビニエンスストア業態の品揃え形成の目的から生じる。突然,急に必要になったときに「開いててよかった」という意味の便利性のお店で，コンビニエン

スストア業態の商品の品揃えは，「即時的消費（調理済み）の関連商品・比較商品の品揃え」である。そこから価格は，商品特性ゆえに消費者は急な必要性から「価格を問題」にしないという考えを基底において「定価販売」が可能と考えたから，「定価販売」をシステムの基本においたのである。

　またコンビニエンスストア業態のコンセプトに関わる議論であるから，加盟店にも安売りをしないように指示をしている。加盟店の安売りは加盟店ごとに売上の評価のばらつきが生じ，ロイヤリティ計算が複雑になることや，加盟店の売上を減少させ本部の取得するロイヤリティが減少することにつながる可能性を秘めているからである。

コンビニエンスストア業態の小売経営イノベーション─時速の経済に対応した品質と温度管理の「短サイクル短リード」システム

　コンビニエンスストア業態は小売主導型で，小売の情報を軸に川上の生産，納入業者と売れ筋商品の情報を共有し，その商品を速く生産して，短リードで店頭にまで配送するという，鮮度を重視した品質と鮮度を考慮した温度管理を配慮した，短リードサイクルの情報と物流を主としたループ型の延期型循環ネットワークが体化した形態である。

　コンビニエンスストア業態の店舗システムは店頭の POS システム，売れ筋・死に筋識別の単品管理，小売業者と生産者・納入業者さらに小売業者という下から上に，さらに下へという情報・物流を媒介としたネットワークで，商品が即時的消費の商品であるから鮮度が品質として重視され，店頭の小売情報から始まり，生産からさらに店舗までの短リードの鮮度管理を軸とした品質管理を重視した短リードサイクルのネットワークといった内容であることがわかる。このネットワークをデマンドチェーンマネジメント（DCM）ともよんで，消費者から得られた需要情報を基点に需要予測を行い，生産管理が在庫管理をトータルに効率よく行う視点からみたよび名である。

　これも消費の多様化個性化，そしてそのニーズの速さに対応した生産と販売の同時調整，いいかえれば「製販同盟」である。そこからメーカーから小売りまで情報を共有することで原材料から完成品までものの管理を統括的経営をするサプライチェーンマネジメント（SCM）や，SCM に連動する形で物流も同じように動くことから，物流の側面からみたものは「ロジスティク

ス」とよばれている。とくに物流の合理化は販売物流だけではなかなか合理化できない。調達物流，生産物流，販売物流というように，物流はこのように生産の出発点から販売の末端まであるから，個々の物流を節約しても全体の物流の節約にはならないのである。そこから調達から末端の販売まで全体の視点から一貫的な合理的な物流を行うことで，全体の物流を合理化できることになる。いうまでもなくSCMと連動しないと意味はないからロジスティクスはSCMとセットになっている。

(2) コンビニエンスストア業態のその他の小売経営イノベーションによる経営管理の特徴

生産主導型流通システムの破壊と窓口問屋・物流センター構築という小売経営イノベーション

　コンビニエンス業態は，多品種少量販売の短サイクルシステムをどのような商品供給システムで支援し，経済的な効率性を最も重視しながら経営管理運営するかという考え方に立脚して，コンビニエンスストア企業だけでなく商品供給する川上のメーカーや取引業者までを管理対象に組み込んで，生産から販売までをトータルシステムで構築したシステムであった。その構築過程で「共同配送」や「取引先の集約化」「窓口の一本化」は避けられなかった。

　その構築は多頻度少量（小口）配送の効率化の実現のためにメーカー主導型流通システムたる系列化制度を破壊する必要があった。これはまた同時に多頻度少量配送に対して結果的に生産者や納入業者の効率よくするための要請であった。生産者や納入業者は根本的な変革を強いられたのである。

　それまで効率的な物流を行うためには生産者主導型の系列化が邪魔をしていた。この系列化によって企業ごとの小口配送が生じて，店頭へのトラック回数が増大していたのである。店頭の限られた駐車場に生産業者のトラックの多さが顧客の駐車場スペースを狭くし，また生産業者の少量小口配送は効率の悪さを引き起こしていた。これらの問題を解決するためにコンビニエンスストア側は窓口問屋を指定して共同配送するように生産者側に要求をした。この要求を生産者側が呑むことによって系列ごとに販売を行っていた「生産者主導型の流通システム」は崩れていく。コンビニエンスストアのバイイ

図 16-1：コンビニエンスストア業態による生産主導型流通システムの破壊

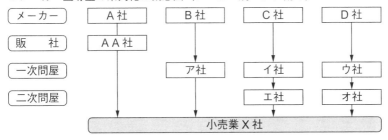

〇メーカー主導型の系列化の概念図（メーカー別・タテ割り）

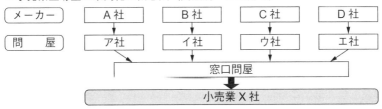

〇小売業主導型の系列化の概念図（商品別・ヨコ割り）

系列化の特徴

> 〇メーカー主導の系列化
> 　・メーカーが小売店に対して，納入担当の問屋を指定する，一店一帳合制。
> 〇小売店主導の系列化
> 　・小売店の意向で，商品別に問屋を集約する。

出所：小林隆一（2016）『ビジュアル流通の基本』（第 5 版）日経文庫，p.31。

ングパワーに生産者側が折れていくのである。こうしてコンビニエンスストア側の要求によってこれまでの生産者主導型の川上中心の流通システムは小売主導型の流通システムへ大きく転回していくのである[18]。コンビニエンスストア業態主導の上方への「閉ざされた垂直的システム」の構築だったと見てよい。図 16-1 は系列化の崩壊を示し，共同配送へと移行していく関係が示され，共同配送センターの仕分け方式が商品中心から店舗中心へ移ってい

18　この評価については分かれている。矢作敏行は「買手独占の状態の中で 1 対多の取引関係が緩い垂直的統合を通して協調と調整を意識した一種の組織取引」（矢作敏行（1993），p.60）と論じているが，それが書かれた 1990 年代の評価であるから 2000 年代の評価と見なす危険はあるが，そのような評価もあったことも押さえておく必要があろう。

く様子が示されている。

物販からサービスへのニーズ対応拡大化の小売経営イノベーション

コンビニエンスストア業態は出店過剰のオーバー状態による過当競争に入って出店至上主義＝量的拡大戦略だけでは困難になり，競争戦略が出店展開から店舗開発，店舗管理システム，サービスなどの多様化複合化戦略へ転換し，商品・サービス・システムの全面にわたる競争になった。だから，消費者が急に困る場合は何も物販だけではなく，物販以外のサービスにおいても生じる。コンビニエンスストアが言葉通り，消費者の即時的な利便性に対応するという観点からすればサービスも提供することは時間の問題であった。そのような理由から広がった現在のサービス内容の主なものは以下のとおりである。

①インターネット窓口とした支払い・発送業務，②宅配便関連業務，③商品などの宅配業務，④諸チケットなど販売代行や予約，⑤その他代行受付（公共料金・税・年金保険料支払い・健康保険料支払い・大学受験料支払い / クリーニング / 検定試験出願 / 通信教育申し込み / 教習所申し込み / カードローン（返済のみを含む）/ 年賀状印刷 / デジカメなどの写真現像（発注・受け取り）/ オリジナル切手など），⑥店舗で使えるキャッシュレス決済手段，⑦ポイントカード，⑧ ATM 設置，なお，セブン-イレブンは銀行の ATM 機能の設置ではなく，本格的に銀行領域に参入し，セブン銀行を作り上げた。⑨コピー機設置，⑩コーヒー販売，これはコーヒーを販売するサービス業と競合を引き起こしている。

コンビニエンスストア業態と中小小売業問題—大規模小売業の中小売業の系列化

コンビニエンスストア業態は業種店の鞍替えによる経営の近代化政策の一環であった。業種店が資本主義社会で生き残るためには古い形態のままでは難しく，資本主義的な経営組織を手に入れて，近代的な経営を行うことで生き残る方法でもあった。そこから多くの中小零細小売業の業種店はコンビニエンスストア業態に参入した。コンビニエンスストア経営をしている業種店は 24 時間労働という形態から，家族労働では難しく，パート労働を雇用することで経営を行っている。その意味で古い業種店はパート労働という他人

労働とコンビニエンスストア経営という近代的な経営組織を導入することで，近代的な小売業に転身したものの，古い形態の残存の上に近代的な外皮を覆った二重性をもつ形態であった。そこにまた矛盾をはらむことになる。

　コンビニエンスストアの当初は大手スーパー業態がコンビニエンストア業態の経営に関わり本部経営をしていた。コンビニエンスストア業態の競争はいわば大手スーパー業態間競争でもあった。スーパー業態の利益低下による生きづまりのなかで高利益のコンビニエンスストア業態経営に乗り出し，フランチャイズチェーンという特性を利用して，自分たちが出店を展開して自らが競争の全面に出るのでなく，加盟店である独立の業種店の小売業を競争の前面に出させて代理競争（戦争）をさせ，彼らの売上の一部を吸い上げるというシステムであった。この実態はコンビニエンスストア業態を利用した大手スーパー業態の中小商業に対する系列化であった。そこにおいては単純な大規模小売業対中小小売業という構図ではなく，①系列（系列化されている加盟店の独立小売業)対非系列(系列化していない独立の小売業)，②同一・異系列対非系列（異系列間競争は大手スーパー業態の代理競争)，③本部（大手小売業）対加盟店（中小小売業）という複雑な中小商業問題を引き起こしている[19]。

第16章　参考引用文献

渥美俊一（2008)『チェーンストア経営の原則と展望』（全訂版）実務教育出版。

石原武政（2000)『商業組織の内部編成』千倉書房。

石原武政・矢作敏行（2004)『日本の流通100年』有斐閣。

岸本徹也（2018)「食品スーパー―仕組みを創り業界に普及させた関西スーパーマーケット」崔　相鐵・岸本徹也編『1からの流通システム』碩学舎。

小山周二・外山洋子（1992)『産業の昭和社会史7　デパート・スーパー』日本経済評論社。

出家健治（1989)「コンビニエンス・ストア」糸園辰雄・中野　安・前田重朗・山中豊国編『転換期の流通経済1　小売業』大月書店。

同（1990)「中小商業問題―コンビニエンス・ストアの展開過程からの考察」『世界の中の日本中小企業』（日本中小企業学会）同友館。

同（1995)「コンビニエンス・ストアの成熟過程とその経営戦略」『熊本学園商学論集』（熊本学園大学）第2巻，第1号。

19　出家健治（1989）；同（1990）；同（1995）を参照のこと。

同（2002）『零細小売業研究―理論と構造』ミネルヴァ書房。

中野　安（1979）「低成長経済と巨大スーパーの動向」『季刊経済研究』（大阪市立大学）
　　第2巻，第3号。

同（1983）「現代資本主義と流通機構」森下二次也監修，糸園辰雄・中野　安・前田重朗・
　　山中豊国編『講座現代日本の流通経済3　現代日本の流通機構』大月書店。

同（1985）「80年代巨大小売業の歴史的位置」近藤文男・中野　安編著『流通構造とマー
　　ケティング・チャネル』ミネルヴァ書房。

同（1989a）「現代日本小売業の構造と動態」糸園辰雄・中野　安・前田重朗・山中豊国編
　　『転換期の流通経済1　小売業』大月書店。

同（1989b）「小売イノベーションと流通革命」糸園辰雄・中野　安・前田重朗・山中豊国
　　編『転換期の流通経済1　小売業』大月書店。

同（1995a）「小売業」産業学会編『戦後日本産業史』東洋経済新報社。

同（1995b）「価格切り下げ型小売業イノベーションの新展開と商品開発」大阪市立大学
　　経済研究所/明石芳彦・植田浩史編『日本企業の研究開発システム―戦略と競争』東京
　　大学出版会。

同（1997a）「巨大小売業の発展と流通革新―日米比較」近藤文男・中野　安編著『日米の
　　流通イノベーション』中央経済社。

同（1997b）「ディスカウント革命の進展と雇用問題」『季刊経済研究』（大阪市立大学）
　　第20巻，第3号。

同（2007）『アメリカ巨大食品小売業の発展』御茶の水書房。

橋本　勲（1972）『現代経済学全書12　現代商学学』ミネルヴァ書房。

藤岡里圭（2006）『百貨店の生成過程』有斐閣。

同（2009）「百貨店の革新性とその変容」石井淳蔵・向山雅夫編『シリーズ流通体系1
　　小売業の業態革新』中央経済社。

本間重紀（1999）『コンビニの光と影』花伝社。

水野　学（2009）「食品スーパーの革新性―製造業的事業システムとその革新性プロセス」
　　石井淳蔵・向山雅夫編著『シリーズ流通体系1　小売業の業態革新』中央経済社。

矢作敏行（1993）「協働的マーチャンダイジングと取引構造―セブン-イレブンの場合
　　（上）」『経営志林』（法政大学）第30巻，第3号。

同（1994）『コンビニエンス・ストア・システムの革新性』日本経済新聞社。

同（1997）『小売りイノベーションの源泉―経営交流と流通近代化』日本経済新聞社。

あとがき

　最後に少し本書の顚末を記してあとがきにかえたい。

　本書の刊行の思いつきは，これまで『零細小売業研究―理論と構造』（2008年，ミネルヴァ書房）と『商店街活性化と環境ネットワーク論―環境問題と流通（リサイクル流通）の視点から考える』（2008年，晃洋書房）の2冊を刊行したが，大学で講義担当をしている商業論について単著は出していなかった。かつて小谷正守先生（本学，長崎県立大学，仏教大学）の提案で共著『商業論と流通政策』（ミネルヴァ書房）の理論を書かせていただいたことがあった。しかし，枚数の関係もあって本書の第1編の部分を外したことと，現代編は内容が古くなっていたので更新をと考えていた。そこで4年間の講義の私自身の集大成として第1編 商業理論の基礎編，第2編 現代商業論の歴史的具体的理論編と枠組みを作って全体の粗原稿まで一応できた。そのようなこともあって，およそ45年近くの研究の世界に入って，在籍していた大学で40年近くお世話になったこともあり，担当科目の単著の出版を退職のずいぶん前から考えていた。

　出版社とそのような話をして，いざ書こうとしたときに，2016年に熊本・大分地震が起きた。地域も大学も大きな影響をうけて，私も少なからずうけて，しばらくは復旧とその合間をぬっての講義でなかなか落ち着かなかった。さらにその数年後に熊本豪雨災害などが起きて，あっという間に2021年に定年を迎えた。客員で残ることになったものの，すぐにコロナ禍が生じて講義・演習はリモートへ一挙に切り替わり，パソコン主体の方法に切り替わった。こんどはそのリモート技術の取得に大わらわであった。慣れないリモート技術での講義・演習は当初はバタバタで，困難を極め，失敗を繰り返しながらの2年間であった。昨年，やっとそれも落ち着いてきた。

　そのようななかで商業論の出版助成の機会を狙っていたが，なかなか実現に至らなかった。それが急に今年の5月に決まった。そこで原稿作成と出版社依頼作業を並行して行うというこれまたバタバタ状態であったが，なんとか白桃書房で引き受けていただくことになった。その点で大矢栄一郎社長には感謝しかない。出版事情がコロナ禍で一層厳しくなったなかでお引き受

けいただいて厚く御礼を申し上げる。また編集作業をしていただいた関係者にもお礼を申し上げたい。

　今回，粗原稿を整序する作業でこれまでの構想は無理であると感じて，商業の売買の集中の原理を軸に理論基礎編と現実の歴史的具体的形態編に分けて仕上げた。これは近年，石原武政先生の「売買の集中の原理」の集中と分化，さらに規模と範囲という枠組みを研究させていただいて，そのアレンジを試みたものである。不思議なことであるが，時間がそれなりに経過することで，時には，まとめることに有効であることを悟った。出版を思いついた時期であればおそらくこのような構想で再構築することはできなかったであろう。その意味で時間の経過に感謝したい。

　とりあえず私自身が納得できるようなものができあがった。この構想内容については本学の畠山直准教授に大学院の講義で1年間おつきあいいただいた。感謝を申し上げたい。2022年度で本当に教育研究の職場からリタイアする。日本商業学会，日本流通学会，日本中小企業学会，それぞれの九州部会，さらに流通経済研究会と，多くの先生方に出会い，研究に対する刺激と多くの教えを請うことができた。これらの多くの先生方の学恩に対して，深く感謝したい。蟹は甲羅の大きさにあわせて穴を掘るというが，自己の能力もその程度だったかもしれず，その限界を突破するまでにはいかなかったであろうと思う。本書を世間に問う上はその評価は読者の判断に任せるしかないであろう。ともあれ，そのような研究生活であったが，この場をかりてお礼を申し上げたい。また長い間，熊本商科大学，名称変更をへて熊本学園大学で，また産業経営研究所で長期にわたり教育研究ができたことにも感謝を申し上げたい。

　最後に，学部のときに森下二次也編著『商業経済論体系』にふれて，研究生活に入るきっかけになった指導教授故茂木六郎先生，そして故今村達生先生にも本書を捧げたい。また家庭で支えてくれた千恵さんにも感謝し，捧げたい。

　　　2022年10月

　　　　　　　　　　　　　　　　　　　　　　　　　　　　著者

索　引

人名索引

事項索引

■著者紹介

出家 健治（でいえ・けんじ）熊本学園大学名誉教授

1950 年 広島県呉市生まれ
2020 年 熊本学園大学定年退職 名誉教授

著書（単著）
『零細小売業研究―理論と構造』ミネルヴァ書房，2002 年
『商店街活性化と環境ネットワーク論―環境問題と流通（リサイクル）の視点から考える』
　晃洋書房，2008 年

■ 商業論の基礎理論
　―売買の集中の原理―

■ 発行日── 2023 年 3 月 26 日　　初 版 発 行　　〈検印省略〉
　　　　　　2024 年 3 月 16 日　　初版 2 刷発行

■ 著　者──出家　健治

■ 発行者──大矢栄一郎

■ 発行所──株式会社 白桃書房
　　　　　　〒 101-0021　東京都千代田区外神田 5-1-15
　　　　　　☎ 03-3836-4781　FAX 03-3836-9370　振替 00100-4-20192
　　　　　　https://www.hakutou.co.jp/

■ 印刷・製本──三和印刷

Ⓒ DEIE, Kenji　Printed in Japan　ISBN978-4-561-66245-7　C3063
本書のコピー，スキャン，デジタル化等の無断複製は著作権法上での例外を除き禁じられています。
本書を代行業者等の第三者に依頼してスキャンやデジタル化することは，たとえ個人や家庭内の利
用であっても著作権法上認められておりません。

JCOPY ＜出版者著作権管理機構 委託出版物＞
本書の無断複写は著作権法上での例外を除き禁じられています。複写される場合は，そのつど事前
に，出版者著作権管理機構（電話 03-5244-5088，FAX03-5244-5089，e-mail: info @ jcopy. or. jp）
の許諾を得てください。

落丁本・乱丁本はおとりかえいたします。